社会科

重要×用語

事典

棚橋健治・木村博一

編著

明治図書

まえがき

　永井滋郎・平田嘉三編『社会科重要用語300の基礎知識』が出版されたのは，1981年5月のことである。ほぼ20年後の2000年5月に森分孝治・片上宗二編集『社会科重要用語300の基礎知識』が出版された。それから20年余の歳月を経て，本書である棚橋健治・木村博一編著『社会科重要用語辞典』を出版することになった。

　ここ20年間の社会の激動ぶりには目を見張るものがある。社会のグローバル化が加速度的に進展し，IT機器の普及は私たちの社会生活を一変させた。インターネットは全世界を取り巻いている。世界各国の社会科教育研究者とメールをやり取りしたり，オンラインで国際会議をしたりという営みは珍しいことではなくなった。20年前，どれだけの人々が今日の光景を想像し得ていただろうか。

　ここ20年の間に学習指導要領は2度改訂された。小学校と中学校の学習指導要領は2008年と2017年に改訂され，高等学校の学習指導要領は2009年と2018年に改訂された。特に注目されるのが，2018年の高等学校学習指導要領改訂である。『地理歴史科』の科目が「地理総合」「地理探究」「歴史総合」「日本史探究」「世界史探究」に再編され，『公民科』では科目「現代社会」に代わって「公共」が設置された。科目名を見る限り，幅広く総合的に社会を捉え，様々な社会事象を深く掘り下げて探究することによって，現代社会を認識するだけでなく，人間としての在り方・生き方と言うべき公共心を育むことが求められるようになってきたということであろう。

　このような社会の変化や社会科教育の制度面の変化だけでなく，ここ20年の間に教育界も大きな変化を遂げてきた。20年前にはほぼ使用されていなかった新しい教育用語を私たちは日常的に使用している。しかし，その用語の意味を取り違えて使用している例も決して少なくない。

　そこで，『社会科重要用語辞典』の編集に当たっては，ここ20年の間に頻

繁に使用されるようになってきた重要用語を抽出するとともに，古くから使用されていて今日においても重要な意味をもつ用語を選び出し，200の重要用語に絞り込む作業を行った。

　重要用語の精選と解説に当たって，特に留意したのは次の点である。

①各用語は，特定の立場に偏ることなく，社会科教育学の視点から精選する。

②選択した用語を「社会科教育の理論的基盤」「社会科教育の社会的責任」「社会科教育の歴史と政策」「社会科教育の目標とカリキュラム」「社会科教育の方法と評価」「社会科教師の教育と研究」「世界の社会科教育の研究と実践」という7つの項目（章）に分類し，配列する。

③引き読みやすくするために1頁1語（「社会科教育の理論的基盤」と「世界の社会科教育の研究と実践」については2頁1語）を原則とし，客観的で具体的なわかりやすい解説に努める。

④本書の用語解説で満足することなく，適切な文献への架橋となるように，原則として2点以上の古典や重要論文を参考文献として掲載する。

　本書が，社会科教育の研究と実践に携わっている多くの方々，これから社会科教育の研究の道を志そうとしている方々，よりよい社会科授業を構想し実践していこうとされている方々等，幅広い方々の手引きとして役立つものとなることを，執筆者一同，心から願っています。

2022年2月

編著者　　棚橋健治

木村博一

目　次

Ⅲ　社会科教育の歴史と政策

(A)歴史と論点・争点

(B)制度と政策

Ⅳ　社会科教育の目標とカリキュラム

(A)目標とカリキュラム

(B)教育内容

Ⅴ　社会科教育の方法と評価

(A)社会科教育の教授と学習

(B)社会科教育の評価

Ⅵ　社会科教師の教育と研究

⒜社会科教師の養成と研修

⒝社会科教師の研究と実践

Ⅶ　世界の社会科教育の研究と実践

1 公民的資質・市民的資質

定義

　公民的資質・市民的資質は，社会科で育成を目指す究極的な目標と位置づけられてきている。公民的資質も市民的資質も英語表記では「citizenship」となる。

　日本の学習指導要領においては，これまで「公民的資質」と表記されることが通例であったが，2017年告示の学習指導要領では「公民としての資質・能力」と示されることとなった。

　この「公民としての資質・能力」は，学習指導要領解説では「広い視野に立ち，グローバル化する国際社会に主体的に生きる平和で民主的な国家及び社会の有為な形成者に必要な資質・能力」と定義されている。

　学習指導要領解説で「考えられる」と示されているように，公民的資質・市民的資質の定義は必ずしも統一的なものではない。公民的資質・市民的資質はこれまでも今後も何者かが統一化することのないことが，社会科としては重要なことである。

理論＆実践

　公民的資質・市民的資質が多義的でなく，統一的となる国家や組織，地域は民主的なそれではない。民主的な国家や組織，地域においては，公民的資質・市民的資質は常に活発な議論の中に置かれ続けることが求められる。

　社会科教育の研究者による公民的資質の多様な定義を整理した唐木清志は，その定義の特徴を次の3点に整理している。第1にこの公民的資質の定義は，理解や態度，能力などを含んだ非常に幅広い観点よりつくられていること，第2に社会科の授業場面をイメージできるようにつくられていること，第3に共通して「社会参画」の視点を見出すことができる，とされている。

　社会科で育成を目指す究極的な目標の到達にむけて大きな鍵になるのは，学校の中での一時間一時間の社会科授業である。その一方で，学校の中だけや社会科の授業の中だけで，公民的資質・市民的資質の育成が進められる訳ではない。

　また，社会科での公民的資質・市民的資質の育成には「社会認識を通して」との前提条件が欠かせない。地理や歴史，政治や経済等々，幅広い対象からの社会認識を通した公民的資質・市民的資質の育成は，現実社会への参画を見通しながら，社会科の授業を核に進められていくことが鍵となる。

歴史（的背景）

　現在にも続く公民的資質・市民的資質の議論の端緒は，日本においては公式には1948年に当時の文部省より刊行された『小学校社会科学習指導要領補説』からとなる。これは，日本の学校で社会科が始められた当初，全国の教師たちが直面した様々な疑問や困難について，学習指

導要領だけでは理解や解決が難しいとの意見をうけて作成された補説である。

この補説における社会科の目標に関する冒頭には「社会科の主要目標を一言でいえば，できるだけりっぱな公民的資質を発展させることであります」と示された。この公民的資質を発展させる具体については，次の3点が示された。

第1に自分たちの住んでいる世界に正しく適応できる，第2にその世界の中で望ましい人間関係を実現していける，第3に自分たちの属する共同社会を進歩向上させ，文化の発展に寄与することができるように，児童たちにその住んでいる世界を理解させること，とされていた。

そして，そのような理解に達することは社会的に目が開かれるということであるとされ，その他に人々の幸福に対して積極的な熱意をもち，本質的な関心をもっていることが肝要とされた。ここでの本質的な関心とは，政治的・社会的・経済的その他あらゆる不正に対して積極的に反発する心，人間性及び民主主義を信頼する心，人類にはいろいろな問題を賢明な協力によって解決していく能力があるのだということを確信する心であり，このような信念のみが公民的資質に推進力を与えるものであると示された。

このように1948年に社会科の重要な目標と位置づけられた公民的資質であったが，学習指導要領上に明示されるようになったのは1968年以降である。この1968年に学習指導要領に示された公民的資質と1948年に補説でのそれとを検討した臼井嘉一は，1948年の補説での公民的資質を「〈基本的人権の主張にめざめさせる社会認識形成〉の方法論」，1968年の学習指導要領でのそれを「〈望ましい態度や心情に閉じられる社会認識形成〉の方法論」と位置づけている。

課題

公民的資質・市民的資質について，この資質の育成は社会科だけで担うべきか，社会科だけで担えるものなのか，についての議論は続いている。戸田善治は近年，カタカナで表記される「シティズンシップ」教育が活発化している状況から，本来的には現実の民主主義社会の中で育成される「シティズンシップ」を学校の中の一教科で育成できるものへと封じ込めたのが公民的資質・市民的資質であり，それを担う教科が社会科であることを確認している。この点の是非は社会科の重要な課題であり論点であり続ける。

〈参考文献〉

・臼井嘉一「〈日本社会科〉の目的・目標と『公民的資質』」『福島大学総合教育研究センター紀要』第2巻，2007
・唐木清志編著『「公民的資質」とは何か』東洋館出版社，2016
・戸田善治「『シティズンシップ・エデュケーション』論の社会科教育学的検討─『シティズンシップ』概念の分析を中心に─」全国社会科教育学会『社会科研究』第64号，2006

（永田忠道）

2 地理科・社会科地理

定義

　地理科・社会科地理とは，形式的には，生み出される地理授業実践が位置づく"制度"上の教科との対応関係を示した語であるが，より本質的には，実践に内在する教科のあり方，すなわち，地理教育の目標・内容・方法を貫いて実践または実践者に根づく"理念"上の教科観との対応関係を指している。

地理科の目標

　地理科とは，地理学の研究成果や地理的な知識を学習することを目的とした教育観であり，それを実現しようとする地理教育内容編成を指す。

　日本では，第二次世界大戦前には「地理」は存在していたが，その教育内容編成は，制度と理念の両面において，地理科と評価できる。1931年改正中学校令施行規則における「地理科」では，地球と人類生活の「両者ノ関係」の理解や国勢の把握を通じた「国民タルノ自覚」の形成を目標としている。

　地理科は，理念上必ずしも国民意識形成を目指すものではないが，地理学の体系のうち，地誌学にもとづく内容は，国民として求められる基礎知識を教授し，意図的に選択された事象の理解を通して，態度形成に寄与する教育装置となり得ることに留意する必要がある。

地理科の内容

　地理科は，地理学の体系や成果に依拠するため，系統地理（自然地理・人文地理）と地誌からなる。当時の「地理科」は，以下のような内容編成であった。

第1～4学年：外国地理。日本地理。

第5学年：自然地理概説。人文地理概説。

　地理科の内容構成は，地誌を基盤とした自国および世界各州の詳述と，系統地理にもとづく考察が主となっている。また，自然地理の教授にも重きを置いていることが特徴としてあげられる。

　地理科は，あくまでも独立教科としての地理教育を志向する。歴史や公民は，異なる親学問にもとづくものと見なされ，他教科・他科目との統合や連携が模索されることはない。

　2018年3月告示の高等学校学習指導要領の地理歴史科において設定された「地理探究」は，「系統地理的考察」と「地誌的考察」を経て，「これからの日本の国土像」を考える構成となっている。制度上は「地理歴史科」ではあるが，地理科の理念を体現したものといえる。

社会科地理の目標

　社会科地理とは，社会認識形成を目的に，それに資する学習素材として地理的事象を学習する教育観である。それゆえに，地理科地理とは対照的に，地理学の体系や研究成果を前提とせず，社会科という教科の枠内での地理教育内容編成を模索していくことになる。

　日本では，第二次世界大戦後に，制度

として「社会科」が成立した。1951年版中学校・高等学校学習指導要領社会科編Ⅲ(C)「人文地理（試案）」は中等社会科のなかに位置づけられる科目である。ここでは，8つ掲げられた「特殊目標」のうち，頁数の都合で以下の一部内容に限定して注目する。

(1)現実の社会生活の種々なできごとを，正しく判断するために必要な地理的知識を獲得すること。

(2)他地方や他国の人々の生活に対して，心からの理解を持ち，狭い愛郷心や愛国心にとらわれず，他地方や外国の人々と協力する態度を養うこと。

(3)現代社会の地理的問題に対する関心や敏感性，さらに問題解決の能力を養うこと。

　社会科地理では，(1)社会生活における判断のために必要な地理的知識に焦点化される。また，(2)国際理解と協力する態度や，(3)問題解決能力のように，汎用性のある目標を設定している。

社会科地理の内容

　社会科地理は，社会認識形成に資することを基準に地理教育内容を構成するため，自然地理の扱いは少ない。当時の「人文地理」では5つの「参考単元」が示されたが，そのうち，単元5「世界の人々はどのように結びついているか」では次のような問いが設けられている。

(1)人類諸集団の不和や誤解は，どのようにして起こるか。

(2)人類諸集団の平和的結合に対して，どんな努力がなされているか。

(3)現在のわが国は，どんな国際的地位にあるか，われわれは世界の平和の促進に対してどのように貢献できるか。

　当時の「人文地理」の内容構成は，「問題単元」にもとづく考察が主となっている。また，連続的な問いによる「問題解決学習」が組織されていることが特徴としてあげられる。

　社会科地理は，統合教科としての社会科のなかに地理教育を位置づけようとする。歴史や公民とは，社会認識形成という同じ教育目標を共有し，統合や連携を模索していくこととなる。

　新科目「地理総合」は，「Ａ　地図や地理情報システムで捉える現代世界」，「Ｂ　国際理解と国際協力」，「Ｃ　持続可能な地域づくりと私たち」という項目で成り立っている。項目Ａの点では地理の独自性を志向しているが，項目Ｂ，Ｃの点では，「歴史総合」や「公共」などの科目との架橋の機会があり，社会科地理の理念を垣間見ることができる。また，SDGsの共有を通して，より広範な「市民科地理」へ発展する可能性もある。

〈参考文献〉
・伊藤直之「社会科地理と地理科の違いは何か」社会認識教育学会編『新　社会科教育学ハンドブック』明治図書，2012
・伊藤直之『地理科地理と市民科地理の教育課程編成論比較研究―イギリスの地理教育における市民的資質育成をめぐる相克―』風間書房，2021

（伊藤直之）

社会科教育の理論的基盤

3　歴史科・社会科歴史

定義

　歴史科は，歴史学の系統性や専門性を教科の本質とし，歴史を目的として歴史自体の論理に基づいて構成する歴史教育である。社会科歴史は，民主的な社会の市民の育成を教科の本質とする社会科に歴史学習を位置づけ，歴史を手段として市民育成への寄与を図る歴史教育である。歴史科と社会科歴史は，歴史教育観，依拠する歴史理論や教育理論に至るまで相違する教科論に基づいている。

歴史的背景

　1946年に『くにのあゆみ』を編纂し，新しい方向性を模索していた歴史教育の主張者には，1947年に成立した社会科に対して強い抵抗があった。それが，1947年版学習指導要領社会科編(I)で，一般社会科と国史を並置するという混乱に見てとれる。社会科という新しい統合的な構想と従来の歴史教育には大きな溝が存在し，歴史独立論は常に主張され，数々の社会科論争が展開されることとなる。1951年版学習指導要領で初めて登場する社会科歴史を主張する立場を取ったのが和歌森太郎である。和歌森は，一般社会科の歴史を「経験としての歴史」，中学校の国史を「社会科歴史」と呼び，「展望としての歴史」と捉え，前者を基盤とすることで後者で歴史をそれ自体として理解できるとして，歴史教育と社会科教育の整合性を図り，小学校社会科と中学

校歴史を結びつける方向性を示した。和歌森の社会科歴史論は，歴史独立論を主張する立場とは相いれなかった。

　両立場と関係する代表的な対立が1952年に始まる勝田・梅根論争である。小学校1～4年が一般社会科，5年が地理的単元，6年が歴史的単元，中学校1・2年が歴史的単元と地理的単元，3年が経済的・政治的，職業的・文化的諸問題といった勝田守一の折衷的なカリキュラム構成が5年生以上の経験主義社会科を解体するものであるとして，コア・カリキュラム論を提唱する梅根悟を中心とする批判とそれに対する勝田の反批判を経て展開された。この論争は総合社会科か分化社会科か，系統主義か経験主義かといった多くの論点を含む論争であった。

　社会科は，歴史独立論を主張する立場と社会科歴史論を主張する立場との対立を常に内包していた。1953年の系統的で分化的な様相を強める「社会科の改善についての方策」以降，第5次にわたる「社会科の改善に関する中間発表」が文部省から出ると，民間教育団体や学識者が「社会科問題協議会」を結成し，歴史独立論と軌を一にする社会科解体論を批判するという激しい対立が表面化した。こうした対立の中で，「社会科の改善についての方策」に沿い，1955・60年の学習指導要領の改訂で中学校社会科が地理的，歴史的，政治・経済・社会的分野に，

高校社会科が科目に分化した。その後も文部省では昭和30年代には小学校の歴史教育の復活を図る動向，40年代には中教審で歴史独立論が主張されるも，抵抗が多く実現には至らなかった。しかし，文部省内での歴史独立論の立場からの主張はその後も継続し，教育課程審議会の審議を経て1989年版学習指導要領において，小学校低学年に生活科が成立し，高校社会科が地理歴史科，公民科となったことで社会科が解体された。

歴史独立論と社会科歴史論の論理

　歴史独立論にはかつて2つの立場があるとされた。第1が，高橋磌一に代表されるマルクス主義歴史学に立脚した歴史法則に基づく歴史の体系を教育しなくてはならないとする系統的歴史教育論である。第2が，津田左右吉に代表される過去から現在への歴史的発展という歴史性を理解させなくてはならないとする実証史学的歴史教育論である。両立場は歴史観や歴史学習観は異なるものの通史的で体系的な歴史学との結びつきが強い論理であった。

　社会科歴史論は1970年代前後にかけての社会科教育学研究の学としての樹立に寄与した社会科教育学会を中心に展開される。森分孝治は1つの視点・立場から再構成された歴史を事実として教授すると価値注入になるとして歴史独立論や通史学習を批判し，歴史を社会の科学的研究の方法とする探求としての社会科教育論を提唱し，社会科歴史をこの論理に明確に位置づけた。

　歴史独立論がめざす「歴史のための歴史教育」と社会科歴史論がめざす「社会研究のための歴史教育」という両論理の対立は社会科が解体され，中・高等学校において実質的には分化社会科となり，言語論的転回以後の構成主義的な歴史学や歴史教育が構想されるといった新たな展開に至っても未だに解消されていない。

今後の展望

　2017・2018年版学習指導要領で資質・能力が重視される方向性が示された。かつての歴史独立論は歴史学の成果としての歴史認識，社会科歴史論は科学的な社会認識を重視するという教育内容に関わる論理であった。今後の歴史教育においては，育成すべき資質・能力をどのように規定し，どのような規準を設定し，どのように育成すべきかという新たな論点が議論される必要性が生じている。新しい論点のもとで，歴史独立論と社会科歴史論の対立を乗り越える方向性が拓かれるかどうかは未知数である。

〈参考文献〉

・加藤章，佐藤照雄，波多野和夫編『講座・歴史教育1　歴史教育の歴史』弘文堂，1982

・森分孝治『社会科授業構成の理論と方法』明治図書，1978

・池野範男「『実証史学』的歴史教育独立論の問題点―津田左右吉の歴史教育論批判―」『社会科教育論叢』第34集，1986

（宇都宮明子）

社会科教育の理論的基盤

4 公民科・社会科社会

定義

公民科は，1989年版学習指導要領において，高校社会科が，地理歴史科と公民科に解体され，成立した教科である。一方で戦前にも「公民科」は置かれている。共通するのは，法的地位において，その位置づけが明確に示され，教育内容が法的に規定され，全国一律に教育すべきものとして位置づけられてきた学習という点である。また，政治的社会化を促す学習であったとも言える。なお，近年の公民科は，その内容編成について見直しが行われてきている。他方で，社会科社会は，社会科が社会科であった1951年版学習指導要領（試案）における「時事問題」に見られるように，教師が子どもの実態に合わせて創意工夫を行う余地を残し，教師が目標・内容・方法を決定する学習であり，その内容編成も，政治的個性化を目指す学習であった。

戦前の「公民科」

ここでは，戦前の「公民科」，1931年改正中学校施行規則における「公民科」を事例に取り上げる。中学校施行規則における「公民科」は，その学習の「要旨」として，「公民」を「立憲自治ノ民」として位置づけ，公民科は「公民」としての資質を育成することをねらいとしている。その資質の中身は，「知徳」，つまり，政治，経済，社会の各生活の知識・理解だけではなく，それらの生活で良い行い

をする性格，正しい態度のことで，特に，遵法の精神，共栄共存の本義，奉仕・協同の気風といったように態度形成に重点が置かれていた。また，その内容は，現状を説明する場合でも，その叙述は一般的抽象的な説明に止まっており，具体的な事実や事例はない。戦前の「公民科」は，天皇主権のもとでの民の育成にあり，天皇制国家体制とそれを支える社会の仕組みや組織を維持・発展させていく民の育成が目標とされており，体制が絶対化され，価値が一元化されるので，内容が固定でき，その系統的教授によって，国定の思想を注入していくことをねらいとしていた。つまり，体制を維持・発展させるような公民への政治的社会化を促す教科となっていたのである。

社会科社会

他方で，社会科社会は，1951年版学習指導要領（試案）における「時事問題」に見られるように，学習指導要領が作成・公表されても，あくまでそれは「試案」であり，創意工夫を重ねる「手引き」としての位置づけであった。「時事問題」は，教師が目標・内容・方法を決定すべきものであり，国はそれを援助するものとしての位置づけであった。また，「時事問題」の「目標」は，個人的社会的問題に積極的に取り組み，それらを科学的民主的に解決していく態度と能力を育成することを目的としていた。そして，

その内容は、「家族制度」等、いくつかの単元が設定され、「生徒にとって関心があり、また、重要な問題を中心として、ある一定の目標達成をめざして展開される学習経験のまとまり」として位置づけられている。取り上げる問題は、あくまで個々の学級で教師と生徒が話し合って単元を構成する。そして、①意味、②歴史（問題の背景を考察する）、③制度（問題が対象とする現在の法令や組織を学ぶ）、④現状（問題の調査）、⑤方策（取り得る改革・改善の方策や自分たちでできる努力は何かを考察する）の5段階で単元を構成している。「時事問題」は、社会の現実と向き合い、それをよりよくしていくという実践的な課題に基づく問題を取り上げ、問題解決の過程で、制度やその機能を批判的に検討することができる構成になっていた。「時事問題」は、議会制民主主義体制を担う主権者としての市民の育成を目指し、注入を徹底して排除し、国民の多様な思想に合わせて、社会や国の仕組みを決めていく民主主義体制の中で、自主的・自立的な思想形成を保障する学習であり、意図的・組織的な政治的社会化に対抗し、政治的個性化を促す学習であった。

現代の「公民科」

2017年版学習指導要領の改訂では、「資質・能力」の育成が重視された。調べれば「わかる」知識を重視するよりも、「事実を基に概念などを活用して多面的・多角的に考察したり、解決に向けて公正に判断したりする力」や「合意形成や社会参画を視野に入れながら構想したことを議論する力」の育成が重視された。「公民科」では、「主権者教育」を行う科目として、必履修科目「公共」が設置され、「予測不可能な（未来）社会」に向き合い、これから起きる事態（社会問題）に対処できる公民的資質の育成が目指されるようになった。戦前の「公民科」や昭和20年代の「社会科社会」とは異なった時代背景ではあるが、新科目「公共」では、「幸福」「公正」等といった「見方・考え方」を設定し、また、法の基本概念の学習を位置づけ、「公共」の主題学習に活用し、その主題の解決を求めるといった昭和20年代の「時事問題」とは異なった時代背景にマッチした学習が設定されるようになった。生徒の自主性を重んじ、問題の選択からその解決の在り方を検討する学習も設定されている。時代を超えて、国家体制の「縛り」は残るものの、社会の急激な変化によって、政治的社会化ではなく、政治的個性化の教育が進む余地が生まれている。

〈参考文献〉
・森分孝治「社会科公民と公民科とのちがいは何か―「公民科」（昭和6年）と「時事問題」（昭和26年）の示唆するもの―」社会認識教育学会編『社会科教育学ハンドブック』明治図書，1994
・谷口和也「社会科公民と公民科との違いは何か」社会認識教育学会編『新　社会科教育学ハンドブック』明治図書，2012

（橋本康弘）

5　社会認識（教育）

定義

　社会認識とは，社会を認識主体の自己とは切り離して客体化・対象化してわかること。あるいは，そのようにして捉えられた子どものソトに実在する知識を，子どものウチに形成する教育的活動のことである。ゆえに現行の用法では，「学問中心主義（discipline centered）」を志向した社会科教育を強調する文脈で使われることが多い。

　社会認識教育の語は，研究史的にみると，政策的・制度的に制定された教科名に過ぎない「社会科」という固有名詞を学術研究に用いることを避けるために，構想されたものである。すなわち，いわゆる市民性育成を目的とした社会系教科を一般名詞的に表現するために人為的・学術的に構築された概念である。実際には「郷土科」「事実科」「歴史・政治科」「合衆国政治」などの名称が付されていても，実質的に上述の目標や機能をそなえる海外や戦前の教科目等を総称する場合には，本概念が用いられてきた。例えば，「戦前の社会認識教育」「ドイツの社会認識教育」「社会認識教育の理論と実践」のような用法である。

　研究会や学術雑誌の名称や，大学の学科・コース名に本語が採用されることがあるのは，このような経緯が背景となっている。

分類

　社会認識は，実質的には学問中心主義を体現する社会科学教育と親和性が高い。したがって，社会科学教育の考え方に応じて異なる意味が付与されてきた。

　第1に，マルクス主義的な唯物史観に基づく社会認識を正統とみなす流派の社会認識である。学術的に真理とみなされる歴史発展法則やそれに由来する時代解釈，あるいはこの立場の影響を受けた格差や不平等をただす知識を（唯一正しい）社会を捉える理論的枠組みとして位置づけ，それを子どもに習得させることを目指した教育論である。社会の構造的問題に光を当てる一方で，科学の名を借りた思想教育・態度教育になっているとも批判された。

　第2に，近代科学的な科学観に基づく社会認識に妥当性を見出す社会認識である。基本的に科学は1つの思想の体系ではなく，批判に開かれているとの立場に立つ。したがって多様な学問・多様な研究者の成果を社会を仮説的に説明する理論的枠組みとみなし，それを子どもに吟味させたり，修正・活用させたりすることを目指す教育論である。科学教育を通して人間の偏狭な見方をただし，旧弊に規定された精神を解放する点が評価される一方で，科学にそなわるイデオロギー性・権力性に反省的ではない点が批判された。

社会科教育の理論的基盤

論点・争点

　本語は，学術的に意図をもって作られ，使われてきた概念であるため，学術的な争点となりやすかった。

　第1に，認識主体と知識との関わりである。大別すると，大きく3つの立場に分かれる。①知識は，主体の信念や価値観・立場から切り離して理解できるし，すべきである。社会認識とは，イコール知識習得であるという立場。②両者は完全に切り離すことはできないが，データによる吟味に耐えた知識は暫定的にでも受け入れ，共有されるべきである。社会認識とは，知識の批判的学習であるという立場。③知識は，主体の信念等を源泉にして構成されるため，その意味は多様である。社会認識とは，主体がそなえる認知枠組みやそれを取り巻く社会規範に大きく依存するという立場である。

　①と②の立場では，社会認識の語を用いることには一定の妥当性がある。一方で③の立場から見ると，社会認識という語は実態に合わないため，忌避される。教科の特性を表す場合も，社会認識教育よりは，市民性教育の語が好まれることになる。

　第2に，認識内容と主体との関わりである。大別すると，2つの立場に分かれる。①認識内容の調整・決定主体は教師にあり，自律的なカリキュラム・デザインのあり方に注目するべきである。研究としては，教師がどのようなゲートキーピングを行い，あるべき社会認識をどのように判断しているかを究明するべきと

いう立場。②認識内容は子どもの置かれた社会文化的な文脈（国家，性，生活史，言語など）に応じて異なっており，一人ひとりの理解の仕方，記憶の仕方に注目するべきである。研究では，学習主体の多様性を包摂しうるカリキュラムや学習環境づくりを追究するべきという立場である。

　①と②いずれの立場の研究でも，社会認識の語が使われるのは稀である。①の立場では，むしろ教師の社会認識に対する考え方＝基礎づけ（rationale）に関心を寄せる。②の立場では，子どもの社会認識に対する姿勢＝枠組みや意味づけ（perspectives）を重視する。

　上述のような議論と研究史を経て，1970年代には定着を見た社会認識教育の一般的な定義，すなわち「社会認識を通して市民的資質を育成する」は，徐々に使われなくなっている。今後は，この語がどのような状況下で創出され，どういう文脈で使用されてきたのか，なぜこの語が学術的に要請されたのかが学問的に問われる時期に来ているだろう。

〈参考文献〉
・内海巖編『社会認識教育の理論と実践―社会科教育学原理―』葵書房，1971
・社会認識教育学会編『社会科教育学ハンドブック―新しい視座への基礎知識―』明治図書，1994
・社会認識教育学会編『新　社会科教育学ハンドブック』明治図書，2012

（草原和博）

社会科教育の理論的基盤

6 社会形成（教育）

定義

　社会形成とは，社会科教育原理の1つである。社会科が民主的市民性育成を行う中核教科であるならば，社会科という教科の原理もまた，民主主義の社会原理である社会形成で貫かれるべきだ。この立場に立脚した教科観が社会形成科である。

　社会形成科としての社会科を主張した人物には，池野範男や服部一秀らがいるが，彼らは社会形成の原理として，多様な意見を集合的に集めた「反映的デモクラシー」ではなく，多様な意見を競争的に比較検討する中で磨き上げる「批判的デモクラシー」を基盤とした。そのため，社会形成科において育成がめざされる市民は，批判的デモクラシーに基づき，社会の物事に対して自律的に判断し，社会の構成員の中で合理的に決定できることを示す（池野，2001）。

社会形成科構想の背景

　社会形成科が構想された背景には，子どもか学問かをめぐる社会科教育原理に関する対立があった。

　成立期社会科（初期社会科）は，子どもの生活社会に起こる問題を軸にした問題解決活動を通して，民主主義社会の担い手として必要な事実認識とスキル・態度育成を実現しようとした。その意味では，社会形成科がめざす民主主義の論理を重視していたともいえる。しかしながら，そうした意図と反し，実践では既存の社会制度や構造を前提に，個人の生活を改良するものになっていたり，あるいは現状を踏まえない理想論の提唱に留まるものと捉えられた。

　こうした状況に対して，社会科の役割を知識・理解を中心としたものとして限定的に捉え，学問知を中心にした教科論として社会科学科がある。そこでは，特別活動や他の地域活動でスキル・態度育成を行い，社会科で学問知を育成するのだという分業論的な発想が前提とされた。

　社会形成科では，こうした「子どもか学問か」という二項対立的な発想では，批判的デモクラシーの実現は不可能であるという立場をとる。なぜなら，子どもの論理を貫くだけでは，立場を批判的に検討することは難しい。また，社会科学科のような，分業論的な発想ではそれが実際に社会の場で統合されるのは子ども次第となってしまう。従って，社会の論理でもって，子どもと学問を媒介することが，真の社会の変革を達成するものであると考えられた。

社会形成科の理論と実践

　社会形成科は批判的デモクラシーを軸とする。そのため，既存の社会構造や制度を所与のものとせず，批判的に検討することが必要となる。しかし，その際に，そうした構造や制度について客観的な立場で批判するのでは，自己と社会が分離

してしまい，社会形成を行う一員としての自覚が生まれにくい。例えば，「国会」を学ぶとなってしまったら，国会という制度が所与のものとして与えられてしまい，形成者として批判的に検討する態度が育成されにくくなるためである。

社会形成科では，社会を人と人との関係として捉える。そのため，現状の社会構造や制度などは，いったん「秩序」「規範」「価値」「ルール」として捉えなおすことになる。そうすることで，初めて多様な他者とつくり直していくことが可能になる。そのため，価値や規範の衝突が具現化したものとしての社会問題や対立を単元内容の中核に置き，その分析や調整を通して社会形成の方法を学ぶ。

なお，問題の分析や調整を行うための方法原理として重視されるのが「議論」の原理である。ここでの「議論」は「討議」をさす。即ち，「社会的存在の存在理由を根底的に問い直し，相互に承認しうる正当性やそれを支える価値を対等な諸個人間でつくりだし」（服部，2003）ていくことになる。そうしたプロセスを支援するためのツールとしてしばしばトゥールミン図式が用いられてきた。

例えば，「選挙制度から民主主義社会のあり方を考える」では，選挙制度を制度として考えるのではなく，異なる選挙制度を対立として示し，その背景にある理念についてトゥールミン図式を用いて分析することを通して，現状を反省し，今後の社会の在り方や制度の在り方を構想する授業が提案されていた。

このような「議論」の構造を用いて，社会形成のプロセスを社会科の授業の中で再現する。社会の論理で，社会科を再構築しようとしたという点に社会形成科の意義がある。

課題

社会形成科の課題としては，提案されている小単元の長さで，本当に社会形成の論理を学ぶことができるのか，といったカリキュラム論としての充実や，内容編成の緻密さなどが課題として上がっていた。それに加えて，社会形成科が前提としてきた「批判的デモクラシー」を原理とすることの検討も必要である。これまで社会形成科で想定された市民像は他者との意見交換の競争で切磋琢磨する「強い市民」であった。多文化化が進む最近，「強い市民」像からどうしても排除されてしまう人々の存在を認めると，どのような社会の論理を基盤原理と置くべきなのか。再考の機にきているともいえるだろう。

〈参考文献〉
・池野範男「社会形成力の育成」『社会科教育研究　2000年度研究年報』2001
・子どものシティズンシップ教育研究会『社会形成科社会科論』風間書房，2019
・服部一秀「社会形成科の内容編成原理」社会認識教育学会編『社会科教育のニュー・パースペクティブ』明治図書，2003

（川口広美）

1 シティズンシップ（教育）

定義

　個人と社会，特に国家との関係を説明する概念。文脈によって「国籍」「市民権」「公民権」「市民性」「市民的資質・能力」などで表現される。citizenship の接尾辞である「-ship」が，資格，もしくは精神的・心理的特性を意味するように，シティズンシップは社会諸科学における「権利・責任」としてのシティズンシップと，教育の文脈における「資質・能力」としてのシティズンシップに大別される。

権利・責任としてのシティズンシップ

　アリストテレスによると，市民権の概念は，古代ギリシャの都市国家であるポリスで初めて登場した。市民権はポリスを民主的に統治する過程に参加する権利と理解され，ローマ時代に入ると自由民の権利を意味する表現として発展・拡張された。このような閉鎖的で特権的な市民権概念は封建時代を経てなくなったが，身分制の撤廃を主張した近代ブルジョアによって人間の自然権，人権の保障，憲法などを含む新たな形の市民権として復活させられた。近代以後の市民権概念は，人間の基本的権利を法として保障したもの，もしくは国民の個別的権利の総称として理解される。

　ジャン＝ジャック・ルソー，トマス・ホッブズ，ジョン・ロックは政治学を軸に近代の市民権概念を確立した代表的な人物である。ルソーは共和主義的市民権論を提唱した。個人の契約によって成立する政治的共同体への積極的参加を強調したルソーは，「国家による」政治制度，教育制度などを通して市民の権利を保護することを市民権として理解した。一方，ホッブズとロックは自由主義的市民権論を提唱した。共同体はあくまで個人の権利や私的利益の保護のために構想されるものであると考えたホッブズとロックは，「国家から」市民の道徳や財産が保障されることを市民権として理解した。上述した市民権概念は，近年の義務や責任を強調する新保守主義と市民の能動性や主体性を強調する新自由主義にもつながる。

　また，イギリスの社会学者であるトマス・ハンフリー・マーシャルは，国籍や参政権などの政治学のレンズではなく社会階級などの社会学のレンズを用いて市民権概念を分析した。イギリスの市民権の歴史を分析した彼は，18世紀の「市民的権利」（法の前の平等，言論や宗教の自由など），19世紀の「政治的権利」（選挙権など），20世紀の「社会的権利」（社会福祉など）が市民権の3つの要素であるとまとめた。

資質・能力としてのシティズンシップ

　近代国家の出現以来，公教育を通した国民・市民の育成は国家の重要な事業であった。特に，国民としての帰属意識を高めるために言語，歴史，地理を共有す

社会科教育の理論的基盤

ることから始まった「構成員教育」は，
今にも続くシティズンシップ教育の主な
流れとなっている。しかし，社会の変化，
特に民主主義の発展に伴い，個人の国家
への帰属だけではなく，「政治的社会化」
「個人化・主体化」「社会批判・形成」な
どを目標に掲げるシティズンシップ教育
論が登場した。シティズンシップ教育の
複雑化は「国民・市民らしさ」をどのよ
うに定義するかによって育成すべき「資
質・能力」が異なる傾向を深化させた。
グローバル化の進展や多文化社会への移
行など既存の国家体制の前提を揺さぶる
圧力によって，資質・能力としてのシテ
ィズンシップの具体とその教育は一層複
雑化することが予想される。

シティズンシップ教育のタイポロジー

　「平和で民主的な国家及び社会の形成
者」の育成が教育基本法に定められてい
ることから，シティズンシップ教育は社
会科だけではなく学校のウチとソトの教
育を通して総合的に行われる必要がある。
しかし，学校のウチとソトのシティズン
シップ教育の関係性や，学校教育におけ
る教科間，教科と非教科間の関係性はま
だ明確にされてない。また，シティズン
シップ教育と類似の概念，すなわち「国
民教育」「主権者教育」「民主主義教育」
「市民教育」との概念整理もまだ不分明
である。このような状況を問題として指
摘した池野（2014）は，民主主義の基本
形態である代議制，討議，参加を軸とし
て，シティズンシップ教育を以下の3つ
の類型にまとめることを試みた。

・社会に関する客観的知識形成のための
シティズンシップ教育
・公共圏の形成のためのシティズンシッ
プ教育
・社会資本の形成のためシティズンシッ
プ教育

　また，海外の類似の試みとして，ジョ
エル・ウエストハイマー（2004）とカー
ネは米国におけるシティズンシップ教育
プログラムを分析し，以下の3つの目標
（良き市民像）の類型を抽出した。

・「義務」：自己責任にもとづく市民
・「参加」：参加的市民
・「批判」：正義に方向づけられた市民

　上述の類型は主に目標論に注目してシ
ティズンシップ教育の地図を描いた。今
後はこれらの研究を発展させ，内容論，
方法論，評価論を含むシティズンシップ
教育のタイポロジーを描いていく必要が
ある。

〈参考文献〉
・池野範男「グローバル時代のシティズ
ンシップ教育―問題点と可能性：民主主
義と公共の論理―」『教育学研究』81(2),
2014
・Westheimer, J., & Kahne, J. What
kind of citizen? The politics of
educating for democracy. *American
Educational Research Journal,41*(2),
2004

　　　　　　　　　　（金　鍾成）

社会科教育の理論的基盤

23

8 理解

定義

　社会科の授業原理としての「理解」は，ドイツの精神科学派の「verstehen」の理論が源流にある。この「理解」は，自然科学の「説明」による研究方法に対して，人文社会科学の研究方法としてディルタイやシュプランガーらによって確立された理論である。伊東は，「理解」型社会科授業を「追体験し意味を理解する社会科」と定義している。「理解」型社会科授業では，人間の意図や目的によって構成された行為が「理解」の対象となる。ゆえに，人間の行為による社会的事象の有機的な連関や構造を読み解くのが「理解」型社会科授業のポイントとなる。

「理解」型社会科授業の歴史的背景

　広島高等師範学校附属小学校の大久保鼇は，戦前期に授業原理としての「理解」を授業に導入した人物の一人である。大久保は，広島高等師範学校において盛んに研究されていた精神科学派の理論としての「理解」を初等教育段階の歴史授業に応用した。大久保は，現象の意味をつかむことを「理解」と捉えた。そうすることで，対象の内面的な生命や精神に触れることができると考えたのである。次に，大久保は，「理解」の核となる「生」という概念を「情意の陶冶」や「意志の発動」といったプロセスで学習者の学びに転換しようとした。それによって子どもの内面から起こる自発性を作用させようとしたのである。こうした「理解」による歴史授業は，戦前期に一定の評価を得ていた。大久保の「理解」型の歴史授業の事例には，「織田信長」の実践がある。この授業では，「織田信長」の生い立ちや桶狭間の戦いを学ぶことで得られる価値観を陶冶することが目的となっている。大久保は，学習者の価値観を揺さぶり，自己陶冶へと導く授業を展開した。しかし，「理解」型の授業は学びのプロセスを抽出するのが難しい。なぜなら，授業で学習者が感じる人間の意図や目的の解釈が異なるからである。どのような「人間」の意図や目的を取り上げて授業を構成するのかは，「理解」型社会科授業が抱えるアポリアである。

「理解」型社会科授業の構成理論

　「理解」型社会科授業の構成理論は，小学校の社会科授業で積極的に活用されてきた。一方，中学校や高校においては，「認識」の客観性が重視されてきたため，「理解」型社会科授業は批判の的となってきた。だが，授業構成の理論としての「理解」は多様なアプローチから学習者の学びを支えることができるものである。「理解」型社会科授業の構成理論として重視されるのが，「共感的理解」である。しかし，「共感的理解」は，学習者の「主観」が大きく作用するため，「客観的ではない」「科学的ではない」との否定的な見解が少なくない。そのため，学習

社会科教育の理論的基盤

者の主観による解釈に客観性をもたせる
ことができるのかが「理解」型社会科授
業を構成する上での鍵となる。こうした
「理解」型社会科授業のアポリアを克服
するために、「共感的理解」に対して、
「批判的理解」を設定して社会科授業を
構成する理論が森本によって提案されて
いる。森本は、ディルタイの「共感的理
解」だけでなく、ボルノーの「批判的理
解」を授業の構成理論に組み込み、2つ
のアプローチから学習者の解釈の多様性
を保障しようとしている。なお、「批判
的理解」は、「共感的理解」と対立する
ものではなく、両者は相補的関係にある。

「理解」型社会科授業の評価過程

　「理解」型社会科授業は学習者の主観
性と客観性をもとにした解釈によって評
価する。人間の行為の意図や目的を学ぶ
過程は、学習者の主観による「共感的理
解」から始まる。しかし、「なぜ」「どう
して」という学習者の疑問は、対象とな
る人間の行為を心情的に理解することに
とどまらず、社会の構造的な理解へと発
展させる必要がある。例えば、小学校の
社会科授業において生産者と消費者の思
いや願いを理解することは重要なことで
ある。ただ、「思い」や「願い」だけに
とどまっていては、社会がわかることに
はつながらない。ここに従来の「理解」
型社会科授業の陥穽がある。評価のプロ
セスを考えると、学習者の主体性を確保
するため、「共感的理解」と「批判的理
解」の特性を社会科教師が踏まえて、い
かにその学びをみとるのかが重要となる。

課題

　「理解」型社会科授業は、戦後の『学
習指導要領』が社会科の目標を「理解す
る」と表記してきたことで、暗記や教え
込みの社会科授業の代名詞として批判さ
れてきた。しかし、社会科の授業原理と
しての「理解」は人間の行為を学ぶため
の方法として不可欠なものである。した
がって、安易に地名や人物、出来事を覚
えさせる社会科授業とは対極にある。そ
のため、社会科教師は自らの授業でどの
ような「人間」の意図や目的を理解させ
るのかが教材研究において問われてくる。
人間の行為を理解するという学びは、学
習者の体験や経験を再構成し、未来に生
きるための知恵を得るために重要なもの
である。社会的事象を深く見つめ、子ど
もが学ぶ人間の心情を考える方法を「理
解」という授業原理から創り出すことが
「理解」型社会科授業の課題となろう。

〈参考文献〉
・伊東亮三「社会科授業理論の認識論的
基礎づけ(I)─『追体験し意味を理解す
る社会科』の場合─」『日本教科教育学
会誌』8(1)、1983
・森本直人「『理解』理論による主体的
な歴史解釈力の育成」『社会科研究』48、
1998
・福田喜彦「広島高等師範学校附属小学
校の理会主義歴史教育論─大久保馨の理
論と実践をもとにして─」『教育方法学
研究』35、2010

　　　　　　　　　　　　（福田喜彦）

9 説明

定義

「説明」は，社会科授業構成の方法原理の一つとして理論化されてきた（代表的な文献は，森分，1978，1984）。「説明」を方法原理とする社会科は，社会的事象を科学的に説明できる力の育成をねらいとする。そのため，科学的な概念や一般原理の発見・習得・活用に重点が置かれ，授業は，子どもが自己の知識を変革的・累積的に成長させる過程として構成されることになる。社会を科学的に読み解く資質・能力を育成し，それを通して子どもの精神的な自立を促そうとするところに「説明」主義社会科の人間形成論を見ることができる。

社会認識教育としての「説明」の意義

「説明」を方法原理とする社会科はどのような点に優位性を持っているのか。一つの具体例から考えよう。

少し古い事例ではあるが，麻柄・進藤（2008）には，「なぜ映画には学割があるのか」という問題に対する大学生45名の解答についての調査が収録されている。調査結果として，学生の集客を増やして利益を上げるためという経済学的な観点から答えた者と，お金を持っていない学生にも映画を見てもらいたいからといった福利の観点から答えた者がほぼ同数であったことが示されている。

この調査は，大学生であっても，かなりの割合で学割を経済学的に解釈できて

いないことを示している。また，需要の法則や需要の価格弾力性について知っていたとしても，それを活用して思考できていないことを示唆している。

これは一事例にすぎないし，結果には様々な要因が考えられるが，この調査は，気持ちや思いに依拠した知識や思考を働かせる傾向が強く，事象を読み解く力が十分育っていないケースを例証している。

「説明」主義社会科は，この問題を改善する鍵となる。「説明」主義社会科は，社会の「なぜ」に挑戦し，事象を科学的に解明することに重きを置く。そうすることで，子どもの知識を事実との整合性が高いものに成長させ，科学的に思考する習慣の形成を促していく。社会的事象を説明できるようにすることで，社会認識教育としての責任を果たすものである。

市民性教育としての「説明」の意義

「説明」主義社会科は，市民性の育成においても強みを持っている。

民主主義社会の維持・発展は，市民の自立にかかっている。他者やメディア，権威に流されるのではなく，自分の力で社会について思考し判断することが重要だ。そのためには，事象の原因を見極めたり，起こりうる変化を予測したりする力が欠かせない。「説明」主義社会科は，こうした力の基盤となる社会の概念的理解を促すことで，市民性教育としての責任を果たすものである。

社会科教育の理論的基盤

また，民主主義社会は，開かれた議論を前提としている。異なる価値観や意見を持つ人々が話し合い，進むべき方向性を探っていくことが必要となる。そのためにも，社会についての合理的な認識とそれを説明する力が重要だ。

議論には，より妥当な見解を求めていく批判的な思考態度も求められる。「説明」に基づく授業は，知識の可謬性に気づかせ，事実と照らして知識を修正・更新させていく学習であり，こうした態度を育成する上でも優位性を持っている。

「説明」の現代的な再評価

「主体的・対話的で深い学び」という言葉に代表されるように，現代では，子ども主体の学びが一層求められている。現代的な観点から「説明」主義社会科を再評価するとどうなるだろうか。

「説明」は，深い学びの実現に適した方法原理である。社会的事象の「なぜ」に子どもが向き合い，教師とともにメカニズムを解明していく。そこで得られた科学的な概念や一般原理は，社会についての深い理解を促すものである。

「説明」主義社会科は，社会科でしかできない，社会科でこそ可能な深い学びを実現するものとして再注目されている。

「説明」の現代的な課題

一方，これまでの「説明」主義社会科が，子どもの主体性を十分保障できていたとはいいがたい。教師が教材研究を行い，問いと資料にしたがって，事象を説明できる知識に到達させる授業構成が一般的だ。教師による教え込みにならない

ように仮説を形成し吟味していく活動が組み込まれているとはいえ，一方向的にプログラム化された形式は，探求（探究）過程を硬直的なものにしやすい。

また，科学の論理を重視するあまり，子どもの興味・関心や社会生活との接点が見えにくい授業になりやすいことも課題とされてきた。

「説明」のアップデートへの視点

これからの「説明」主義社会科には，科学，子ども，社会生活の接点をより意識してカリキュラムや授業を構成することが求められよう。また，子どもの主体的な活動を基盤にして，知識を柔軟に修正・更新させていくプロセスについても研究の進展が望まれている。

「説明」主義社会科は，今なお注目すべき要素を多く含んでいる。知識やスキルの側面のみならず，育成されうる態度や性向についてもさらなる議論の活性化が期待されている。

〈参考文献〉
・森分孝治『社会科授業構成の理論と方法』明治図書，1978
・森分孝治『現代社会科授業理論』明治図書，1984
・麻柄啓一，進藤聡彦『社会科領域における学習者の不十分な認識とその修正』東北大学出版会，2008
・山田秀和「社会科における説明」社会認識教育学会編『新　社会科教育学ハンドブック』明治図書，2012

（山田秀和）

社会科教育の理論的基盤

10 問題解決

定義

　社会科教育において，問題解決は社会認識の方法の一つであり，日本の初期社会科で広く受け入れられた授業構成の原理である。子どもが問題を解決する過程を実際に経験する中で，社会生活を理解すると共に，民主社会の一員となっていくための能力や態度を統一的に育成する。

　問題解決では，子どもが主体的に思いや願い（〜しよう，〜したい）を実現したり，疑問（なぜ，なに）を知的に追究したりする。子どもにとっての切実な問題を，子ども自身が解決する過程を経験していくことに意味がある。日本では，1951年の『小学校学習指導要領社会科編（試案）』が代表例である。

社会科教育と問題解決

　授業で扱われる問題の性質に注目すると，①子どもが生活をおくる中でもっている具体的な問題を取り上げる立場と，②子どもが生活している地域社会や日本社会に存在している社会的な問題（矛盾）を取り上げる立場がある。

　①の立場では，子ども一人ひとりは日常生活において，具体的な問題（欲求や疑問）をもっていると捉えており，それを授業で取り上げる。子どもが環境（社会や人々，自然）へ関わる中で，自らの意識やその根底にある価値観（思考体制）を見直していくことがめざされる。教材は，教師が子ども（の生活）の内から見つけ出すものであり，子どもの発言・行動や日記をはじめとして，つぶやきも捉える。子どもは，日常生活の中でさまざまな経験をもっているが，そこから生まれた個々の問題について，教室（授業）での共通問題とする時期と場面を，教師が見極めることが重要である。授業は，目標や計画を立てた上で，子どもの実態に応じて，柔軟に修正をしながら進める。この立場は，社会科の初志をつらぬく会が牽引役を果たし，そこに集まった教師や研究者（上田薫，重松鷹泰，長坂端午など）によって実践や理論が深められた。日本の戦後社会科は，民間教育団体の存在によって支えられてきた。

　例えば，谷川瑞子による小学校第3学年「福岡駅」（1954年）の実践が知られている。子どもにとって身近な福岡駅の見学に行くことになり，どんな人が駅で働いているかを話し合った。教室の子どもたちから「地下タビはいとるもんおぞいもんや」という発言が出された。このように，「人間の価値を単なる服装で判断している」子どもの実態が明らかになり，実際に駅を見学し，そこで働いている人について調べる中で，子どもの価値観を変革していくことがめざされた。この問題解決の過程は，第3学年の授業のみで完結するのではなく，第4学年の「農家のくらし」の学習にも長く続いていった。ここでは，子ども自身（農家の

子どもたち）が，町の子どもたちに服装で差別を受けた経験が，子どもたちの切実で具体的な問題となり，その克服へ向けての行動がおこなわれた。

②の立場では，子どもたちの生活経験と関連が深く，主体的に取り組むことができる社会的な問題を授業で取り上げる。社会的な問題は，そこで生活する子どもの言動や行動に反映される。教師は，子どもに映し出された社会の問題（矛盾）を見つけ出すことで，それを教材にする。子どもたちが，地域社会や日本社会の問題を理解し，それを解決するための方法を子どもなりに考えていくことが重視された。この立場は，コア・カリキュラム連盟や日本生活教育連盟（前期）が代表であり，梅根悟や馬場四郎らによって理論が示された。なお，日本生活教育連盟は，1950年代末には授業構成の原理を問題解決から「生産労働」を基礎とした科学的認識へ転換した。

例えば，吉田定俊による中学校第3学年「水害と市政」（1953年）の実践が知られている。子ども自身が直面した水害を踏まえて，子どもたちは，災害復旧が進まない理由を考え，他県や外国，さらには昔の水害や水防を調査していった。この過程で，自然災害といった社会的な問題，それを甚大な被害とした市が抱える防災をめぐる政治問題を追究した。子どもなりの水防計画も作成された。

現代的な意義

①の立場は，現在まで実践が蓄積され続けている。特に，長岡文雄の実践は，各地の教師に影響を与えてきた。長岡をはじめとした①の立場への批判には，有田和正によるものがある。それは，子どもが生活をおくる中でもっている切実な問題は乏しく，教材によって，子どもが切実に感じる問題をつくる必要があるという主張であり，切実性論争ともいわれる。有田の実践は，①の立場から離れ，平成の時代に一つの潮流を形作った。

問題解決は，獲得される知識の質は，常識的なものに留まるという指摘もある。一方で，社会科は，問題解決の批判や再構成によって，理論的に精緻化されてきたところがある。社会科の原点として，問題解決の考え方を理解することは今なお意味をもつだろう。

〈参考文献〉
・上田薫『社会科の理論と方法』岩崎書店，1952
・上田薫他編『社会科教育史資料4』東京法令，1977
・木村博一「社会科における問題解決学習」社会認識教育学会編『社会科教育学ハンドブック―新しい視座への基礎知識―』明治図書，1994
・小原友行『初期社会科授業論の展開』風間書房，1998
・谷川彰英『問題解決学習の理論と方法』明治図書，1993
・日本生活教育連盟編『問題解決学習の基本問題』誠文堂新光社，1954

（渡邉　巧）

社会科教育の理論的基盤

29

11 認識

定義

　認識とは，一般的には，ある事象を認識主体から切り離して対象化して知る働き，またはその結果として得られた知識内容のことをいう。本項では，認識を，理解，説明，問題解決，意思決定等と同様に，社会のわかり方の一つとして位置づける。それは，マルクス主義の哲学を背景にした社会のわかり方であり，人々の主観を超えた普遍的・科学的な知識＝真理に到達することを意味する。認識を構成原理とする社会科授業は，「現代社会の科学的認識」の形成を志向する。

現代社会の科学的認識と社会科授業

　現代社会の科学的認識をめざす立場は，①子どもたちが生活する現代社会の諸事象そのものを科学的に認識する過程として授業を構成するものと，②社会の諸事象を科学的に認識する上での基礎となる科学的な概念や法則の習得過程として授業を構成するものとに分けられる。

現代社会の科学的認識過程としての授業

　この立場に基づく社会科授業のあり方は，日本生活教育連盟の後期（1950年代末から）の研究活動で発表された香川県社会科教育研究会，東京社会科サークル，上越教師の会のプラン等に見られる。

　このうち，上越教師の会が提起した授業においては，現代社会を社会科学的に分析し，「生産労働」の視点から総合して得られる法則（例えば，「道具や機械

は生産をあげるため改良され進歩してきた」といったもの）を習得させることがめざされている。そのため，授業においては，子どもたちの生活の舞台である地域社会の現実の中から，それらの法則を具現化し，現代社会の課題を反映していると考えられる事実が典型的事実として取り上げられる。その認識から始まり（事実認識），そこに見られる社会的問題を把握し（問題認識），地理・歴史・政治・経済・社会といった社会諸科学の視点から問題に分析的な検討を加え（条件認識），問題に対して構造的，総合的な理解に達し（科学的認識），最後にその問題にどう取り組んでいくべきかを考える（主体的認識）という五段階の過程を踏まえた学習が展開される。

　この立場においては，子どもたちはすでに社会で生活しており，問題に直面し社会を認識しているため，科学的認識の形成とは，子どもたちが日常生活の中で身に付けている社会認識を科学的なものへと変革していくことを意味している。社会的な問題に取り組んでいく過程で，科学的な概念は子どもたちの内側に定着し，それが社会をみる際の武器として働くものになっていくと考えられている。そのため，内容編成にあたっては，どのような科学的概念をどのような順序で学習させるか，各学年でどのような社会的な問題に取り組ませていくのかが課題と

なる。そして，それぞれの段階で「生産労働」の視点から社会を総合的に捉えることができるようにすることがめざされる。

科学的概念法則の習得過程としての授業

この立場に基づく社会科授業のあり方は，教育科学研究会社会科部会（1963年設立）が提起した授業に見られる。同部会は「科学と教育の結合」を志向し，社会科学的概念や法則を子どもたちにわかるように教える授業をめざした。そこでは，教えるべき社会科学的概念や法則の抽出・設定を授業構成の出発点に，それらをよりよくつかめる典型的教材の選定，抽象的な概念や法則を，イメージ豊かに実感を伴って習得できるような教材が重視される。そして，具体的な事実の分析を通じて，子どもたち自身が概念や法則を発見していく授業展開が求められる。

この立場は，日生連と同じように現代社会についての科学的認識をめざしているものの，現実社会の問題そのものを学習させるという方法はとらない。現実の社会の問題は複雑で多面的であるため，まずは自然史や人類史の学習を通じて単純で一般的な法則を学習させ，次第に複雑な諸要素が加わっていった日本社会の歴史的発展をつかむために日本通史を学習させる。それらの学習を踏まえて最後に，そうした歴史的発展の上に生起している現実社会の問題を理解し，その解決に取り組む主体性の育成をめざすという，「社会科教育の体系」を示した。

認識を構成原理とする授業の問題性

これらの授業の問題性は，子どもたちに習得させる概念や法則を「科学」の名の下に固定化して提示する点にある。社会科学の成果として明らかにされた知識を，客観的で間違いのないものとして習得させることで，子どもたちの社会認識を方向付け，閉ざしている。日生連，教科研社会科部会が習得させようとしている概念や法則は，主としてマルクス主義の哲学に基づいたものであり，それは事実に基づくものであっても，一つのとるべき態度や生き方を示唆するものになっている。

そもそも社会科は，「自主的・科学的な考え方」の育成をめざす教科である。その授業づくりに際しては，「現代社会の科学的認識」の形成を意識する必要がある。しかし，この立場に見られたように，子どもたち自身が概念や法則そのものを批判し，その有効性や限界性を吟味する機会を奪ってはならない。子どもたち自身が将来にわたって，社会をより科学的に認識していけるよう，常識的なレベルに留まりがちな社会認識体制を成長させていくような授業づくりが求められるのではないだろうか。

〈参考文献〉

・川合章，新潟県上越教師の会『生産労働を軸にした社会科の授業過程』明治図書，1965

・教育科学研究会社会科部会編『社会科教育の理論』麦書房，1966

・森分孝治『社会科授業構成の理論と方法』明治図書，1978　　（角田将士）

社会科教育の理論的基盤

12 意思決定

定義

社会科における意思決定とは，公民的資質・能力育成の方法であり，また社会科教育論の一つとされることもある。

資質・能力の育成には，社会に対する批判的考察，自律的構想，実践的活動などの学習活動の段階・方法が考えられる。このうち意思決定は自律的構想の段階で，批判的考察で分かったことを踏まえ，公民として自分はどう捉えるのか，関わるのかなどを判断・決定する。

社会科教育論として考えた場合，「意思決定」の目標は，社会の形成者に必要な意思決定力の育成で，資質・能力のうち，生きて働く知識（知恵），判断力，参加意識の育成に重点を置く。内容は，社会形成に向け意思決定が求められる社会問題となる。方法は，社会問題に対し妥当な意思決定・主張を行うことである。主張の妥当性は，根拠となるデータや因果など事実に関しては，経験や科学と調和するか否かの真理性となる。目的やその裏づけなどの価値判断は，公共圏の公民に支持される正当性の有無となる。

歴史

日本の社会科教育学での意思決定に関する研究は，1970年代以降にみられ，はじめはS.H. エングル，L.E. メトカーフ，D.W. オリバー，B.G. マシャラスなどの社会問題を扱い価値が関わる考察，判断を行う社会科が，紹介・研究された。

そして1980年代になると，小原友行が意思決定力を公民的資質・能力の中核に位置づけ，具体的な授業モデルまで示し，以後の発展の嚆矢となった。また，この時期，加藤幸次の「価値観形成を目指す社会科学習」，今谷順重の「新しい問題解決学習」など，授業で価値を扱い，判断力を重視する授業が構想された。

1990年代以降，意思決定に関しては，多様な研究や授業開発・実践がみられ，社会科における一つの潮流となった。

1990年代以降の多様な研究

1990年代以降の意思決定に関する研究の発展・拡大を，①意思決定の方法の精緻化・工夫，②集団での意思決定，③政策問題への適用，④実践的活動への発展，⑤批判的考察の充実，⑥実証的な研究の進展，以上の6点より述べる。

①の精緻化等は，トゥールミン図式，子どもの心理，状況論，シミュレーションやロールプレイなどに注目した多様な研究がみられる。特に，C（主張），D（データ），W（理由づけ），B（裏づけ）などから成るトゥールミン図式は，これまで開発された「意思決定」の授業で多く用いられてきた。

②では，個人による意思決定だけでなく，社会的意思決定を視野に入れ，学級集団での活動に注目した授業が示された。

社会科教育の理論的基盤

具体的には，議論・ディベート，あるいは合意形成を重視した授業である。これらの多くは，思考・判断・表現に関する汎教科的な技能・能力育成も重視される。

③に関して，意思決定はもともと，社会問題の中でも価値観の相違による論争問題に対し，価値判断を中核とする判断・決定を行ってきた。しかし，問題有りと断定された状況・政策問題を扱い，具体的な解決手段を選択・判断する授業が増える中，こうした事実判断も意思決定として論じられるようになった。例えば，温暖化防止や地域活性化をめざす授業での，具体的な解決手段の選択・判断も，意思決定とされるようになっている。

④の実践的活動への発展は，社会科の教科範囲の拡張である。20世紀末から開発されてきた「意思決定」の授業は，批判的考察だけでなく自律的構想までを主な範囲とする。そして2000年代になると，意思決定にもとづく実社会への提案・参加など，さらに範囲を拡張し，実践的活動を重視する授業・社会科教育論が示された。具体的には，日本型のサービス・ラーニングの構想などである。こうした授業では，知識や知恵，思考力や判断力，知的態度や参加意識だけでなく，教育全体で担うべきコミュニケーション能力など社会的な能力，活動に向かう実践意志の育成まで，積極的にコミットする。

⑤は，高度な意思決定力の育成には，批判的考察の充実，すなわち知識，思考力，知的態度の育成充実が不可欠とする研究である。具体的には，開かれた価値観形成をめざす歴史教育，そして社会的意思決定の批判的研究としての授業などである。意思決定はもともと，どうすべきかを当事者のように判断・決定するものである。それに対し，これらは過去や他所の意思決定を対象化して扱い，批判的考察を充実させるところに特質がある。

⑥は，「意思決定」の授業の実践，評価や改善などの研究の進展で，認識形成過程についての実証的な研究もみられる。

〈参考文献〉

・岡田了祐「意思決定型社会科における子どもの飛躍とつまずき」『社会科研究』第81号，2014
・尾原康光「社会科授業における価値判断の指導について」『社会科研究』第39号，1991
・唐木清志『子どもの社会参加と社会科教育』東洋館出版社，2008
・小原友行「意思決定力を育成する歴史授業構成」『史学研究』第177号，1987
・佐長健司編著『社会科でディベートする子どもを育てる』明治図書，1997
・土肥大次郎「社会的意思決定の批判的研究としての授業」『社会系教科教育学研究』第23号，2011
・溝口和宏「開かれた価値観形成をめざす歴史教育の論理と方法」『社会科研究』第77号，2012
・吉村功太郎「合意形成能力の育成をめざす社会科授業」『社会科研究』第45号，1996

（土肥大次郎）

社会科教育の理論的基盤

33

13　社会参加

定義

　社会参加とは，社会の一員としての意識を持って，自らの幸福の実現や望ましい社会づくりのために自律的かつ協働的に社会と関わることである。

　様々な国際比較調査において，日本の子ども・若者の社会参加意識の低さが指摘されている。「私の参加により，変わってほしい社会現象が少し変えられるかもしれない」と考える子ども・若者が少なく，「現状を変えようとするよりも，そのまま受け入れるほうがよい」と考える子ども・若者の多いことが，今や日本の子ども・若者の特徴となっている。

　平和で民主的な国家・社会の形成者の育成を目指す社会科にとって，これは看過できない事実であろう。社会参加について考えることを通して，社会科の在り方を再検討することが求められている。

社会参加と社会参画

　社会参加の類義語に，社会参画がある。両者の違いについて考えることは，社会科教育にとって重要な作業である。

　一般に，社会参加が実行段階から加わることを意味するのに対し，社会参画はそれ以前の企画・計画段階より加わることだと理解されている。つまり，社会参加よりも社会参画の方が個人の関与の度合いが高く，積極的な行為だというわけである。この理解に基づけば，社会科は社会参画型に組織されなければならない。

　一方で，社会参加の現代的役割にも目を向けておく必要がある。社会参画は，行政やビジネスの分野で使用されることが多く，現存する制度・組織に関与するというニュアンスが強い。対して，社会参加には，社会的少数者の声を重視して，その社会的自己実現を図るとともに，現存する制度・組織を改めて問い直すという意味も含まれる。高齢者の社会参加，障がい者の社会参加は，この文脈で発展してきた考え方である。

　多様性を尊重し，包摂を志向する社会づくりを進めることで，排除の構造が強化されることもある。現代社会の有り様を批判的に検討するにあたり，社会参加は一つのツールとして役立つだろう。

歴史

　社会科で社会参加が注目されるようになるのは，2008・2009年改訂の学習指導要領で，社会参画の視点が強調されて以降である。しかしそれ以前にも，例えば社会科成立期においてすでに，社会参加は社会科に明確に位置づけられていた。

　社会科における社会参加へのアプローチの仕方には，教育目標と教育方法からの二つがある。教育目標であれば，社会参加を公民としての資質・能力の中核に位置づけ，社会参加できる市民の育成を社会科では目指すべきとなる。一方で，教育方法であれば，児童生徒の現実社会における具体的な行動を重視し，単元に

それを明確に位置づけるべきとなる。

社会科成立期より，教育目標に社会参加を位置づけることは不変である。しかし，教育方法に社会参加を含めて考えることは，社会科成立期には数多くみられたものの，今日必ずしも一般的ではない。

社会参加学習の方法

社会参加学習では，社会科の学びを社会に向けて開くことを重視する。現実社会を教室に持ち込み児童生徒がそれについて考えるだけではなく，児童生徒が現実社会に向けて何らかの発信をする点に，社会参加学習の特徴がある。社会参加学習では，社会的実践力の育成を目指す。

社会科で社会参加学習を展開するにあたり，留意すべき事項として，第1に，社会問題を教材化することがある。社会問題を解決し，望ましい社会をつくり上げようとする社会参加意識を高めることが，社会参加学習では重視される。第2に，問題（課題）解決的な学習の立場から，社会参加学習に係る単元開発を行うことがある。問題解決的な学習では学習過程を重視する。例えば，「問題把握→問題分析→意思決定→提案・参加」という学習段階より，社会参加学習は組織される。第3に，児童生徒の振り返りを重視することがある。学習の進み具合を常に意識させ，社会問題の解決に自らの取り組みが役立ったかどうかを評価させるためにも，振り返りは必須の学習活動になる。第4に，教室で習得された知識・技能を，社会参加に係る取り組みに活用する場面を設定することがある。知識・技能は実際に活用されることで初めて，習得されるに至ると考える。そして，第5に，以上の学習活動を展開する前提条件として，社会とのパートナーシップを構築することがある。教材研究及び単元開発の段階に学校外の人が関わり，児童生徒の学びを一緒につくりそして評価することが，社会参加学習では目指される。

課題

これまでにも，社会問題を取り扱った議論や価値判断に係る社会科実践が数多く行われてきた。これらは，社会参加学習の一部に含めて考えることができる。しかし，一歩先に進み，提案・参加にまで至る社会科実践は，時間がないといった物理的な理由から，そして，それは社会科の範疇を超えるといった理念的な理由から敬遠されてきたのが実情である。

今後の社会科は何を目指し，どうあるべきか。社会系教科に社会参加学習を確立する方途を継続的に模索すべきである。

〈参考文献〉

・唐木清志『子どもの社会参加と社会科教育—日本型サービス・ラーニングの構想—』東洋館出版社，2008

・唐木清志他著『社会参画と社会科教育の創造』学文社，2010

・松浦雄典「社会科における批判的参加学習としての授業構成—小学校第4学年『安全なくらしを守る人たち』を例に—」全国社会科教育学会『社会科研究』第79号，2013

（唐木清志）

社会科教育の理論的基盤

35

14 認知主義／行動主義

定義

　行動主義は20世紀初頭のアメリカで生まれた行動主義心理学の立場をさす。

　学習のメカニズムを刺激とそれに対する反応ととらえ，客観的に観察や測定することで，人間の行動の予測や統制を明らかにすることが可能だと考えた。

　行動主義が次第に行き詰まりを見せ，1960年代前後に登場したのが認知心理学であり，認知主義の立場である。人間の内的な認知過程を解釈することを徹底的に排除した行動主義に対し，人間は外界の情報を収集し処理することで知識を内化すると考え，認知の仕組みの解明をめざした。

行動主義の学問的背景

　アメリカの心理学者であるワトソン（J.B.Watson）が論文「行動主義者の見た心理学」を1913年に発表したのが行動主義の始まりと言われる。それまでの心理学では被験者自身に被験者の心を観察させ，それを話してもらう内観と呼ばれる手法が主流であったが，客観性に欠けるという批判が起こっていた。ワトソンは，心の機能と行動に着目する客観的な機能主義の心理学と，刺激に対する動物の行動変化を反応とみなす動物心理学を背景にして，客観的な自然科学として心理学を確立することをめざしたのである。

　ワトソンの理論は現代では古典的行動主義と呼ばれているが，新行動主義者と

されるスキナー（B.F.Skinner）はオペラント条件づけを応用したプログラム学習やティーチング・マシーンなどで現代でも注目される。レバーを押せば餌が出てくることを偶然学んだネズミが，餌に強化されて自発的にレバーを押すようになることを実験で示したスキナーは，人間の実生活における自発的活動も強化されたオペラント行動だと考えたのである。

行動主義と教育

　スキナーの考えを用いた場合，教師が発問という刺激を与え，学習者の応答が望ましいものであれば賞賛して強化する場面が想像できるだろう。また複雑なスキルや課題を最小限の構成要素に分解し，新しいステップを加えながら取り組ませるアプローチなども行動主義的教授と呼ばれる。

　刺激に対する反応を学習とみなす行動主義では，刺激とその反応が知識であり，それを学習者に効率的に伝達するために刺激や強化を工夫することが教師の役割とみなされる。しかし人間の刺激に対する反応はいつも同じではなく，内的な要因から異なる反応がなされることは予想できよう。また外的な刺激や強化のみが学習の動機づけとなるわけではないことも経験的に予想できる。これらの点は行動主義の限界と考えられる。

認知主義の学問的背景

　1950年代後半に台頭してきた認知主義

は，人間は外界の情報を収集し処理することで知識を内化するとして内的な認知過程を解釈することをめざした。特に認知心理学と計算機学から導き出された学際的学問領域である認知科学では，認知過程を規則に従った記号の情報処理プロセスとみなし，いずれ人間と同じレベルの知能を人工的につくることができると考えられてきた。その実現は困難であることがわかってくると，人間の認知能力の複雑さが改めて示され，認知主義も再検討されていく。

　例えば1980～90年代には認知過程を個人の内部の情報処理プロセスと考えるのではなく，個人が参加する状況や文脈に依存すると考える状況論が登場してくる。レイヴ（J. Lave）ら人類学者は，徒弟が職業コミュニティに参加し，徐々に中心的なメンバーになっていく様子を分析したが，肉加工職人の徒弟が別室で作業し職業コミュニティと隔離されている状況では学習効果が生まれないことを明らかにしている。このような状況主義の立場は，認知主義とは区別される場合が多い。

認知主義と教育

　認知主義では，学習者は外界の情報を収集し，処理して構造的に構成することで知識を内化するとみなしていた。知識は個人の内面に構成されると考える点で行動主義や状況主義の立場とは異なる。また個人の内的な要因を学習に不可欠な動機づけとみなし，教授の工夫だけでなく学習者の認知過程の解明も教師の役割となる。社会科教育研究においても，学習者の学びの解明は近年特に重要なテーマである。

課題

　行動主義や認知主義のそれぞれにおいて，知識や教師の役割といった教育的要素にどのような傾向が見られるのか紹介してきたが，実際の社会科の教育論や授業論のすべての教育的要素がきれいに一つの立場におさまることはほとんどないと考えられる。部分的には異なる立場の教育的要素の知見が取り入れられ，子どもたちに必要と考える社会科教育が構想されてきたはずである。

　学習者に応じ，どの教育的要素で，どのような立場の知見を取り入れることを優先するのかをよく吟味し，子どもの学びに携わっていく必要がある。

〈参考文献〉
・J.B. ワトソン／安田一郎訳『行動主義の心理学』河出書房新社，1980
・ハワード・ガードナー／佐伯胖他監訳『認知革命』産業図書，1987
・ジーン・レイヴ他／佐伯胖訳『状況に埋め込まれた学習』産業図書，1993
・米国学術研究推進会議編／秋田喜代美，森敏昭監訳／21世紀の認知心理学を創る会訳『授業を変える』北大路書房，2002
・R.K. ソーヤー編／望月俊男他編訳『学習科学ハンドブック』北大路書房，2018
・大島純他編『学習科学ガイドブック』北大路書房，2019　　　（田口紘子）

社会科教育の理論的基盤

15 構成主義／構築主義

定義

　構成主義とは，constructivism の訳語である。構成主義の対抗概念は，客観主義である（久保田，2000）。客観主義は，知識を人間に外在する客観的な実在と考える。そのため，子どもは知識の消費者とみなされる。一方，構成主義は，知識を人間が環境との相互作用を通して構成するものと考える。そのため，子どもは知識の生産者とみなされる。構成主義は，「構成」をめぐる考え方の違いによって2つに分類できる。

　1つ目は個人的構成主義である。ピアジェが代表的である。学習・発達とは，子どもが環境に働きかけることを通して，自分の認知構造に理解したことを取り込んだり，その構造を変化させたりすることである。個人的構成主義は，子ども個人の認知的活動に注目し，その働きの重要性を指摘する点に特徴がある。

　2つ目は社会的構成主義である。ヴィゴッキーが代表的である。教授・学習とは，教師の支援や仲間との学び合いを通して，子どもが一人ではできないことをできるようにすることである。社会的構成主義は，子どもを取り巻く社会的文化的環境に注目し，その働きの重要性を指摘する点に特徴がある。

　それに対して，構築主義とは，constructionism の訳語である。この言葉は他に「構成主義」「社会構成主義」「社会的構築主義」などと訳されることもあるが，constructivism の訳語との混同を避けるため，本項目では「構築主義」という訳語を使用する。

　構築主義の対抗概念は，本質主義である（上野，2001）。本質主義は，言説実践（言葉を使うこと）に先立って現実が存在すると考える。それに対して，構築主義は，言説実践が現実を構築すると考える。つまり，構築主義とは，現実を言説実践の結果とみなすことによって，言説実践の原因と結果を倒錯する本質主義を批判する考え方である。

　構築主義は今や，人文・社会科学の研究を進める上で無視できない考え方である。例えば，ジェンダー研究が代表的である。性は本来多様である。しかしながら，私たちが「男」「女」という言葉を使用することで，二元的な性秩序が構築され様々な問題が起きている。二元的性秩序の問題性を指摘し私たちの言説実践の反省を促すジェンダー研究は，構築主義に基づく研究の好例である。

実践

　構成主義に基づく社会科授業には，栗原（2007）の研究がある。栗原は，「山小屋の缶ジュースはなぜ高い」という経済学習の授業を開発した。山小屋のジュースの価格形成に関するアンケート調査を小学生から社会人まで広く実施し，回答者の多くが「費用がかかる（原因）→

社会科教育の理論的基盤

高い（結果）」という素朴理論をもっていることを明らかにする。その上で，「高くても買う人がいる（原因）→価格が高い（結果）」という科学理論に転換するために，「異なる考え方について議論する」段階など全7段階の授業構成案を作成し，大学生や社会人対象ではあるけれども，実験授業を実施しその構成案の有効性を検証した。栗原の授業は，学習者を素朴理論の生産者と捉え，その理論を葛藤教材の提示や学習者の話し合いを通して変革的に成長させることをめざす点で典型的な構成主義に基づく社会科授業である。

構築主義に基づく社会科授業には，二井・宮本（2008）の研究がある。二井らは，「創られた伝統とナショナルアイデンティティ」という高校世界史の授業を開発・実践した。目的は，伝統の中にはナショナルアイデンティティを形成するために創られたものがあることを追究させること。日本・英国・マレーシアの国家儀礼が主な教材である。まず，これら三国の儀礼が近代に始まりその伝統性が強調されたことなどを理解させる。次に，ナショナルアイデンティティの形成をめざす伝統がこれ以外にもあることや，他の目的で創られた伝統が身近にあることに気づかせる。二井・宮本の授業は，「伝統」と呼ばれる現実は自分たちに外在してあるのではなく，自分たちが継承すべきものとして取り扱う結果構築されていることを生徒に理解させることができる点で典型的な構築主義に基づく社会科授業である。

意義

社会科は「暗記教科」と揶揄されることがあるが，これに反論することは案外難しい。なぜなら，客観主義に基づく授業づくりが今でもよく見られるからである。構成主義は，こうした現状を改革する上で不可欠な考え方である。また，社会科では，地理や歴史，現代社会の現実を「ある」ものとして教えがちである。こうした現状を改革するためには，構築主義に基づいて，そうした現実が自分たちの言説実践によって作られていることを児童生徒に学習させることが効果的である。構成主義／構築主義という2つの部分は，社会科授業の現状を改革する上で大きな意義をもっている。

〈参考文献〉
・上野千鶴子編『構築主義とは何か』勁草書房，2001
・久保田賢一『構成主義パラダイムと学習環境デザイン』関西大学出版部，2000
・栗原久「学習者の素朴論の転換をはかる社会科授業の構成について」『社会科教育研究』No.102，2007
・二井正浩，宮本英征「『創られた伝統』とナショナルアイデンティティ」日本社会科教育学会編『社会科授業力の開発 中学校・高等学校編』明治図書，2008
・日本教育方法学会編『教育方法学研究ハンドブック』学文社，2014

（藤瀬泰司）

16 経験主義／進歩主義

定義

　経験主義とは，知識や技能の獲得，価値観の形成など，人の成長・発達において経験の役割を重視する思想である。この思想に基づく教育論は，子どもが身の回りの環境に対する働きかけを繰り返していく，能動的かつ活動的で，反省的な学習を構想することに特徴がある。

　進歩主義（progressivism）とは，教育において次の点を重視する複合的な思想である。①社会的要請に応える視点から，カリキュラム編成では効率化・合理化を進めつつ，学習者の批判的な知性を育むことで社会問題の改善や社会変革を目指す。②学問の知見を「道具・手段」とみなし，現代社会（の諸問題）の調査や判断に役立てようとする。③子どもが個々に持つ自然な興味や必要を体験的な活動によって充足しようとする。

　経験主義と進歩主義の両者は似た特質を持っているように見える。しかし，経験主義がより焦点を当てているのが人間形成とそのプロセスである学習だとすれば，進歩主義はさらに社会と教育の在り方まで射程に入れた思想であると言える。

経験とは

　経験の性質を教育論として20世紀初頭に提起したのが，デューイ（J. Dewey）である。デューイは，「為すことによって学ぶ（learning by doing）」というように，学習は子どもの身の回りの環境への働きかけによって成立すると捉えた。

　例えば，ある人が初めて田植えをやってみたときに，水田に足を入れたり稲の苗を掴んだりした際，手足に重みなどを感じるだろう。そこから，一度に作業できる時間はこのくらい，（今回は失敗したが）こうしたら苗はうまく植えられそうだ，やってみよう，といった思考や意欲が生まれ，試行錯誤するかもしれない。

　デューイによれば，こうした働きかけには興味や能動性が伴い，時には上手くできない問題状況が起こることで，それまでの経験が見直され，実験的な試行錯誤によって再構成されていく。

進歩とは

　進歩主義が，左記の①〜③のように複合的な思想となったのは，歴史的な社会変動のさなかに既存の教育と社会への対抗と改善を目指して形成されてきたからである。

　19世紀末まで，学校で授ける知識は自明であり，それらを体系的に獲得していけば，自然と子どもは既存の社会に同化されていくという「教養主義」が支配的だった。ところが，20世紀初頭の米国では工業化が進み，移民の流入，女性の家庭外労働や参政権の拡大が起こり，地域社会の構成員や伝統的な価値観が一新されようとしていた。一方でスラム化や治安，生活環境の悪化など，社会問題が頻発していた。

社会科教育の理論的基盤

こうした状況下で，先のデューイをはじめとする経験主義の思想を取り入れたキルパトリック（W. H. Kilpatrick）は，児童中心的で活動を重視する「プロジェクト・メソッド」という指導法を大成した。また，1920年代末からの大恐慌を境に，カウンツ（T. S. Counts）が先導する形で，より社会改善や市民教育に注力する論調へと急進化していった。

このように進歩主義教育は社会や時代とともに変化し射程を広げてきたが，子どもが知識を習得する「目的」「方法・過程」とは何かを問い，その知識を社会や生活を改善するために活用し，つくり変えることを課題とした点においては，共通する問題意識があったと言える。

論争

経験主義の教育は，経験の内実を多様で幅広く，そして連続的であると捉える。ゆえに教科のような学問領域をもとに細分化・系統化された学習とは馴染みにくいとされる。確かに，日本において戦後間もなくに経験主義教育が導入されたものの，学力低下を助長すると批判され，その後系統主義教育へ転換していった。

同様の批判が進歩主義教育にもなされてきたが，それに加えて改革的な側面が問題視されてきた。進歩主義教育によって，短所ばかりを学んだ子どもは自分たちの国や社会に愛着を持てていない，学問的教養の習得が疎かになっている，と言うのである。

こうした論争が起こった背景には，個々の教師の力量に委ねるところが大きかった点や，活動主義的な側面ばかりが強調された点，経験を意味づける反省的な思考や問題解決に必要な学問的教養が軽視されてしまった点，既存の価値観の否定が自明視され社会改善の目的と逸れてしまった点など，経験や進歩に対する浅い理解や誤解があったと指摘されている。

今日的意義

先行きの見えない複雑な現代社会において，社会と関わるための知識やスキルを学ぶ必要性と意味を自覚していくことが求められている。今日，「経験」の意味を問い直すことは，こうした要請に応えることに繋がっていくだろう。また，市民育成の場が複数化する中で，進歩主義の持つ広い射程は，社会科の在り方を議論したり，自他の教育観を内省したりするための見取り図として活用することができる。

〈参考文献〉
・Ronald W. Evans, *Social Studies Wars: What Should We Teach the Children?*, Teachers College Pr, 2004
・ジョン・デューイ／市村尚久訳『経験と教育』講談社，2004
・J. デューイ／松野安男翻訳『民主主義と教育』岩波書店，1975
・田中智志『社会性概念の構築—アメリカ進歩主義教育の概念史—』東信堂，2009

（後藤賢次郎）

17 社会改造主義

定義

社会改造主義／社会改良主義／社会再建主義（social reformism／social reconstructionism）とは，学校は子どもたちを社会改良・変革の主体として育てていくべきであるとした教育思想である。なお，この思想の支持者は社会改造主義者と呼ばれる。彼らは，学校を社会改良・変革の手段と捉え，公民教育を重視し，共同体の改良・変革に向けた活動に積極的に参加して共同体の人々と議論または連帯できるように子どもたちを育てていくことができるとの信念を持つなど共通点もあるが，後述するように，実際には多様な考え方が存在している。

社会改造主義という用語は，特に米国において19世紀後半に始まる一連の教育改造運動を支える思想の一つとして用いられることが多い。それはこの用語がこの時代に誕生して積極的に用いられたことに由来する。佐藤（1990）はこの時代の教育思想には「子ども中心主義」「社会的効率主義」「社会適応主義」「社会改造主義」の4つの系譜があるとまとめており，特に社会改造主義は，デューイをはじめとする進歩主義教育者に大なり小なり共通して見られる傾向があることを指摘している。この用語を今日積極的に用いる研究者や実践家は多くはないが，思想自体は教育界に継承されている。

歴史

社会改造主義の原点は，18世紀後半の啓蒙思想家の教育論に見つけることができる。例えばフランス革命期に公教育の必要性を主張したコンドルセは，公教育を通して国民に政治科学を教えていくことで，批判的な吟味を通して納得できる法や政策を選び取ることのできる市民を育成すべきだと主張している。学校教育を通して革命思想の担い手として子どもたちを育てていこうとしていたのである。

独立戦争を「アメリカ革命」と呼ぶ米国は，建国当初からこうした啓蒙思想の影響を大きく受けており，ジェファーソンの教育思想にも見られるように，度々，革命思想を実現する手段として学校が位置づけられてきた。ただ実際のところ，それが学校教育のカリキュラムや教育実践にすぐに具体的な形で反映したとは言い難く，19世紀後半の一連の教育改革運動まで待たねばならない。

19世紀後半に米国で教育改革運動が生じた原因は様々あるが，産業資本主義が発展する中で貧富の格差が拡大したこと，移民が増えて彼らをアメリカ国民として教育する必要が生まれたこと，奴隷解放後の黒人の教育問題などを主な原因としてあげることができるだろう。そうした中で，社会が生み出す諸問題や矛盾を学校が積極的に授業などで取り上げていくことで社会改良・変革の主体を育成しよ

うとする動きが生まれることになる。代表的な論者に，キルパトリック，カウンツ，ラッグ，チャイルズ，ボード，ブラメルド，ラウプがある。

教師の計画性をめぐる議論

このうち，子ども中心主義と社会改造主義を抱き合わせたような教育論を唱えたのがキルパトリックである。氏はプロジェクト・メソッドを提唱し，学校や地域社会の様々な課題を解決するために省察・行動のできる市民の育成を目指した。プロジェクトは究極的には子どもが目的を設定し，知的に計画して実行していくべきであるとされ，教師の計画に従って教えるのではなく，子どもが主体的に活動を組織していくことが重視された。

これに対して事前計画を重視する立場を採ったのがラッグである。ラッグは教師や研究者による賢明な事前計画なく社会改良・改善を担える市民は育成できないと考え，自ら『社会科学パンフレット（*The Social Sciences Pamphlets*）』や『人間とその変化する社会（*Man and His Changing Society*）』といった社会問題中心型のカリキュラム教材を開発し，さらにはこうしたカリキュラム教材を開発するための研究方法論も提唱した。

変革の程度をめぐる議論

また，社会改良・変革をどこまで求めるのかについても論者で考えが異なる。カウンツは，民主主義が生きながらえるには，新しい経済的基盤を求めなくてはならない。それは集産主義的型式でなければならないと結論づけ，学校ではその

ことを教化して良いとする立場にあった。これに対してラッグは資本主義体制の枠内での改良・変革を重視し，カウンツの姿勢を批判した。

今日の社会科への影響と課題

社会改造主義の思想は今日にも引き継がれている。キルパトリックの立場はサービスラーニングなどに継承されているし，ラッグの立場は，その後のメトカーフ，オリバー，エングルといった社会問題学習重視の社会科教育論者に継承されている。また，カウンツの立場は，社会科教育の枠に入るのか分からないが，フレイレやジルーに代表される批判的教授学（critical pedagogy）に少なからず影響を与えている。

ただ，こうした社会改造主義の思想は，公民権運動や大恐慌の時代など社会変革が求められる時代には歓迎されるが，戦争中など保守化が進む時期には骨抜き・拒絶・弾圧される傾向にあり，それが故に学校現場では部分的一時的な浸透に留まりがちである点が課題と言えるだろう。

〈参考文献〉
・佐藤学『米国カリキュラム改造史研究』東京大学出版会，1990
・松村將『デューイ派教育者の研究』京都女子大学，1997
・D・F・ウォーカー，J・F・ソルティス／佐藤隆之，森山賢一訳『カリキュラムと目的―学校教育を考える―』玉川大学出版部，2015

（渡部竜也）

18 多文化主義／複言語・複文化主義／間文化主義

定義

多文化主義とは，一言でいうなら異文化集団間の平和共存を成立させていくためのイデオロギーや政策である。一方で，近年は多文化主義だけでは多様な人の共存関係を生み出すことは難しいとされ，新たな思想が模索されてもいる。本項ではこの点についても述べる。

多文化主義

多様な民族をはじめとする文化集団が混在する地域では，1960年代ごろまでは基本的には主流社会への同化が期待されてきた（同化主義）。しかし，1970年代前後から，そうした同化主義的な政策ではない試みとして，異なる文化集団を共存可能にしていくという思想が生まれ，実際の国家政策として進んでいくようになった。

例えばカナダでは，従来から多かったフランス語話者がケベック州に集中していることの不満に応える形で英語とフランス語の二言語主義を打ち立て，さらに英語フランス語ではない文化を持つ人々も包摂する形で二言語多文化主義を実施しようとしてきた。

オーストラリアでも，1970年代にそれまでの白豪主義から多様な文化集団を共存させていく試みが模索されてきた。

こうした多文化主義的な発想は比喩で表象されることも多く，それまでの「文化のるつぼ（メルティングポット）」という比喩が，るつぼの中では，非主流の文化が残ることができず主流に同化されてしまうという実態もある中で，別の表象が検討されてきた。例えば，カナダにおいては「パッチワーク」や「モザイク」といった表象で検討され，これらには少数派文化が決して消えることなく維持されながら社会を構成していこうとする視点を見ることができる。また，さらにそこにパッチワークやモザイクという表象では得られない動態的な混淆性を加え，「ジャズ」のような表象で語ることも生まれている。

このように多文化主義は，いかに少数派の文化集団の文化を維持させ，それを社会を統合的に構成する重要な要素として機能させていくかが重要視された。その結果，社会の中で具体的には，二（多）言語併用や少数派言語による教育の実施をはじめとする社会制度にも反映していくことになった。

多文化主義の課題

一方で，こうした社会的統合としての多文化主義は批判や課題を生み出していることも事実である。

例えば，少数派の文化を維持するという観点は，多数派に属する人々にとっての不安を駆り立て，それがバックラッシュとなってヘイトスピーチなどの憎悪や排斥を生み出すことにつながってしまうことなどがあげられる。また，多文化主

社会科教育の理論的基盤

義の焦点が，民族をはじめとする集団に焦点が当てられるため，伝統的な文化の維持ばかりが着目され，ステレオタイプにつながったり，さらに個人の人生や成長の中での文化や言語のありようの保障につながりにくい問題を常に有している。

複言語・複文化主義や間文化主義の展開

こうしたことを捉え，新たな展開も生まれている。例えばカナダでは従来の中心文化を置かない多文化主義にかわって，「間文化主義」という形で，多数派・中心派の文化にも焦点を置きながら，少数派の文化との間でより相互の尊重と交流を生み出していこうとうする統合理念も生み出されている。

また，ヨーロッパ圏では，複言語・複文化主義という発想も生まれている。これは，視点をより個人に置き，個人が多様な言語を自分の中に取り込み，それらを共に成長させていくことが重要という発想として生まれている。個人の中に存在する複数性とその成長を保障すること，複数の文化の間を渡るための異文化間能力の醸成などの視点で，多様な世界の理解とそうした社会の中で自己実現を図っていくことが重視された政策理念である。

日本における多文化共生とその課題

日本もまた，現在，少子化と長く続く経済不振の中で，社会の担い手が減り，外国人の受け入れの議論は日々大きくなっている。1990年代頃までは，多文化主義は海外の政策や理念形態としての話で理解されることも多かったが，2000年代以降，日本の社会と教育を考える上でも切ることはできない視点となった。

日本では，行政を主導として「多文化共生」という言葉が増えた。しかし，そこには共生を促すための社会政策理念を欠いているために喚起としての文言に留まることも多く，場当たり的で教育を含めた社会システムに入り込んだものにはなっていない。ヘイトスピーチなどの対応も後手に回りがちである。

海外の多文化主義の展開とその課題，新たな複言語主義や間文化主義の模索は日本社会も等閑視する問題ではなく，我がことの問題として捉え，理念と具体を構築している段階に来ていると言える。

〈参考文献〉
・加藤普章『カナダの多文化主義と移民統合』東京大学出版会，2018
・ブシャール，J. ／丹羽卓他訳『間文化主義（インターカルチュラリズム）―多文化共生の新しい可能性』彩流社，2017
・細川英雄，西山教行編『複言語・複文化主義とは何か―ヨーロッパの理念・状況から日本における受容・文脈化へ―』くろしお出版，2010
・松尾知明『アメリカ多文化教育の再構築―文化多元主義から多文化主義へ―』明石書店，2007

（南浦涼介）

社会科教育の理論的基盤

19 批判主義

定義

　批判主義は，民主主義を原理とし，議論という手段により合理的な意思決定を行うことを通した人間形成を目指すものである。授業は，社会の実態的な現象や問題を取り上げ，それを具体的な形で批判的に解決する学習を行う。その目的は，子どもたちに社会に対する批判意識を形成し，根拠を持って理性的に社会を形成する資質・能力の育成である。民主主義社会の原理を学習原理とすることで，民主主義社会の主体的形成者を目指す考え方である。

理論的背景

　批判主義は，フランクフルト学派を中心として展開された批判理論をベースとする。学派はホルクハイマー，アドルノらを中心としてドイツに作られた社会研究所から始まる。批判主義は，その中で第2期の中心人物であったハーバーマスの理論を主なものとする。批判理論は，その前提として社会や世界に対する正しい理解を促すための理論構築にとどまらず，現在の社会的・政治的な状況を分析し，より良い社会を形成するための実践的な知の構築を目指した。批判理論は，社会理論そのものが一種の啓蒙の一形態であることを前提とした上で，社会や世界を実践的に改善してゆくことを目標とした。その視点はハーバーマスが示す公共圏という概念へつながる。公共圏とは，平等な人々が強制力を伴わない状況下で理性に基づき議論を行う空間を指す。ハーバーマスは，オープンな議論の中で制度や社会に対する内在的批判を通して，一定の合意を目指すことによる社会の形成を論じた。

　上記の理論的背景から，社会科教育学において批判主義の社会科を提起した池野範男は，批判的公共性という理念を軸に，批判主義の思想を以下のように整理する。「批判的公共性は，その構成員によって社会を批判的に認識し根拠をもって新たに作り直すことを保証する学習理念。批判的公共性に従って社会をわかるとは，現実の社会にあらわれている問題を指摘しそれを克服し，それに変わるものを論拠を持って建設的につくり出し，現実の社会の革新を進めることである。こうして社会を在るがままに受け入れるのではなく，社会を批判的にみ，社会（やその体制）に操作されない自律的な市民（成熟した市民）を育成することができるようになる。これこそが，本来民主主義社会で追求されるべき社会科の人間像であり，批判主義の社会科の基本理念である」。ハーバーマスの批判理論を教育へ応用・昇華させた教育理論である。

批判主義に基づく社会科教育論

　民主主義を原理とし，社会形成の論理をエンジンとする批判主義は，多くの授業実践がある。教育論としての批判主義

の目標は，社会を形成しうる自律的市民の育成である。これは，批判という不断の吟味検討と正当性の構築である正当化に基づいて社会の諸事に関する自律的判断と合理的共同決定の能力と技能の育成を指す。内容は，社会問題の解決における妥協・調整である。システム，及び「目に見えないシステム」が支配している現代社会における社会問題を認識し，その解決を目指す途上で，お互いがその社会問題に関して必要な知識や理解を獲得し，それを基盤に闘技し，より良い解決策を模索する。個別の利害を超えたより敷衍的な原理や価値に依拠することによって妥協，調整を行い，最高とはいえなくとも現在の最善策に基づいて解決を図る。方法は，議論の論理に基づく公共圏の形成である。デモクラシーが求める自律的判断や合理的共同決定を保障する手段（方法原理）として，議論の論理を用いる。これは，トゥールミン・モデルと言われるもので，以下の図式である。

図：トゥールミン・モデル

本モデルは，結論を導き出すデータ（D）からはじめ，そこから導き出された主張（C），主張を根拠づける理由づけ（W），その理由づけの信憑性を保証する裏づけ（B），またこの推論の妥当範囲を限定する留保条件（R）から成立する。このモデルを基本として，社会問題，政策決定，価値問題などを分析する。

批判主義に基づく授業実践

ポストモダンの現代において，批判主義に基づく数多くの授業が提起，実践されている。例えば，男女不平等，性差という社会的な問題から，憲法や労働基準法，判例を用いて根拠を用いて検討し，その枠組みを他事例へ応用する授業。具体的な地図を事例に，地図に対する二つの見方・考え方（写像論・構成論）を獲得する授業。アメリカのアフガニスタン侵攻をいう国際紛争問題を取り上げ，歴史的事実から武力行使という手段に隠れた思想を暴く授業など，多数ある。また，個人・社会，単一システム・複合システムという軸をもとに社会の構成関係を示し，それに基づいたカリキュラムを提案するものもある。

〈参考文献〉
・池野範男「批判主義の社会科」全国社会科教育学会『社会科研究』第50号，1999
・池野範男「社会形成力の育成—市民教育としての社会科—」日本社会科教育学会『社会科教育研究』2001
・J. ハーバーマス／河上倫逸他訳『コミュにケイション的行為の理論』上・中・下，未来社，1985-1987
・子どものシティズンシップ教育研究会『社会形成科社会科論—批判主義社会科の継承と革新—』風間書房，2019

（田中　伸）

社会科教育の理論的基盤

20　社会・文化的アプローチ

定義

　社会・文化的アプローチとは，精神機能を含む人間的行為と，文化的・歴史的・制度的な文脈との関係を理解することを目指す，学習や発達についての理論のことである。

起源：ヴィゴツキー理論

　人間の発達を経験や学習による個人内の変化としてみるのではなく，その個人を取り巻く社会・文化的な状況全体の中で捉えることを志向した最初の試みとして，ヴィゴツキー（Vygotsky, L. S.）の研究が挙げられる。

　ヴィゴツキー理論の根幹は，技術的道具や心理的道具（言語・記号）に媒介された人間と社会の関係から，高次精神機能（思考，随意的注意，論理的記憶など）や人間の行為が生じるというものである（しばしば，「主体―媒介（道具）―対象」の三角形モデルで表される）。ヴィゴツキーは，この「媒介」概念を使い，人間の精神機能がどのように文化的・歴史的・制度的状況を反映し，構成されていくのかということを明らかにしようとしていた。

　しかし，ワーチ（Wertsch, J. V.）が指摘したように，ヴィゴツキーが扱った社会過程（精神間機能）は，もっぱら「大人―子ども」のような二者関係または小集団の相互行為過程であり，それらがどのように個人の精神機能に関与するのかということを吟味するに留まった。そのため，社会・文化的文脈との結びつきに関する十分な概念装置を提案するには至らず，精神機能がどのように社会・文化的に状況づけられているのかということに関しては，課題として残された。

展開：ヴィゴツキー以降の諸潮流

　ここまでみてきたようなヴィゴツキーを始源とする精神への社会・文化的アプローチを大きく概括するならば，次の4つに分類することができる。

①比較認知研究から実践研究へと向かうスクリブナー（Scribner, S.），コール（Cole, M.）らの文化心理学の潮流

②日常的認知研究から実践研究に向かうレイヴ（Lave, J.）らの実践参加論の潮流

③記号論から談話実践研究に向かうワーチらの潮流

④レオンチェフ（Leont' ev, A. N.）からエンゲストローム（Engeström, Y.）へと続く活動理論の潮流

　これら4つの潮流は，実践は道具に媒介されていることが強調されている点で共通している。

社会科教育と社会・文化的アプローチ

　目を転じて，日本の社会科教育学界においても，近年，社会・文化的アプローチによる研究が注目を集めている。

　従来の日本における社会科教育における研究は，論理実証アプローチをもとに

社会科教育の理論的基盤

した普遍的な授業理論の追求と，そのためのモデルの提示を志向するものが主流であった。そのオルタナティブとして，近年，社会・文化的アプローチの研究が登場した。このような背景として，外国人児童生徒を対象とした社会科教育といった研究が登場するなど，研究の裾野が広がったこと，また，既に海外で確立していた社会・文化的アプローチによる社会科教育研究が日本で翻訳，紹介されたことなどが挙げられるだろう。

それぞれのアプローチの視点

こうした中で，南浦涼介は，論理実証アプローチと社会・文化的アプローチを比較し，それらの特質や位置づけを明確化した。要約すると次のとおりである。

まず，論理実証アプローチは，研究において「要素」を重視する。この立場では，対象に埋め込まれた「要素」を明確化し，それらによって転移が可能となることを示そうとする。

一方，社会・文化的アプローチは，研究において「状況」を重視する。この立場では，今という時間における，また，ある場所におけるすべてのものが「状況」を構成し，その中での人間間の関係性，人間と空間の関係性，しかもそれが刻一刻と移り変わる動態性が重要な視点となる。このような「状況」を視点に取り入れた教育学の研究は増えてきたが，その多くは，教室や学校という範囲に空間を示し，その中の子ども間の関係性や認識の変化などを分析するものであることが多かった。

しかし，「状況」とは，教室や学校という空間，そして，その中の人間関係性や動態性に限定されず，その空間がつくってきた「歴史」「制度」「規範」「言語」などの社会と空間との関係，社会関係性も視野に入る。このような研究は，日本の社会科教育ではまだまだ少ない。

社会・文化的アプローチを導入する意味

社会・文化的アプローチによる研究は，学校現場における子どもの多様性，教師の多様性，そして，その学校の置かれた地域的文脈などにスポットを当て，社会科の授業実践や研究をより豊かなものにしていく可能性を有する。また，子どもたちの社会科学習と実際の社会との関係性を明確化し，子どもたちの社会への関わりや参加を考える際の有力な指針ともなり得るだろう。

〈参考文献〉
・梅津正美編著『協働・対話による社会科授業の創造―授業研究の意味と方法を問い直す―』東信堂，2019
・田島信元『共同行為としての学習・発達―社会文化的アプローチの視座―』金子書房，2003
・田島信元，岩立志津夫，長崎勤編『新・発達心理学ハンドブック』福村出版，2016
・ジェームス・V・ワーチ／田島信元，佐藤公治，茂呂雄二，上村佳世子訳『心の声―媒介された行為への社会文化的アプローチ―』福村出版，1995

（岡田了祐）

21 愛国心

定義

　本来愛国心という言葉の持つ意味の範囲は幅広い。故郷に対するノスタルジーから，国家に対する忠誠のような意味まであり，論争になりやすい。学習指導要領では「伝統と文化の尊重」や「我が国と郷土を愛する」という文言が愛国心と関係する箇所と理解されることが多い。

社会科教育と愛国心

　学習指導要領は社会科教育も含め，国家が期待する国と人との関係がよく表れている。社会科教育は，その成立経緯から戦時中の国家主義的な教育の反省の上に，民主社会を形成者の育成の教育として成立した。1947年，1951年版指導要領における戦後初期社会科では，地域の社会問題に焦点を当ててその問題解決をはかろうとする教育が推進された。戦後の社会科では愛国心はむしろこうした郷土の問題解決などの形で教育と結びついていたといえる。

　一方，1958年版指導要領の時期以降，指導要領の基準性が強化される中で，教育の政治化が顕わになる。中教審答申などでも愛国心教育の必要性がうたわれるようになり，文部科学省と民間教育団体・教職員組合の対立構造が生まれた。

　さらに，1989年の指導要領では高等学校で社会科が解体され地理歴史科と公民科に分かれた。ここには歴史教育をめぐる政治的な介入の動きも見られ，愛国心教育の社会科カリキュラムへの反映の動きとも見ることができる。

　その後，2000年代前後からは自由主義史観にもとづく「新しい歴史教科書」などの編纂をめぐる動きも見られる。また，冒頭にあるように，指導要領における「伝統と文化の尊重」「我が国と郷土を愛する」という文言が社会科教育と愛国心に密接に関係するものとされている。

指導要領を読み解く存在としての教師

　一方，教師のゲートキーピングの議論などでもあるように，あくまで学習指導要領はテキストではなく，テクストであり，それを読み解き実際に教育をつくり出すのは教師であるという見方も近年提起されている。

　教師自身が国と人との関係をどう見ているかは，より重要だといえる。グローバル化する時代において，国と人との関係の捉えは敏感でありたい。

〈参考文献〉
・水原克敏他『学習指導要領は国民形成の設計書—その能力観と人間像の歴史的変遷—』東京大学出版会，2010
・緊急シンポ世話人会『社会科「解体論」批判—緊急シンポの記録と資料—』明治図書，1986

（南浦涼介）

社会科教育の社会的責任

22　政治的教養

定義

　政治的教養とは，教育基本法第8条に示される政治教育の基本概念であり，8条では推進すべき「政治教育」や制限及び禁止すべき「政治教育」を示している。

〈教育基本法第8条〉

　教育基本法第8条は2項から成る。第1項では，「良識ある公民たるに必要な政治的教養は，教育上これを尊重しなければならない」と規定し，第2項では，「法律に定める学校は，特定の政党を支持し，又はこれに反対するための政治教育その他政治的活動をしてはならない」と定める。第1項では，「政治的教養」を高める教育が「政治教育」の基本であることを示し，推進すべき「政治教育」の有り様を規定している。第2項では，「特定の政党を支持」することを禁止しており，制限や禁止すべき「政治教育」の内容を示している。

政治的教養

　政治的教養とは，大きく分けて3つから構成される。

a. 民主政治，政党，憲法，地方自治等，民主政治上の各種制度についての知識

b. 現実の政治の理解力及びこれに対する公正な批判力

c. 民主国家の公民として必要な政治道徳，政治的信念

　aの記述は，政治的教養を構成する知識を示しているのに対して，bの記述は，能力を示し，cの記述は国家・社会の諸問題の解決に主体的に関わっていく意識や態度を示している。単に知識だけを身につければ良いと解するのではなく，「政治的教養」とは，良識ある公民として必要になる「知識」「能力」「意識や態度」から構成されている。

政治的中立性

　教員が政治的教養に関する教育を行う場合，教育基本法第8条第2項に規定される「政治的中立性」が求められる。2015年の公職選挙法の改正によって，「18歳選挙権年齢」が実現し，高校生の一部が「有権者」となり，「主権者教育」の充実が叫ばれるようになった。他方で，学校現場が，「政治的中立性」の「縛り」に「過剰」に反応し，国家・社会の諸問題への解決を目標原理とした授業実践に距離を置く傾向も一部に見られる。『私たちが拓く日本の未来』には，政治的教養を育む教育の例として首長や議員を学校に招く場合も想定した留意点を掲載している。留意点を踏まえて，より実践的な政治的教養を育む教育が求められる。

〈参考文献〉

・総務省・文科省『私たちが拓く日本の未来　活用のための指導資料』2015
・全国民主主義教育研究会『政治参加と主権者教育』同時代社，2010

（橋本康弘）

23 集合的記憶

定義

　一定の時空間を共有する集団，または精神的な集団が想起する記憶であり，記憶の社会的・集団的側面を強調する概念。集合的記憶の提唱者であるフランスの社会学者，モーリス・アルヴァックスは，これまでの記憶に関する研究が個人的・心理学的次元にとどまっていたと批判し，記憶が社会的に構築されるプロセスに注目する必要性について述べた。氏によると，記憶は個人の中に閉じられた営みではなく，各自が属する集団との相互作用によって生じる現象である。個人の純粋の記憶は存在せず，集合的記憶との関係のなかでのみ存在できるのである。

集合的記憶と歴史

　アルヴァックス（2018）は，歴史的過去と集合的記憶を区別する。「書かれた歴史」として表現される歴史的過去は，過去に起きた出来事の集合体であり，現在と過去の時間的な不連続性を特徴とする。一方，「生きられた歴史」として表現される集合的記憶は，いま，ここを生きる私たちが体験した歴史であり，現在の人々によって意味付けられた歴史とも言える。固定的で実証的な歴史的過去に比べて，現在の枠組みを用いて過去を再構成し続ける集合的記憶は，可変性，文脈依存性，構築性を特徴とする。

記憶の場

　ピエール・ノラ（2002）の「記憶の場」プロジェクトは，アルヴァックスの集合的記憶の概念を用いてフランスの歴史を再構成したものである。「記憶の場」は想起性を有する特定の物事や場所，象徴的行為や記号，記憶を構築・保存する全ての仕組みを意味する概念的枠組みと定義される。「記憶の場」は集団の中の個々人が同一性を追求するように促しながらも，それによって消滅される記憶が存在することも同時に指摘する。

集合的記憶と歴史教育

　集合的記憶は，「書かれた歴史」を理解・説明する歴史教育から「生きられた歴史」を解体・再構築する歴史教育への転換を図る。「過去の出来事がなぜそのように記憶されているか」「それはいま，ここを生きる私たちにとってどのような意味があるか」を探究する歴史教育は，子どもが過去と現在を有意味につなげることを支援する。言い換えると，集合的記憶は歴史教育のシティズンシップ教育化を試みる概念であると言える。

〈参考文献〉
・モーリス・アルヴァックス／鈴木智之訳『記憶の社会的枠組み』青弓社，2018
・ピエール・ノラ／谷川稔監訳『記憶の場―フランス国民意識の文化・社会史―』岩波書店，2002

（金　鍾成）

社会科教育の社会的責任

24 アイデンティティ

近代主義的なアイデンティティ

　アイデンティティという概念は，20世紀の人文社会科学の中で多く論じられてきたものであるが，その歴史はそれほど古いものであるとは言えない。

　アイデンティティの概念を歴史的に捉えていくと，その起源はフロイト派の心理学者であったエリクソンに求めることができる。エリクソンはアイデンティティは「わたしとは何者であるかをめぐる私自身の観念」（self identity）である個人的同一性と，「わたしとは誰であるかと社会および他者が考えているわたしについての観念」である社会的同一性（social identity）の2つの相互依存的な関係から成立しているとした。エリクソンのこの考え方では，個人的同一性と社会的同一性が一致することでアイデンティティは統合され安定するとされた。

近代以後のアイデンティティ

　こうした発想は，近代主義的な発想と強く結びついており，個人よりも社会の帰属が優先され，社会が求める姿を個人が合わせていく向きの強い者であった。20世紀の半ば以降，ポストモダニズムの視点が社会学の中に影響を与えていく中で次第にアイデンティティ概念は変遷を遂げる。

　バーガーは「現実が社会的に構成されるものならば，それを『生きられた現実』として経験する主体も社会的に構成される」と考えた。人の能動的な活動が外化されたものが現実であると考えるものである。こうした発想のもと，むしろ個人のアイデンティティこそが重要であると捉えられるようになった。

　また，同時にアイデンティティは人が生きていく中で得る多様で複層的な所属意識に触れ，その断片を取り込みながら自分を変化させていくものだと捉えられるようになった。

アイデンティティと社会科教育

　近代主義的なアイデンティティを前提にすると，社会科教育の「国家・社会の形成者」という目標は，「いかに国家・社会の一員となるか」という社会適応的従属的な個人像になってしまう。しかしアイデンティティ概念の変遷，さらに社会の中の多様性を見れば，そうではなく「いかに国家・社会に個人として向きあい，参加し，自己実現を為していくか」が重要となる。

〈参考文献〉

・上野千鶴子『脱アイデンティティ』勁草書房，2005

・P. L. バーガー，T. ルックマン／山口節郎訳『日常世界の構成—アイデンティティと社会の弁証法—』新曜社，1977

（南浦涼介）

社会科教育の社会的責任

25　文化リテラシー

定義

　ある社会の主流文化が前提・背景としている暗黙知を含む認識やそれを踏まえて構成されている慣用表現などの文化的背景をよく理解し，それを踏まえての意思疎通を可能とする資質全般のこと。E.ハーシュが提唱した概念。単に基礎的な知識・技能を指すこともある。

同論の背景と影響

　多元主義的で自由奔放な従前の教育が，アメリカ国民の文化的知識水準の低下を招き国家存亡の危機にあるとの問題意識から，アメリカ人ならだれでも共通に持っているべき知識・情報というものを特定して，それらを学校，とりわけその初等段階において子どもたちに徹底的に教え込むことによって，アメリカ国民文化の中核を形成することを提唱した。保守的な政治思想の台頭も相まって，80年代後半のアメリカにおける教育改革論議の中で，一つの有力な議論として注目を集めた。

注入主義の教育観

　同論の特質より，教育の目的をナショナル・アイデンティティの形成とし，既成社会の主流文化の枠内へと子どもたちを同化させる教育を目指していることにその特徴がある。

　またその実現のために，WASPを前提としたアメリカ国民文化の中核知識，「アメリカ的価値の中核」（寛容・平等・自由・愛国・義務・協力など）を規定し，歴史（国家史）を教科内容の中核に据えての実施を推奨した。その際，方法として教え込み（暗記学習）を推奨すると共に，誰もが共通して持つべきという考え方より，それらの知識や価値を学年別に配列した標準的な全国共通のカリキュラムを制定することを主張した。

この論をめぐる論点と争点

　ハーシュの論に対しては，様々な批判がなされている。同論をめぐる一連の議論は，公教育において下記のような論点と争点があることを明示化することにも貢献したため，公教育はどうあるべきかを市民レベルで問い直す契機となったという意義もある。

　具体的には①多文化社会における教育の目的は多文化リテラシーの育成（多様性）か文化リテラシーの育成（一体性）か，②そこで生きる市民に求められるのは，社会化（適応・同化）か対抗社会化か，③社会科の目標として知識（内容）を重視するか否か，④カリキュラム編成権を持つのはどこか，などである。

〈参考文献〉
・E. ハーシュ『教養が，国をつくる。』ティビーエス・ブリタニカ，1989
・A. ブルーム『アメリカン・マインドの終焉【新装版】』みすず書房，2016

（竹中伸夫）

社会科教育の社会的責任

26　メディアリテラシー

定義

　メディアリテラシーとは，メディアの特性や社会的な意味を理解した上で，メディアが送り出す情報を「構成されたもの」として把握するとともに，自分の考えをメディアを使って効果的に表現することにより，メディア社会とよりよく付き合うために必要不可欠な能力のことである（菅谷，2000）。メディアリテラシーという言い方は北米で主に使われ，英国ではメディア教育という。

　メディアリテラシーが始まった背景には大きく2つある（水越，2014）。1つ目は第二次世界大戦時に各国が行った戦争宣伝活動に国民が簡単に騙されたという苦い経験。2つ目はアメリカ発のテレビドラマやコミックなどが戦後，世界に広まり各国や各地域の文化が消失するのではないかという危機感である。

実践

　メディアリテラシーの育成をめざす社会科授業には，斉藤（2020）などがある。斉藤は，「民主的な社会と情報」という公民科の授業プランを開発している。目的は，ソーシャルメディアが社会に与える影響を理解させるとともに，メディアが発信するテキストを批判的に読み解く技能を身に付けさせることである。第1時では，マスメディアやソーシャルメディアが2015年の安全保障法案に関して発信した情報を読み解かせる。第2時では，

2016年のアメリカ大統領選挙をめぐるフェイクニュースの意図や影響を読み解かせ規制のあり方を考えさせる。第3時では，ドイツや大阪市のヘイトスピーチ規制を教材にして，よりよいネット空間のあり方を議論させる。斉藤は，ソーシャルメディアをめぐる時事問題を教材にして，（ソーシャル）メディアリテラシーに長けた市民の育成をめざす授業プランを開発している。

課題

　国民生活に与えるメディアの影響力が増す一方で，新聞記者のあり方を問うドキュメンタリー映画が制作されるなど，マスメディアの権力監視機能の低下が危惧されているのも事実である。そのため，今後は，メディアの絶大な影響力を題材にするだけでなく，マスメディアの権力監視機能も題材にして授業をつくる必要があるのではないだろうか。

〈参考文献〉
・斉藤雄次「ソーシャルメディア時代に対応したメディア・リテラシーの育成を目指す公民科授業の開発」『社会系教科教育学研究』第32号，2020
・菅谷明子『メディア・リテラシー——世界の現場から—』岩波書店，2000
・水越伸『改訂版 21世紀メディア論』放送大学教育振興会，2014

（藤瀬泰司）

社会科教育の社会的責任

27　政治的中立性

定義

　公の性質を有する学校教育において偏向的・党派的な政治教育を禁止する教育の原理。日本では，教育基本法第14条第2項に「法律に定める学校は，特定の政党を支持し，又はこれに反対するための政治教育その他政治的活動をしてはならない」と明文化されている。

政治教育の前提としての政治的中立性

　子どもに特定の考え方や価値を注入する行為は，「教育」ではなく「教化」に近いものである。政治的中立性は，政治教育が教化に陥らないための歯止めであり，子ども自らが社会の生々しい問題について考える機会を保障する。しかし，政治的中立性に対する過剰な憂慮から生じる学校教育の「脱政治化」には注意すべきである（小玉，2016）。社会の生々しい問題を教室で議論することは子どもを「未来」の市民ではなく「現在」の市民として育成することを可能にする。政治的中立性を理由に子どもが社会の懸案事項について思考・議論する機会を提供できないことは本末転倒であろう。政治的中立性が「良識ある公民たるに必要な政治的教養」を養うための補助概念であることを忘れてはならない。

ボイテルスバッハ・コンセンサス

　1960年代のドイツでは，政治教育を取り巻くイデオロギーの対立が激化した。この状況を打開するために，1976年に著名な政治教育学者がボイテルスバッハに集まり，政治教育に関する最低限の合意を試みた。その結果，以下の3つの原則が導出され，今日に至るまでに政治教育の基本原則として活用されてきた。

①圧倒の禁止：教員は生徒を期待される見解をもって圧倒し，生徒が自らの判断を獲得するのを妨げてはならない。

②論争性：学問と政治の世界において議論があることは，授業においても議論があることとして扱わなければならない。

③生徒志向：生徒が自らの関心・利害に基づいて効果的に政治に参加できるよう，必要な能力の獲得が促されなければならない。

　2015年公職選挙法等の改正による選挙権年齢の引き下げは，社会の生々しい問題を思考・議論する主権者教育を新たに要請する。ボイテルスバッハ・コンセンサスは，学校教育の「再政治化」を追求しながらも政治的中立性を遵守できる原理として機能する可能性を秘めている（近藤，2009）。

〈参考文献〉
・小玉重夫『教育政治学を拓く―18歳選挙権時代を見すえて』勁草書房，2016
・近藤孝弘「ドイツにおける若者の政治教育―民主主義社会の教育的基盤―」『学術の動向』14(10), 2009　（**金　鍾成**）

28 クリックレポート

定義

クリックレポートは，1998年9月23日にQualifications and Curriculum Authorityから出された最終答申書Education for citizenship and the teaching of democracy in schoolsを指す。本答申を提出したグループ（the Advisory Group on Citizenship）の委員長を務めた政治学者のバーナード・クリックの名を取り，通称「クリックレポート」と呼ばれている。

本レポートは，学校における民主主義教育の重要性，及び民主主義的な価値体系に基づいたシティズンシップ教育に対する理解の促進を求めたものである。

レポート提出の背景とその内容

英国では，1997年5月に労働党が誕生した後，第1次ブレア政権において教育への公的財政支出の増大が進み，その中でナショナル・カリキュラムが改訂・実施された。その際，当時問題視されていた若者の投票率の低下や政治的無関心，また文化的多様性や多様な価値観の保証に関する議論と相まり，それらを直接的に学び，考えるシティズンシップ教育が2002年に新教科として必修化された。クリックレポートは，この新教科の骨子を提案しているものである。

レポートは，1：序文，2：シティズンシップの意味，3：シティズンシップの必要性と目的，4：主な提言，5：将来の展望，6：シティズンシップ教育の枠組み，学習成果，7：他教科との関連，8：鍵となるスキル，9：学校全体にとっての論点，10：論争問題をどう教えるか，11：結び，から構成される。

レポートは，シティズンシップ教育の到達目標を参加型民主主義の本質と実践に関する知識・技能・重要性の定着・強化を図ることとし，子どもが行動的市民へと成長する上で必要とされる権利と義務に対する認識及び責任感の向上，そして同時に地域及びより広い範囲の社会に関わることの個人・学校・社会にとっての重要性を確立することが明記されている。その上で，シティズンシップの構成要素として「社会的道徳的責任」「共同体への参加」「政治的リテラシー」の3点を挙げ，具体的な教育内容・方法等については，専門員であるDavid Kerrを委員長とし，詳細に検討された。

〈参考文献〉

・長沼豊他編著／バーナード・クリック他著『社会を変える教育　Citizenship Education』キーステージ21，2012
・バーナード・クリック／関口正司監訳『シティズンシップ教育論』法政大学出版局，2011
・デレック・ヒーター／田中俊郎他訳『市民権とは何か』岩波書店，2002

（田中　伸）

29　ボイテルスバッハ・コンセンサス

定義

　1976年に定められた政治教育の原則。議論が行われた場所の地名に由来する。本コンセンサスは、①生徒が自分の意見を持つのを教員はさまたげてはならない、②学問と政治の世界で議論のあることは授業の中でも議論のあることとして扱わなければならない、③生徒は自分の関心・利害に基づいて政治に参画できるようになるべきである、の３点からなる。各原則は、しばしば①は圧倒の禁止、②は論争的（な扱い）、③生徒志向、と称される。日本では、教育基本法第８条が求める「政治的教養」、「特定の政党を支持し、又はこれに反対するための政治教育」の解釈と主権者教育のあり方を議論する際に、参照されることが多い。

経緯と成果

　近藤（2009）によると、ドイツにおいてヴィルヘルム二世が政治教育を説き、ワイマール憲法でもその必要性が唱えられたが、現場では定着しなかったという。特に戦前の全体主義の教育を受けた教師は、自らの経験から政治教育の推進には消極的だった。戦後の冷戦体制の状況下においても、政権のイデオロギー対立に左右されやすい政治教育は、必ずしも市民の支持が得られるものではなかった。その結果、ドイツの学校では、政治教育は忌避される傾向にあったという。

　このような状況を打開し、バーデン・ヴュルテンベルク州の政治教育センターが関係者に呼びかけ、議論の末に定められたのが、本コンセンサスだった。

　近藤（2007）によると、政治教育を、政党が掲げる政治目標を達成する手段とみなすのではなく、子どもの政治的成熟を目標に求めることで、立場を超えた妥協が実現したという。本コンセンサスの下では、教師は、他者の意見の紹介こそ要請されるが、基本法の範囲内で、また生徒の判断を圧倒しない限りで、自身の意見を表明し、子ども一人ひとりの意見づくりを支援することが承認されることとなった。すなわち、中立性とは、必ずしも教師や生徒の意見表明を禁ずるものではなかった。

　ドイツで政治教育が定着するまでに、ナチズムと戦争責任、東西ドイツの関係、そして民主主義と教育について、時間をかけた議論があった。政治教育確立の背景には、学校を越えた社会的・政治的な合意形成のプロセスがあったことに留意したい。

〈参考文献〉
・近藤孝弘「ヨーロッパ統合のなかのドイツの政治教育」『南山大学ヨーロッパ研究センター報』第13号，2007
・近藤孝弘「ドイツにおける若者の政治教育」『学術の動向』日本学術会議，2009

（草原和博）

30 批判的思考

定義

衝動的・反射的反応でない，よりよい判断を志向する思考。殆どの場合，望ましいものという意味が込められているため，立場によって強調点の違う様々な定義が混在している。

"子どもに知識を効率的に取り込ませる"学校か・"子どもに経験を自由に得させる"学校かという二択を乗り越えるため，経験を基礎にして自ら行動を変えていくよう"子どもに思考させる"ことが学校の教育目標を導く重要な着目点になってきた。批判的思考の名で議論が盛んになり始めた初期は，その思考の質を明確化するために，命題を論理的に評価するための技能が重視されていた。しかし後になると，批判的思考はより豊かな意味を付与され，技能よりも態度や思考過程を重視するべきか，ケアや創造を含めるのか，領域固有性をどう扱うか，といった議論が起こっている。

社会科教育と批判的思考

社会科教育と批判的思考には強い関係がある。民主主義社会は自律的により良い判断をしようとする構成員を前提とするが，私たちは常に理性的なわけではなく，時に自ら考えることを放棄したような行動もとる。一定の領域を準備して市民を育成しようとする社会科教育は，その中で批判的思考が奨励され，その継続が支援されるような場を作ろうとする。

そして，教科としての地位を主張する以上，脱文脈的な思考技能のみを目標にはできず，批判的思考をどう実質化するか，検討する必要がある。例えば，学問的思考を活用することを優先する立場は，判断をより合理的にするために具体的な学問の手法を最大限活かし，体系的でより確からしい理解を作ることを社会科教育の中で奨励される思考と位置づける。それに対して，一種の政治的実践としての批判を重視する立場もある。例えば，論争が隠れているが日常的に疑われることのないものを取り上げ，そこに存在する様々な前提を疑うことを社会科教育の中で奨励される思考と位置づける。

前者の立場は，確かに現在の学校文化における教室の中で奨励しやすいが，学問の実証主義的スタンスが，時に思考の限定をもたらすことに注意が必要である。一方，後者の立場は批判的思考をより広い実践の捉えと結びつける必要があることを示唆している。学校教育の文化をいかに判断の留保や権威への懐疑を含んだものにできるか。例えば批判的な態度を許容する教室環境や批判的に考える教師の在り方に注目していく必要もでてくる。

〈参考文献〉
・ヘンリー・ジルー／渡部竜也訳『変革的知識人としての教師』春風社，2014

（福井　駿）

31 政治的陶冶

Politische Bildung は，ナチス政権成立以前は政治的陶冶，ナチス政権崩壊以後は政治教育と訳すのが適切である。

ナチス政権成立以前の政治的陶冶

Bildung は，19世紀初めの新人文主義運動では教養を意味し，外部からの指導で職業上の能力や技能を育成する教育と区別された。教養とは，古代ギリシアに人間性の理想を見出し，その実現に向けた自己の完成を図る内面的で継続的な過程で，陶冶であった。新人文主義教育は，代表的指導者である W.V. フンボルトの影響のもとで展開され，この教育を受けた人々がドイツ教養市民層を形成した。

新人文主義運動では，人間性の育成という使命に向けて国民を導く体制としての国家建設が図られ，ギリシアの精神的後継者としての「人間性民族」というドイツ国民の統合モデルが構想される等，政治的色彩を帯びていく。人間性という普遍性を掲げつつ，その背後ではドイツ国民を創出する教育が図られ，これこそが政治的陶冶であった。しかし本来，教養には政治的教養や政治的資質の育成という視点が欠如していたため，その非政治性故に教養市民層はナチズムに取り込まれていった。政治的陶冶は国家主義へと転化する危険性を有していたのである。

ナチス政権崩壊以後の政治教育

ドイツ史の零時とされるナチス政権の崩壊という断絶の歴史的経験が，戦後の政治教育を形成する。国家支配の使命は民主主義社会における基本的価値である人間の尊厳と自由を守ることとなった。自由は成熟を前提とするため，成熟した市民の育成が学校と授業の使命であり，とりわけ社会系教科の目標となった。故に，政治教育の核心とは，成熟した市民を育成することで確固たる民主主義を確立することにある。

政治教育を巡る現状

現在，ドイツの政治教育は民主的市民性教育として，世界で展開される市民性教育に位置づけられている。民主主義社会を標榜してきたヨーロッパでも近年極右政党が躍進し，複数の国では政権与党になるといった右傾化がみられる。ドイツでも極右政党が連邦議会で躍進し，ザクセン州やブランデンブルグ州の州議会選挙で第2党に躍り出る等，政権が流動化している。民主主義や政党政治が弱体化する中で民主的市民性教育としての政治教育が今まさに求められている。

〈参考文献〉
・竹島博之「ドイツにおける教養の展開と政治的陶冶」『東洋法学』第56巻第3号，2013
・近藤孝弘『ドイツの政治教育―成熟した民主社会への課題―』岩波書店，2005

（宇都宮明子）

社会科教育の社会的責任

32　サービス・ラーニング

定義

　サービス・ラーニングとは，教室で学習した知識・技能を，社会の諸課題を解決するために組織された社会活動に生かすことを通して，学習者の市民性を育むことを目的とした学習方法である。

　原語は「Service-Learning」である。サービスには様々な意味があるが，サービス・ラーニングではそれを，「相手のために尽くす社会貢献活動」と捉える。

理論＆実践

　サービス・ラーニングは1967年，米国で誕生したと言われている。基盤となる学習理論は，経験学習である。そのため，サービス・ラーニングでは，学習者が経験から得ることだけでなく，経験を次に生かすためのプロセスを重視する。

　例えば，「プロジェクト・シチズン(Project Citizen)」というプログラムでは，「1．コミュニティの政策問題を明らかにする」「2．クラス研究のための問題を選ぶ」「3．クラスが研究する問題について情報を集める」「4．クラスポートフォリオを作成する」「5．ポートフォリオを発表する」「6．自分たちの学習経験を評価する」といった6段階のプロセスから，学習活動が組織されている。

　サービス・ラーニングは，取り上げる社会活動の違いから，直接サービス型，間接サービス型，市民行動型の3つに分類される。直接サービス型では，高齢者との交流活動や地域の環境美化活動といった，学習対象との直接的な関与が中心になる。間接サービス型では，自然災害発生時の募金活動や発展途上国への物資支援といった，学習対象との間接的な関与が中心になる。そして，市民行動型では，社会に見られる課題を見出し，解決策を検討し，課題解決のために実際に行動を起こすことを重視する。「プロジェクト・シチズン」は，市民行動型サービス・ラーニングのプログラムである。

サービス・ラーニングの効果

　サービス・ラーニングの効果は，学習者のみに及ぼされるわけではない。サービス・ラーニングの導入で，教科間・教員間の連携が強化されるという意味で学校にも効果がある。さらに，地域が学習の場となり，地域住民相互の関係性が深まるため，サービス・ラーニングは地域づくりにも役立てられる。

〈参考文献〉
・唐木清志『アメリカ公民教育におけるサービス・ラーニング』東信堂，2010
・Center for Civic Education／全国法教育ネットワーク監訳『プロジェクト・シチズン―子どもたちの挑戦―』現代人文社，2003

（唐木清志）

社会科教育の社会的責任

33 社会化・対抗社会化

定義

社会化（socialization）とは，個人が所属している社会集団の価値・規範や，生活・文化・政治・経済等の知識や技能，様式を形成していく過程をいう。

対抗社会化（countersocialization）とは，社会化にできるだけブレーキをかけながら社会化を行っていく意図的・意識的な営みであり，アメリカの社会科教育学者のエングルとオチョアによって提唱された。

社会集団と個人の相互的な関係

あらゆる社会集団は自らを維持・継承するために構成員となる個人に社会化を行っている。一方で個人は，社会集団の価値や他者との関係性を身に付けることで，自分らしさや個性を成熟させていく。

そうやって社会化されるものは，言葉遣いに表出しやすい。例えば，その人が話す言葉には，地域社会の文化が反映された方言や，従事している仕事など専門家集団の中で使われる用語が含まれている。また，いわゆる敬語の使い分けには，社会集団内の序列や役割における，その人の位置が表れてくる。

このように，社会化を社会集団と個人の関係で見たとき，社会集団はその文化様式を個人の内に形成し，またそれによって個人が社会集団を維持・継承していく，相互的な過程と捉えられる。

社会化・対抗社会化のなされ方と社会科

ただし，社会化は多数派が無自覚的に行っていることが多い。そのため，少数派に不利益をもたらす課題があっても，その文化様式の良さばかりに目を向けさせてしまう恐れがある。

こうした社会化の自明性を鵜呑みにしない，対抗社会化としての意図的な学習が求められる。社会科では，日常生活上の理解や定説となっている解釈に対して揺さぶりをかけ，一度立ち止まって考えさせる等の実践が多くなされてきており，対抗社会化に大きな役割を担ってきた。

しかし，価値観の多元化や，個人が属する社会集団の複数化に伴って，社会化で目指すモデルとその過程は単純ではなくなった。また，学校文化の中では，「隠れたカリキュラム」として例えば規律がより強調されて学ばれてしまうといった，意図せざる社会化が起こりうる。

こんにち，社会化と対抗社会化と社会科教育の関係を改めて考える，活発な議論が期待される。

〈参考文献〉

・Shirley H. Engle, Anna S. Ochoa, *Education For Democratic Citizenship: Decision Making in Social Studies*, Teachers College Press, 1988

・三上剛史『社会の思考―リスクと監視と個人化―』学文社，2010（**後藤賢次郎**）

社会科教育の社会的責任

34 コモン・グッド

定義

　コミュニティの成員全体に共通する善を意味し，共通善や公共善，公益とも訳される。コモン・グッドをめぐっては，政治哲学的な立場によって様々な解釈が存在する。それゆえ，一義的に意味内容を定めることはできない。ただ，コモン・グッドは，コミュニティの成員が熟議に参加することによって実現がめざされるものと考えることができる。

民主主義社会とコモン・グッド

　社会は様々な価値観や意見を持った人で構成されている。その多様性は尊重されるべきであるが，完全な個人主義では社会が成り立たない。そのため，公的な熟議への参加を通じて共通の善を追求し，相互に目的を共有しながら集団を運営していくことが重要となる。市民には，コミュニティにおける善は何か，どのような善を追求していくべきかの議論を進めていくことが求められる。

　コモン・グッドは，多元的で民主的な市民の営みを考えるための基礎的な概念といえよう。

社会科教育とコモン・グッド

　異なる個人や集団が共生していくためには，コモン・グッドについて熟議し，合意を生み出していくための資質・能力が必要だ。社会科教育のねらいもこの観点から議論される必要がある。

　バートン＆レヴスティク（2015）は，参加民主主義，多元主義的民主主義，熟議民主主義を基盤にして，コモン・グッドのための社会科，とりわけ歴史教育のあり方について論じている。

　公民教育のみがコモン・グッドの教育を担っているわけではない。バートンらは，歴史教育に見られる主要な４つのスタンス（自己認識のスタンス，分析的探究のスタンス，道徳的反応のスタンス，陳列展示のスタンス）を，コモン・グッドや民主主義への貢献可能性の観点から考察し，それぞれの意義と課題について論じている。歴史教育で用いられる物語や探究についても同様に検討されている。バートンらの研究において，コモン・グッドは，歴史教育と市民性教育を結びつけるための視点として位置づいている。

　コモン・グッドは，社会科のカリキュラムや授業を開発し評価するための基準となる概念ともいえよう。

〈参考文献〉
・千葉眞『ラディカル・デモクラシーの地平』新評論，2008
・菊池理夫『共通善の政治学』勁草書房，2011
・K.C. バートン，L.S. レヴスティク／渡部竜也，草原和博，田口紘子，田中伸訳『コモン・グッドのための歴史教育』春風社，2015

（山田秀和）

社会科教育の社会的責任

63

35 主権者教育

定義

　2015年に公職選挙法が改正され選挙権年齢が18歳に引き下げられるのとほぼ並行して，総務省や文部科学省は，若者たちを有意な選挙民に育てていくための準備教育を高校に求めるようになり，各党のマニュフェストを議論する学習や模擬投票などの体験型学習が推奨されるようになった。これらの活動に対して当初は「有権者教育」という名称が用いられることが多かったが，やがて主権者教育という言葉に統一された。

　こうした経緯もあって昨今では主権者教育は，若者を有意な選挙民にする体験型教育のことと一般的に捉えられるようになった。だが，主権者教育という概念自体はこうした動きより前から存在しており，それらは，投票に限定せず様々な形で地域や国と関わりを持つことのできる市民の育成を目指す教育，政治共同体だけでなく地域や学校など社会共同体への関わりを重視した教育，そして，社会問題の分析や議論・意思決定といった知育面に重きを置く教育を指すこともあった。前者を狭義の主権者教育，後者を広義の主権者教育と使い分ける論者もいる。

　なお，総務省の定義では「国や社会の問題を自分の問題として捉え，自ら考え，自ら判断し，行動していく主権者を育成していく」教育のこととされており，広義の定義を採用している。

シティズンシップ教育との違い

　主権者教育と似た概念にシティズンシップ教育がある。両者の違いについて定説はないが，水山（石田他，2019）の研究は参考になる。水山はシティズンシップ教育を範囲，すなわち「国政や地方政治を支える有権者個人の育成」（狭いシティズンシップ）か「広く共同体に変化をもたらすことに能動的に参加する公共人の育成」（広いシティズンシップ）か，そして活動，すなわち「知ること重視」（静的なシティズンシップ）か「為すこと重視」（動的なシティズンシップ）かでA～Dの4つに分けている。狭義の主権者教育はB，広義の主権者教育はCを軸とした教育のことであり，シティズンシップ教育はA～D全てを包括する概念であると考えるなら違いは明白だろう。

範囲 活動	狭いシティズンシップ	広いシティズンシップ
静的なシティズンシップ	A	C
動的なシティズンシップ	B	D

〈参考文献〉

・渡部竜也『主権者教育論』春風社，2019

・石田徹他編『「18歳選挙権」時代のシティズンシップ教育』法律文化社，2019

（渡部竜也）

社会科教育の社会的責任

36 正統的周辺参加

定義

正統的周辺参加（legitimate peripheral participation）とは，レイヴ（J.Lave）とウェンガー（E.Wenger）によって提唱された理論である。それは，学習を社会的実践としての共同体への参加と捉える見方のことである。そのため，一般的に知識や技能を個人の内面に習得するという内化（internailization）の立場とは大きく異なる。

正統的周辺参加の理論

状況学習論（Situated Learning）によると，あらゆる学習は状況に埋め込まれているとする。状況に埋め込まれているとは，知識や学習が相互に関係的であり，その都度的に形成されることを意味する。さらには，学習については学習者の全人格を取り込み，世界と自己と行為が相互に関わり合っていることを意味している。すなわち，学習が状況に埋め込まれているということは，学習が状況との相互作用によって形成されていることを意味するのものである。

以上の状況学習論の理論の1つである正統的周辺参加の理論の特徴は次の4つである。第1は，参加としてのあり方は正統的であり，周辺的でなければならないことである。参加は本物であり，周辺的なことから始め，次第に参加者は一人前の軌跡を描くようにする。第2は，学習は社会的実践となることである。社会的実践としての学習とは，共同体に参加する行為である。そのため，社会的実践としての学習は共同体へ何かしらの貢献をしていくことが重要となってこよう。

第3は，実践の本場にアクセスすることである。このことは，学習者をいかに実践の本物にアクセスさせていくかが重要となるかを示している。第4は，学習は共同体の再生産，変容，変化のサイクルの中にあるということである。新参者は正統的に，周辺から共同体へ参加していく。さらには，その中において関係の変化に伴い，次第に十全的な参加となり一人前になっていく。やがて新参者たちも一人前になっていくことで交代を余儀なくされる。すなわち，共同体は更新されて維持・発展していくのである。

以上の理論の特徴から近年様々な社会科教育の理論及び実践に関わる論文が提出されており，今後が期待されている。

〈参考文献〉
・サッチマン，L., A.／佐伯胖監訳『プランと状況的行為―人間-機械コミュニケーションの可能性―』産業図書，1999
・レイヴ，J., ウェンガー，E.／佐伯胖訳『状況に埋め込まれた学習―正統的周辺参加―』産業図書，2005

（田本正一）

社会科教育の社会的責任

37　歴史修正主義

定義

　歴史修正主義とは，歴史事象についての一般的な解釈や評価に対して異議を唱え，再解釈や評価を求める立場やその言説を指す。これまで否定的に評価されてきたものを敢えて肯定的に評価しようとする主張が多く見られ，そうした主張を批判的に捉える立場から，ネガティブな意味で用いられることが多い。

修正に開かれた歴史

　歴史とは物語られたものであり，常に見直し（修正）の可能性に開かれている。そのため，歴史の再解釈を求める修正主義には，本来，批判的なニュアンスは含まれていなかった。しかし1980年代に，ホロコーストに対する否定論が提起され，その論者たちが歴史修正主義者を名乗ったこともあって，「歴史修正主義」という言葉は，ネガティブな意味で用いられるようになっていったと考えられる。

歴史教科書問題

　日本における歴史修正主義に関わる論争は，主として歴史教科書を対象に展開されてきた。アジア・太平洋戦争の評価を巡っては，「新しい歴史教科書をつくる会」（1997年設立）を中心に，これまでの中学校の歴史教科書の一部は「自虐史観」「東京裁判史観」に基づいたものであり，「日本に誇りを持てる」教科書の発行と普及が唱えられ，歴史認識を巡って激しい論争が展開された。2000年代に入ると，検定意見を受けて修正されたものの，同会が発行した中学校の歴史，公民教科書が，一部の学校に採択されたことを受けて，その内容や採択運動のあり方を巡って，様々な立場から批判や反対運動が展開されていった。

教育の視点からのアプローチの必要性

　歴史教科書のあり方をめぐる論争においては，教科書検定の問題も含めて，ある歴史事象をどう解釈すべきかが，主な論点となっている。それは主として，歴史学の成果に依拠して展開されるべき論争であるといえる。しかし，歴史学の論文や専門書ではなく，「教科書」が論争の対象となっている以上，それを用いて学ぶ子どもたちの存在を忘れてはならない。だからこそ，授業者である教師は，歴史教科書問題を単に歴史解釈を巡る論争として捉えるだけではなく，そこで提示されている歴史事象の解釈や修正，それらに対する批判などを踏まえた上で，歴史を多面的・多角的に捉え，学習者にとってより意義のある歴史授業を創造していく必要があるのではないだろうか。

〈参考文献〉
・髙橋哲哉『思考のフロンティア　歴史／修正主義』岩波書店，2001
・安田常雄，吉村武彦編『歴史教科書大論争』新人物往来社，2001

（角田将士）

38　歴史意識／記憶

　歴史意識と記憶は，歴史教育学と歴史学では異なる文脈で論じられる。

歴史教育学における歴史意識と記憶

　戦後日本の歴史教育では，児童生徒の歴史意識は教育内容の編成原理として重要な役割を担い，1950～60年代には歴史意識の調査研究が盛んに実施された。歴史意識は，発達心理学的視点から歴史意識の諸相を設定し，発達段階を究明する方法手段概念であった。1970年代以降，社会科教育学では社会認識が主要な研究対象となることで歴史意識研究は衰退し，歴史意識も多義的に解釈される曖昧な概念となっていく。一方，ドイツの歴史教育学では1980年代から歴史意識が中心的カテゴリーとなり，現在では多くの州の歴史科学習指導要領の教科目標が歴史意識の育成である。歴史意識は教育目的概念として機能している。

　ドイツ歴史教育学では歴史意識と歴史文化が対となる鍵概念とされる。記憶は歴史文化の素材であるとともに，歴史文化の成果やメディアによって形成されるものでもあり，記憶を通して過去が歴史として想起されることで，現在の理解や未来の構想が可能になるとして，歴史意識と記憶が関連づけられている。

歴史学における歴史意識と記憶

　歴史学における歴史意識は，近代の歴史意識，国民の歴史意識のように，集合的記憶や想起で形成される共通のアイデンティティに自己を位置づける精神の作用を意味する。記憶に関しては，20世紀前半に記憶の構築性や間主観性を強調した M. アルヴァックスの集合的記憶論が理論的な枠組みを形成した。近代国民国家成立期のフランス市民社会の集合的記憶を扱った P. ノラの記憶の場プロジェクト，文化的記憶の概念を提唱し，集合的次元での想起と忘却を主題とする A. アスマンの想起の文化は，記憶論を通して歴史理解や歴史の議論を転換する記憶論的転回を牽引した。

　集合的記憶を通して構築される共通のアイデンティティに自らを位置づける歴史意識から，アスマンの提唱する「対話的な想起」での競合する複数の記憶で共有する多様なアイデンティティに自らを位置づける歴史意識への転換が記憶論的転回以後の現在には求められている。

〈参考文献〉

・宇都宮明子『新しい歴史教育論の構築に向けた日独歴史意識研究』風間書房，2020

・岩崎稔「記憶と想起の概念に関する一試論—『記憶論的転回』以後の思考のために—」『ドイツ研究』第43号，2009

・アライダ・アスマン／安川晴基訳『想起の文化』岩波書店，2019

（宇都宮明子）

社会科教育の社会的責任

39　困難な歴史

定義

　「困難な歴史」とは，近年，欧米の研究領域で用いられている教育概念である。どのような歴史が「困難」となるかは，国や地域の文脈，あるいは個人によっても異なるが，ホロコースト，奴隷制の歴史，先住民族への人権侵害，戦争犯罪などの事例で語られることが多い。こうした歴史は，歴史認識やナショナリズムと深く関わる。そのため，事実から遊離した物語となりやすく，特定の集団を排除することにつながったり，敵対的な用語が生み出されたりするなど，世代を超えて「自分たち」と異なる集団を定義し続けるように作用する。

研究の方向性

　困難な歴史は，教育学者によって様々な用語が用いられている。Difficult Histories, Difficult Past の他，「センシティブな過去（sensitive pasts）」，「暴力的な過去（violent past）」，「困難な知識（difficult knowledge）」，「トラウマ的な過去（traumatic pasts）」などがみられる。その意味するところは重なる部分も多いが，強調する点が異なる。

　例えば，ブリッツマン（Britzman）が用いた「困難な知識」は，教授における課題に焦点が当てられている。苦しみを伴う過去を学ぶ際の学習者の心理的な複雑さに注目しており，社会心理学的なアプローチが強調される。

　一方で，困難な歴史の研究は，国家の歴史カリキュラムの在り方の議論を活性化させる。歴史的な誤りを認め，より公正な原則に基づいて，国家の物語を再構築することにつながるからである。自国にとっての困難な歴史を公的なカリキュラム上にどのように位置づけるかは，民主主義の維持・確立にとって重要な課題である。

今後の課題

　困難な歴史を教室で適切に扱うことは，過去から学び，未来に向かう主権者の育成に貢献する。認識や思考と感情との関わりや，カリキュラムの構成など，今後の研究が期待される。

〈参考文献〉

・Britzman, Deborah P. *Lost subjects, contested objects: Toward a psychoanalytic inquiry of learning.* Suny Press, 1998

・Epstein, Terrie, and Carla Peck, eds. *Teaching and learning difficult histories in international contexts: A critical sociocultural approach.* Routledge, 2017

・Gross, Magdalena H., and Luke Terra, eds. *Teaching and learning the difficult past: Comparative perspectives.* Routledge, 2018

　　　　　　　　　　（空　健太）

社会科教育の社会的責任

40　社会正義

定義

　社会正義とは，Social Justice の訳語であり，主に欧米圏を中心に，不公平な制度や慣行を問い直し，社会を再構築することをさす概念として用いられてきた。

　最近，多様性，ダイバーシティという言葉がよく用いられるようになった。多様性とは，民族，階級，年齢，ジェンダー，性的指向……などの社会集団における違いを表す。こうした集団の違いは社会構築的なものであり，本来絶対的な優劣は存在しない。しかし，過去，社会集団の違いを理由に，支配・被支配関係が生まれたことはしばしばあった。例えば，白人に比べて黒人が不利益な状況に置かれやすいということもその一例である。ある集団に対して，特に不利益がもたらされる状況を不正義と捉え，是正のために社会変革すること及び達成した状態を表す言葉が社会正義となる。

多文化教育と社会正義志向の教育

　社会正義志向の社会科とは，まさにこの不正義状況の変革をめざすアクティブな市民育成をめざす社会科のことを表す。

　社会正義教育の背景には，従来の多文化教育の伝統への批判がある。多文化教育は，公民権運動などの世界的な社会運動の流れにその端緒があり，あらゆる文化集団の尊重と平等の実現をめざして進められてきた。だが，1990年代頃から多文化教育に対し，表面的な異文化の紹介に留まり，差別の要因を個人−個人の人間関係におきがちで，社会構造的な側面から検討する視点が欠落しているとの批判があった。人間関係を問題視することが問題なのではなく，そこに全ての要因を求めることで，結果的に構造的な差別が隠蔽されてしまうことへの危惧であった。こうした結果，批判理論に基づく根本的な変革を求める社会正義志向の教育が重視されるようになった。

日本への示唆と課題

　日本の社会科でも従来から差別の原因として社会構造に目を向けることは重視されてきた。しかし，実質的社会変革に関しては「運動論的である」として一貫して批判されてきた。日本の社会科教育が，戦前の閉ざされた価値観形成を批判して成立した教科であるがゆえであろう。とはいえ，新自由主義的な改革の中で格差の拡大も問題視され，その要因を自己責任に置く風潮も強い。この中で社会正義志向の社会科は進むべき可能性の１つとして提示できるのではないか。

〈参考文献〉
・長田健一「社会正義志向の社会科教育に関する研究の展開と方法」『社会科教育論叢』第50集，2017
・森茂岳雄他編『社会科における多文化教育』明石書店，2019

　　　　　　　　　　　　（川口広美）

社会科教育の社会的責任

41 多様性

定義

社会科教育で取り扱われる多様性には，民族，性差，性的指向性，世代差，認知的特性，経済的な格差などさまざまなものが考えられる。

社会科における多様性の取り扱い

社会科教育でまず想起される多様性の取り扱いは，教育内容としての取り扱いである。池野範男は，社会科教育がその目標の中に「平和で民主的な国家及び社会の形成者」を育成していくために重要なこととして「構成員教育」が重要であると述べた。この社会の構成員がどのような人々によって成立しているのかを検討していくことは，社会科教育の重要なテーマである。

事実，こうしたテーマは，社会科教育の多様な場面で見ることができるし，また新たに組み込むことができる。例えば中学校公民的分野では，企業経済と女性の社会参加，外国人労働者，地方自治と生活者としての外国人，ルールと学校制服とLGBTQ+といった形ですでに具体的な形で単元の中に入り込んでいる。

また，授業開発においては，歴史学習に移民史を取り込む試みや女性史を取り込む試みなども行われている。このように，多様性の視点を社会科のテーマに取り込んでいくことは，教科目標の観点からしても非常に重要なことであった。

近年の動向

一方，こうした多様性を学習のテーマに据えていく試みが豊かである反面，学校や教室の中で，学び手や教え手自身の多様性についての検討はまだ少ない。例えば，教室の中に外国にルーツを持つ子どもたちは確実に増えているのだが，そうした子どもの存在をふまえた上でテーマを設定したりする試みは非常に少ない。性的マイノリティの子どもたちが教室にいることは十分に予想されるが，そうした当事者の存在をふまえながらテーマを検討していく向きの検討は十分とは言えないだろう。この点には教師自身がマイノリティである可能性も考えられる。

社会科教育はふんだんに教育のテーマとして多様性を見据えてきたが，一方で教室の当事者意識をふまえた学びの検討についてはさらなる検討を必要としている。

〈参考文献〉

・OECD教育研究革新センター編／斎藤里美他訳『多様性を拓く教師教育—多文化時代の各国の取り組み—』明石書店，2014
・池野範男「グローバル時代のシティズンシップ教育—問題点と可能性：民主主義と公共の論理—」『教育学研究』第81巻2号，2014

（南浦涼介）

社会科教育の社会的責任

42　包摂／インクルーシブ

定義

　包摂やインクルーシブとは，社会の中で弱い立場になりがちな人々を含むすべての人が社会の一員になり，支え合っていること，もしくは支え合っていこうとすることを指す。

　この語の使われ方は，社会的包摂という考えの発展に依っている。1970年代のヨーロッパで，障害者やひとり親，失業者といった人々が孤立し，社会的に排除されている状態が指摘され，それに対する政策的対応の議論が起こった。そもそも社会が人を取り込む過程は，都合に合わせて人をつくり変えようとする過程でもある。だからこそ多様性の担保が重要視されてきたが，それだけでは他者化が進み，結局のところ特定の人々の周縁化が進む。このような根本的な問題は多くの場所に同じような議論を巻き起こした。弱い立場になりがちな人々を排除や孤立から護ることをシステムにあらかじめ組み込み，周縁化した人々が社会に再び参加できるようにしていくことが強く求められるようになった。

包摂的な教育

　社会的包摂のような考えの発展とともに，あらゆる学習者を排除しないことを目指す包摂的な教育という考えが形成されていった。障害のある子どもと障害のない子どもが共に学ぶ仕組みの検討は，その重要な例である。ただし，ここでいう包摂が，別離していた社会的に排除されがちな存在をただ集団の中に戻すことを意味するのではないことに改めて注意が必要である。それは，全ての学校の変革を求めている。これまで，学校教育は，様々なレベルのシステムで，あらかじめ排除や摩擦，孤独や孤立に注目がいかないようにしてきた。包摂的な教育は，学習者の多様性に積極的に目をやり，それに対応する学習環境としての学校をいかに変えるかを追求するアプローチと言える。

　一人ひとりの潜在能力を発揮させるには，個人に必要な「合理的配慮」はもちろん，カリキュラムのもっと柔軟な発想や，評価の個別化などをさらに進めていく必要がある。社会科教育には，社会を対象化して教えるアプローチも教室を社会化するアプローチもある。包摂やインクルーシブという考えやそれにまつわる現象を内容として教えることができる。一方，社会科の教室を「排除や孤立を招きかねない学習の多様性をこそ学びの豊かさと捉える」ような空間にすることによって，学校に，ひいては社会に包摂やインクルーシブを実現していく足がかりにするという考え方もできるだろう。

〈参考文献〉
・荒巻恵子『インクルージョンとは，何か？』日本標準，2019　　　（福井　駿）

43 ケアリング

定義

　ケア（care）の派生語であり，基本は
ケアする人とケアされる人の間に成立す
る関わりの在り方を指す。人と事物の関
わりに使用されることもある。

　そもそも，ケアは世話をする・気づか
う・心配する・欲するなどを意味する多
義的な言葉として使われて来た。語源の
一つは悲しい時に発せられる声にあり，
その広い意味に共通する根本的なイメー
ジは「心をそちらの方に向ける」ことと
言える。1960年代中頃からこのケアにつ
いて研究が進められる中でケアリングが
重要な意味を持った概念として使用され
るようになっていく。

　ケアの存在についての再記述や，その
倫理的価値の再検討は，ケアしケアされ
ているという事態が文脈的で偶然的なも
のでありながら，そこに関わりの連続的
な発展の過程（関係によって自己の意味
が見出されていると同時に，それを他の
ものとの関係に適用しようとしてみる）
があり，そのような過程が人間の生活に
総合的な意味を与えている，ことを示し
ていった。関与が各主体の一連の自己創
造そのものであることがケアの本質であ
り，それを強調した関わりを表す時にケ
アリングという語が使用される。

ケアリングと学校教育改革

　多様な人間が共に生きていく民主主義
社会の構成員を育成する教育において，
「心をそちらの方に向ける」ことをどの
ように扱うかは大きな問題である。ネ
ル・ノディングスに代表されるように，
ケアリングを学校教育改革の中心概念と
して使用するという提案も存在する。人
はケアしケアされることによって幸福な
人生を成り立たせていると考えるならば，
学校教育はその中心をケアリングから乖
離しない実践によって構成しなければな
らない。この吟味は学校教育の目的や教
科の意味に及ぶものである。

　かつて家族や地域の諸活動の中に埋め
込まれていたケアリングすら成立しづら
くなっている現代において，ケアリング
は社会科教育の前提ではなく実践の一部
にする必要があるかもしれない。特に，
内輪から遠く離れた見知らぬ人々を含む
社会へと関心がつながっていく過程は，
より丁寧な環境との相互作用を必要とす
るようになる。たまたまそちらを向いて
いる状態が発生している中での自己の発
見を，自律する個としてだけでなく関係
の網としての側面からも進めていくよう
な実践が重要になっていくだろう。

〈参考文献〉
・ミルトン・メイヤロフ／田村真他訳
『ケアの本質』ゆみる出版，1987
・ネル・ノディングス／佐藤学監訳『学
校におけるケアの挑戦』ゆみる出版，
2007
　　　　　　　　　　　　　（福井　駿）

社会科教育の社会的責任

44 コミュニケーション

定義

　受信者と発信者間の間で行われる，交換的な行為のこと。交換とは，メッセージの伝達や対話，交渉，相互作用等，双方の間で発せられ，受け取られる情報，観念，知を含む何らかのメッセージのやりとりのことを指す。これは発信者が一方向的に受信者へ情報を伝達することを意図する場合や，両者間の双方向的な対話（例えば教師と生徒）など，様々なバリエーションがある。

コミュニケーションの射程

　コミュニケーションを成立させる要素は，情報・伝達・理解である。これら3者の関係をめぐり，多くの議論が展開されていることから，コミュニケーションは多義的に捉えられる。その研究も，例えば情報工学的コミュニケーション論，記号論的コミュニケーション，マス・コミュニケーション論，異文化コミュニケーション論，社会心理学的コミュニケーション論など多数ある。基本的な論点は，発信者がどのような情報をどのように発信し，それを受信者はどのように理解・解釈・受容するか，である。

　コミュニケーション論の射程は大きく3つの傾向がある。第1は，情報伝達の経路と正確さを検討するものである。これは，送信者と受信者間の障壁を減らし，最適かつ合理的に情報を伝えるあり方を考えるものである。主としてマス・コミュニケーションの研究に代表される。

　第2は，記号論的コミュニケーションである。これは，スチュアート・ホールらが展開したコミュニケーションのコード化，及びその解体にみられる。送信者と受信者の間の力関係を分析し，情報が明示的・暗示的に含意するモノや思想，その交換の意図や意味を暴くものである。

　第3は，社会関係的コミュニケーションである。これは，ユルゲン・ハーバーマスのようにコミュニケーションを成立させる人々の相互行為に着目する。そこでは，コミュニケーションを双方向的なものと捉え，「理想的発話状態」を構成する要素や仕掛け，またそれによる合意や了解の成立条件を考える。また，他にも送受信者間の合意・理解が原理的に不可能であることを前提としたコミュニケーションの考え方などもある。

　授業はコミュニケーションである。教師や生徒が持つ社会文化的文脈を踏まえ，授業における発話や対話の成立過程を丁寧に読み解く必要がある。

〈参考文献〉
・田中伸「コミュニケーション理論に基づく社会科教育論」『社会科研究』83号，全国社会科教育学会，2015
・ハーバーマス，山口節郎他訳『コミュニケーション的行為の理論』未来社，1985

　　　　　　　　　　　　　　（田中　伸）

45 閉ざされた領域

定義

閉ざされた領域／閉め出された領域（closed area）とは，学校カリキュラムを始め，合理的思考や議論が求められる公共の場から閉め出されている考え方や主題のことである。これは国や地域，そして時代によって変化する。

例えばLGBTは日本国内において20年前は閉ざされた領域に属す主題だったが，現在では学校での取り扱いがかなりオープンになってきている。ただし世界に目を向けるならまだまだ学校での取り扱いに慎重な国も少なくない。また日本でもLGBTの概念では括る事のできない性的少数者の存在まで学校で扱うことは稀であり，それらは現在でも閉ざされた領域にあると言える。

概念の歴史的背景

この概念を最初に提唱したのは，メトカーフとハントで1950年代のことだった。この時代はマッカーシズム（共産主義者や左翼の排斥）が吹き荒れ，社会問題や社会の矛盾を学校でしっかりと取り扱っていこうとするだけで「反米主義だ」「社会主義者か？」と糾弾されてしまうような状況にあったと言われている。そのような中で学校では，自然環境保護のように，あまり論争を呼び起こさない問題のみ取り扱ったり，そもそも社会問題の取り扱い自体を回避したりと，急速に保守化が進むことになる。結果として，人種差別や性差別問題の学校での取り扱いもこの時代は避けられる傾向にあった。メトカーフらはこれに対して問題提起しようとしたのである。

概念の意味

ある主題や考え方が学校から閉め出されてしまうのは，単にそれが社会で重要と考えられていないことだけが理由ではない。ヘス（2021）は，社会問題には，問題認識や解決の方向性に合意のあるプロブレム（課題）と，認識や解決の方向性に対立があるが，そうした対立が存在していることについては人々が合意しているイシュー（論争）があり，その中間に，質的転換中（tipping）の問題が存在するとまとめ，学校ではプロブレムが最も扱われやすく，見解の安定性に欠ける質的転換中の問題が特に排除されやすいとする。社会では重要とされていても公共の場から閉め出される主題や考え方が存在するのである。閉ざされた領域という概念は，学校が社会問題を扱っていても多数派の価値や見解を伝達する場に陥り易い現実があることを明るみにする。

〈参考文献〉
・D・ヘス／渡部竜也他訳『教室における政治的中立性』春風社，2021
・M. Hunt & L. Metcalf, *Teaching Highschool Social Studies*, Harper and Row, Publishers, 1955　　（渡部竜也）

社会科教育の社会的責任

46 フェミニズム

定義

　フェミニズムとは，男女間には非対称的な力関係があるという認識から出発し，その要因を分析し，あらゆる性が尊重される社会構造の変革をめざす理論と運動を表す。

　フェミニズム自体は，2世紀以上にわたる長い歴史があり，時代の変化や理論や運動の自己批判を繰り返しながら，発展してきた。フェミニズムの変化は，しばしば「波」で表現されることが多い。例えば，1波：女性の政治参加を求める動き，2波：政治参加を越え，性や生殖・労働問題・家庭内暴力など幅広い視点での女性解放を求める動き，第3波：第2波の禁欲的な性格を批判し，より文化や芸術的側面での解放を求める動きである。新たに，#MeToo運動など草の根的な政治参加運動を第4波と呼ぶ動きもでてきた。

日本の社会科教育におけるフェミニズム

　対抗社会化としての性質を有する社会科は，批判主義的なスタンスのフェミニズムとの一定の親和性はみられ，少ないながらその影響がみられてきた。

　主に2つの流れがある。第1は，谷口（2006）のように，社会規範の1つとしての性規範に着目し，構造や制度に埋め込まれた性規範への批判的検討や反省を行う実践開発である。第2は，升野ほか（2018）のように，社会科そのものを対象とし，そこにみられる性規範の批判や偏りの解消を行おうとするものである。社会科教育自体に，男性中心性が潜むことは，将来の市民性育成に大きな影響を与えるためである。

今後の課題

　従来から社会科はフェミニズムの影響を受けてきた一方で，決して中心的に取り扱われてきたテーマである訳ではない。そこには，フェミニズムが批判してきた公私二元論を基盤として成立してきた社会科への自己批判も内在するからともいえる。米国の社会科教育研究者であるクロッコはジェンダー平等が実現できた社会科とは，公私二元論を乗り越えあらゆる性の生き方を尊重できるカリキュラムの実現であるとした。フェミニズムの知見を基に，今後の社会科を検討していくことが重要になる。

〈参考文献〉
・篠田裕文「米国社会科教育におけるジェンダーバランス実現に向けた研究戦略」『教育学研究紀要』65巻，2019
・谷口和也「ジェンダー学習の社会科授業」社会認識教育学会編『社会認識教育の構造改革』明治図書，2006
・升野伸子他編『女性の視点でつくる社会科授業』学文社，2018

　　　　　　　　　　　　　（川口広美）

社会科教育の社会的責任

47　平和教育

定義

　平和教育とは，平和を実現・維持するために，戦争や暴力を排除する方法を追究するだけでなく，主体的に行動していく資質・能力を育成する教育。

消極的平和と積極的平和

　社会科の学習目標の一つに平和実現のための資質・能力の育成がある。学習方法としては，対話や議論，シミュレーションの活用が重視されている。学習内容は，戦争や紛争など意図して行う直接的暴力を排除する消極的平和を目指すものと，戦争や紛争を間接的に生み出す貧困や抑圧，社会制度に内在する不平等性など構造的暴力を解消する積極的平和を目指すものとがある。前者は，第二次世界大戦の原因とその回避の可能性などの戦争や平和の歴史的分析，国際連合の意義と限界性などの平和に向かう努力の検討，空襲や原子爆弾の悲惨さなど戦争被害の共感的・追体験的理解，第9条の解釈や自衛隊の是非のような憲法の平和主義に関する議論などの学習が組織される。後者は，紛争の資金源となるレアメタルなどの鉱産問題，プランテーション農業の児童労働に起因する貧困問題，黒人への暴力の連鎖の背景にある人種問題など，社会問題とその解決を追究する学習となる。両者は，平和は善，戦争・暴力は悪という価値観を注入する点では共通し，子どもたちはそのこと自体を疑わない。

文化的暴力の解消

　一方で，平和を批判的に追究しようとする試みも現れている。国際関係論において，絶対的平和は個人的信条・内面的良心として相対化される。戦争や暴力を場合によっては許容する条件付き平和（平和優先主義）が一般的な政治的選択とされる。条件付き平和を批判的に扱うことで，戦争が許容されている要因を歴史的に顕在化させ，平和への信念を改めて語る歴史授業が開発されている。また，沖縄や広島に現れる平和言説やその記憶に結びつく政治性や権力性が近年注目されており，戦争記念碑を扱った歴史授業が開発・実践されている。

　これらの歴史授業は，ヨハン・ガルトゥングによる文化的暴力を顕在化しその解消を目指すものである。文化的暴力とは直接的・構造的暴力を正当化しようとする文化的・歴史的な働きを意味する。

〈参考文献〉
・池野範男「市民社会科歴史教育の授業構成」全国社会科教育学会『社会科研究』第64号，2006
・ヨハン・ガルトゥング『日本人のための平和論』ダイヤモンド社，2017
・福井憲彦，田尻信壹編著『歴史的思考力を伸ばす世界史授業デザイン』明治図書，2012

（宮本英征）

社会科教育の社会的責任

48 外国にルーツをもつ子ども

定義

外国にルーツをもつ子どもは，近年学校の中で増えつつある，海外につながりをもつ子どもたちを指す。こうした子どもたちの特徴は「移動」にあるといえ，文化や言語の間を「空間的に移動」したり「時間的に移動」したりする経験を強く有することになる。空間的にとは，家庭で使用する言語と学校で使用する文化や言語が異なっており，その間を常に移動しながら生きていることを指す。時間的というのは，例え現在日本国籍であったり，日本で生まれて日本で育ったとしても，両親やどちらか一方の親，あるいは親戚の関係なども含めて自分の歴史の中に国境を越えた移動の経験が存在していたり，将来においても再び国境を越えた移動の可能性もある。こうしたさまざまな文化と言語の移動経験をもつ子どもたちである。こうしたことから，以下で説明するような教育的課題や社会的課題も生まれている。

理論と実践

こうした子どもたちについては主にこれまで日本語教育の課題として捉えられてきた。一方で，単に日本語を学ぶだけでは高度な思考力や表現力をふくめ，教科の学習を進めていくことにはつながらない。そのため，教科学習を通して日本語学習も進めていくことなどが必要となる。こうした発想に立ったとき，これは教科教育学の課題となってくる。

方法論としては，内容重視の言語教育（CBI：Content Based Instruction）など，教科の学びを内容として，それを理解したり，発信したり，考えを交流するために言語を学ぶという形で，内容と言語を統合して学ぶようなことが，社会科教育としては重要となる。

今後の展望

また，単に「社会の教科内容をいかにわかるか」だけではなく，子どもたちの文化的背景をむしろ積極的に学習内容として活かしたりすることも重要である。文化だけではなく，近年は翻訳機の充実もあり，母語を用いて家庭や母国の友人に聞いて調査し，それを教室で共有することもできる。クラスの子どもたちも同様に使える。こうして複数の言語が交差しながら多様な社会の見方や考え方を交流していく場は，社会科ならではである。

単にわからない子どもへの支援ではなく，積極的に組み込んでいくダイナミックなアプローチを期待したい。

〈参考文献〉
・南浦涼介『外国人児童生徒のための社会科教育―文化と文化の間を能動的に生きる子どもを授業で育てるために―』明石書店，2013

（南浦涼介）

社会科教育の社会的責任

49 リベラリズム

定義

　リベラリズムとは，「価値の多元性を前提として，すべての個人が自分の生き方を自由に選択でき，人生の目標を自由に追求できる機会を保障するために，国家が一定の再配分を行うべきだと考える政治思想」として位置づけられる。なお，リベラリズムの思想は，ジョン・ロックやジョン・スチュアート・ミルに代表される自然権思想を基盤においた個人の自由の尊重，平等な個人の考え方を重視する古典的自由主義の他，自己と他者の自由を尊重する近代自由主義，時には国家の介入も容認すべきだとする「ニュー・リベラル」の思想の展開といった歴史的な進展によって，リベラリズムが重視してきた「自由」「平等」「責任」等の概念を巡って，精緻な議論が積み重ねられてきた。社会科教育学の研究領域においても，リベラリズムを指向する社会科教育論が登場することになった。

自由主義社会科教育論

　リベラリズムの思想の展開と並行して，「自由主義社会科教育論」を唱えたのは，尾原である。尾原は，「社会科で育成すべき思考者・判断者のモデルは，社会科学者でも政策立案者でもなく，リベラルな民主主義社会を担う市民である」と主張した。この主張は，「社会科教育から社会諸科学の理論や法則を教授すること，あるいは政策立案のための理論枠組みや技法を教授することを排除するべきであると主張するものではなく」「そのような理論，法則，技法を教授することは，リベラルな民主主義社会を担う市民を育成する上で必要不可欠なものである」と主張する。また，市民は，「社会科学者，政策立案者」による専門家の思考・判断の成果である解釈，解決策，プランなどを，リベラルな民主主義社会を担う一市民として検討・評価できるようになることが肝要であると主張した。そして，その価値判断の正当化の方法として，トゥールミンモデルを積極的に使用し，その正当化の過程の在り方を検討した。また，米国の社会科教育学者 D.W. オリバーや F.M. ニューマン，そしてハーバード社会科プロジェクト等の分析を行った。これらの研究成果に基づく尾原の自由主義社会科教育論は，「社会形成（教育）」研究の基盤となったと言えよう。

〈参考文献〉

・M.J. サンデル／菊池理夫訳『リベラリズムと正義の限界』勁草書房，2009
・尾原康光『自由主義社会科教育論』渓水社，2009
・田中拓道『リベラルとは何か—17世紀の自由主義から現代日本まで—』中公新書，2020

（橋本康弘）

社会科教育の社会的責任

50　共和主義とコミュニタリアニズム

定義

　共和主義は多元的な言葉であり，論争的な概念である。語源はローマにおける「公共的なるもの（res publica）」であり，「私益の追求を打破して公共善を実現することを目標とした思想」とされる。しかし，res publica 及びそれが想定する国家・社会観の相違から，多義的な概念となっている。端的に整理するならば，一つは厳密に君主のいない政治体制を志向した君主制廃止論に基づく制度論，他方は共和国における代議制寄りの制度論を指す。また，権利を概念とする自由主義と対比させ，徳を概念装置とする思想系譜を共和主義とする考え方もある。

　コミュニタリアニズムは，1980年代のアメリカで権利と平等を尊重するリベラル派を批判する思想として登場し，個人と国家の中間にあり，地域コミュニティを重視した考え方である。リベラリズムでは権利主体として個人を重視することから，個人の自由な選択を尊重し，その観点から正義を導出する場合が多い。それに対してコミュニタリアニズムは，「善き生」という精神的・倫理的・道徳的観念は家族・地域コミュニティなどの伝統的なコミュニティで培われることが多いため，個人だけでなくコミュニティを重視することが多い。すなわち，個人間の共通性に着目する点から「共」を重視すると言える。リベラリズムに対して

コミュニタリアニズムは「共」と「善」を重視することから，二つを合わせて「共通善（common good）」を重視する。

　ただし，一般的にコミュニタリアンとされるマッキンタイア，テイラー，ウォルツァー，サンデルなどの政治哲学者はこの「共」と「善」の内容や二つの関係において違いがある。サンデルは「共」の必要性よりも「善」の重要性を指摘，エツィオーニは「善」の重要性を論じつつも，「共」に相当するコミュニティを重視する。各々には相違が見られる。

共通項としての「共通善」の実現

　共和主義とコミュニタリアニズムは，「共通善の政治」が理想とされる点にといて共通点をもつ。その際の接点として「美徳」がある。コミュニタリアンとしてはマッキンタイアが善の目的論的な実現を可能にする特質として美徳を指摘する。つまり，美徳を保持し行使することで，私たちが内在的な「良い」ものを達成出来，これが「common good（共通善）」へと接続するという論理である。

〈参考文献〉

・菊池理夫，小林正弥編著『コミュニタリアニズムの世界』勁草書房，2013
・田中秀夫他編『共和主義の思想空間』名古屋大学出版会，2006

（田中　伸）

社会科教育の社会的責任

51 戦前の地理教育

定義

　日本の地理教育は第二次世界大戦の前と後では大きな差異がある。戦前の地理教育は地理学の内容と方法を当時の学校で育成を目指す目的のもとに構成する単独教科としての地理科の形態で運用されていた。戦後は制度的には社会科や地理歴史科の中での科目や分野として，地理教育は位置づいてきている。

　戦前の地理教育は，学校教育の中で国民意識や国家意識の形成と国土空間経営の一翼を中心的に担う大きな存在となっていた。1945年12月31日に連合国軍最高指令官総司令部による指令「修身，日本歴史及ビ地理停止ニ関スル件」が発せられたことに象徴されるように，戦前の地理教育は軍国主義と国家主義の思想育成の中核的存在と見なされ，その教育のあり方の抜本的な変革が戦後に求められることとなった。

歴史（的背景）

　1872年に頒布された「学制」により，日本の学校の中での地理教育が始動する。当初は「地学大意」や「地学読方」，「地学輪講」と示されていた教科名はすぐに「地理読方」や「地理輪講」と名称変更され，ここから日本の地理教育が本格化していく。この時期には社会系教科の中では，地理教育に最も多くの授業時数が割り当てられた。それは近代学校教育制度の成立期において，地理の知識は近代国家の建設の基礎に有用であるとされたためであった。当時の地理教科書としては，福沢諭吉による『世界国尽』などの使用が例示された。

　その後，戦前の教科書は文部省による認可や検定の制度を経て，明治時代後期になると国定教科書が使用されることとなる。例えば，1918年発行の第三期国定地理教科書『尋常小学地理書』は，当時の子どもたちに地理教育を通して，日本国民としての誇りと自覚を持たせ，そのことによって，円滑な国土空間経営を担う国民の形成に資する目的のもとに編纂されていた。『尋常小学地理書』は日本や世界各地の地名物産をもれなく示すことで，対内的には産業開発の必要性を，対外的には産業国家日本の優位性を現出させる教科書となっていた。このような教科書を忠実に取り扱う当時の地理教育は，子どもたちに産業国家日本の国民としての誇りを持たせ，日本国民として国家の産業発展に寄与する自覚を促していくこととなった。

〈参考文献〉
・中川浩一『近代地理教育の源流』古今書院，1978
・永田忠道『大正自由教育期における社会系教科授業改革の研究』風間書房，2006

（永田忠道）

52　戦前の歴史教育

定義

　戦前の歴史教育の展開は，目標論の視点からは，事実的な知識を獲得させる段階から，歴史教育を通じて国民としての望ましい資質や能力を育成する段階へと洗練されていった過程として捉えられる。

国民意識創出のための歴史教育

　近代国家の建設がめざされた明治期，学校教育を通じた国民意識の創出が求められた。歴史教育には「国史」を可視化させる役割が期待され，様々に整理されてきた歴史書の内容を統合して，ひとまとまりの日本史像をイメージさせることが求められた。そのため，明治の初期に発行された日本史教科書は，歴代天皇を列挙し，その在位期間の出来事を網羅的に記述することで，歴代天皇を節とした一通りの日本史像を描けるものになっていた。一方で人物や事象の選定基準が不明確で，羅列的な記述であったため，どのような国家像（国民像）をイメージさせるかという目標論が明確ではなかった。

国民教化のための歴史教育

　教科書が検定制，国定制へと移行した明治期以降，大正期を経て，歴史教育の目標論は次第に明確にされていった。1879年の教学聖旨に見られるように，儒教的な国家に相応しい歴史像（国民像）が求められ，日本史教科書においても，善政を布いた天皇や朝廷に対して忠節を尽くした人物が選択的に取り上げられる

ようになった。各々の記述は，例えば，仁徳天皇の善政を象徴した「竈の煙（竈から立ち上る煙の少なさから民の困窮を知った天皇は，数年の間徴税を猶予したという内容）」等，具体的なエピソードを盛り込んだ歴史物語になっていった。歴史物語は，歴史事象に付与された意味を事実であるかのように受け取らせ，そこから導かれる望ましい態度を身に付けさせることで，国民を教化する手段として機能した。

戦時対応のための歴史教育

　歴史教育を通じた教化は，大規模な対外戦争が遂行された昭和戦前・戦中期に一頂点を迎えた。例えば，戦時中に発行された国定教科書は，日本人の積極的な海外進出の例として「遣唐使」を記述するなど，当時の日本が進めていた国家政策の歴史的な正当性を示すための歴史物語によって構成されていた。このように，戦時期において歴史教育は，国民の精神を対外戦争へと動員するための思想統制の手段として機能した。

〈参考文献〉
・海後宗臣『歴史教育の歴史』東京大学出版会，1969
・角田将士『戦前日本における歴史教育内容編成に関する史的研究』風間書房，2010

（角田将士）

社会科教育の歴史と政策

53　戦前の公民教育

定義

公民教育の内容である政治制度や経済，法律に関する知識を教授する学科目は学制期に発足した。

公民教育は，まず1920年代に実業補習学校で重視されるようになり，1930年代には中等学校に，公民としての資質育成をめざす「公民科」が成立した。

1930年代半ば以降，「公民科」は，戦時体制への対応から，変質し廃止された。

明治期の公民教育

政治制度や経済，法律に関する教養を授ける学科目は，近代学校制度発足と同時に設置されたが，翻訳洋書を主な教科書とするなど教育内容の確立に至らず，1886年の学校令制定時に廃止された。

1890年代になると，近代的な政治制度の確立や経済発展に伴って，中学校への法律や経済に関する教育の導入が要求され，1901年に「現行法規ノ大要及理財財政ノ一班ヲ授ク」「法制及経済」が設置された。また，この頃から，実業補習学校では，国語や修身の中で，市町村公民の育成をめざして法律や経済に関する心得や知識が教授されるようになった。

戦前公民科の成立

1920年代には，国民の社会参加機会の増大や経済情勢の変化とそれに伴う社会問題への対応から，公民教育が重視されるようになり，1924年に実業補習学校公民科教授要綱が出された。

さらに，1930年代初頭には中等学校に「公民科」が成立した。当時の「公民科」は，「國民ノ政治生活，經濟生活竝ビニ社會生活ヲ完ウスルニ足ルベキ知德ヲ涵養シ」「善良ナル立憲自治ノ民タルノ素地ヲ育成スル」ことを目標とした。社会生活上の諸機能を網羅的に教授しつつ，社会認識と公民としての資質の育成を同時にめざしたことが特徴的である。

戦前公民科の変質と消滅

1935年に，実業補習学校が青年学校に再編されると，修身と一体の「修身及公民」が設置された。さらに，中等学校の公民科は，1937年の教授要目改訂で「日本臣民タルノ信念ト憲政治下ノ国民タルノ資質」の育成をめざして大日本帝国の臣民育成を強調する内容に変質し，1943年の国民科設置に伴い廃止された。

〈参考文献〉

・上原直人『近代日本公民教育思想と社会教育―戦後公民館構想の思想構造―』大学教育出版，2017

・釜本健司『戦前日本中等学校公民科成立史研究―認識形成と資質育成を中心として―』風間書房，2009

・松野修『近代日本の公民教育―教科書の中の自由・法・競争―』名古屋大学出版会，1997

（釜本健司）

社会科教育の歴史と政策

54　戦前の社会科

定義

　戦前には正規の教科としての社会科は，成立しなかったが，1930年代には，学校独自の社会科や，郷土教育，生活綴方などの子どもの活動によって社会生活上の事象や問題の認識・追究を図る教育実践が展開された。こうした教育実践を総称して「戦前の社会科」とする。

学校独自の教科としての「社会科」

　学校独自の教科としての「社会科」では，東京女子高等師範学校附属小学校の「社会科」における山本セイの「上水道」実践のように，児童の水道施設の調査・研究を，公民としての態度を育成へとつなぐ学習活動が特徴的である。

　この実践は，子どもが自主的に行う学習活動を重視しつつ，社会生活の認識と態度の育成に資する内容へと充実させて実現した取り組みといえる。

郷土教育

　郷土教育は，教育の地方化・実際化の主張の影響を受け，文部省が地方研究を推進したことを契機に広く普及した。

　特に，当時，全国の師範学校につくられた郷土室の整備・運営に際した郷土研究は，郷土調査を中心とした，総合的郷土認識を目指し，生徒自身が郷土の事実に直面して郷土把握につなぐ教育実践に結実した点で特徴的である。

生活綴方

　綴方の教育では1920年代後半に「社会の生きた問題，子どもたちの生活事実」を提示すべきと主張された。これが，社会的課題を「正しい科学性」によって綴らせる「科学的綴方」に発展した。

　特徴的な取り組みとしては鈴木道太の「論文学習」や，留岡清男の社会研究科構想などが挙げられる。

戦後社会科への影響

　生活綴方や郷土教育は，無着成恭『山びこ学校』や江口武正「村の五年生」，相川日出雄『新しい地歴教育』などの優れた社会科実践に影響を与えた。このように，社会科教育実践の確立を促した点に「戦前の社会科」の意義が認められる。

〈参考文献〉

・板橋孝幸『近代日本郷土教育実践史研究』風間書房，2020

・伊藤純郎『増補　郷土教育運動の研究』思文閣出版，2008

・片上宗二，木村博一，永田忠道編著『混迷の時代！"社会科"はどこへむかえばよいのか—激動の歴史から未来を模索する—』明治図書，2011

・谷口和也『昭和初期社会認識教育の史的展開』風間書房，1998

・外池智『昭和初期における郷土教育の施策と実践に関する研究—「総合郷土研究」編纂の師範学校を事例として—』NSK出版，2004

（釜本健司）

社会科教育の歴史と政策

55 修身，日本歴史及ビ地理停止ニ関スル件

定義

　第二次世界大戦の終戦後，連合国軍最高指令官総司令部の占領下で発令された教育改革に関する四大改革指令の一つが「修身，日本歴史及ビ地理停止ニ関スル件」である。

　指令の第1は1945年10月22日の「日本教育制度ニ対スル管理政策」，第2は同年10月30日の「教員及教育関係官ノ調査，除外，認可ニ関スル件」，第3は同年12月15日の「国家神道，神社神道ニ対スル政府ノ保証，支援，保全，監督並ニ弘布ノ廃止ニ関スル件」である。

　そして，四大指令の最後が同年12月31日に発令された「修身，日本歴史及ビ地理停止ニ関スル件」である。教科としての修身と日本歴史，地理が軍国主義と国家主義の思想形成の大きな役割を担った存在であるとして，この3つの教科の教科書と教師用参考書の回収を命じた指令であった。

歴史（的背景）

　修身・日本歴史・地理の3教科は，教科名称に若干の変更は加えられながらも基本的には，近代学校制度の成立期とされる明治初期から第二次世界大戦の終戦後までの半世紀以上にわたり，特に初等教育段階の教育課程の中核教科として位置づいてきた。このうち，明治初期において，最も重要な教科であったのは地理であった。地理は初等教育段階における全授業時数のうち，国語系や算数系の教科に次いで，多くの時間が割り当てられた。その後，我が国における国家主義教育の進展の中で，地理以上に日本歴史そして修身が国民形成に関わる最重要教科としての地位を徐々に築いていくことになった。

　修身・日本歴史・地理が，軍国主義・国家主義の思想形成を担う学校教育体制の集大成が，1941年の「国民学校令」の公布と施行である。これにより，日本全国の公立小学校は国民学校と改称され，そこでの教育課程は国民科・理数科・体錬科・芸能科・実業科の5つの統合教科に再編された。

　この中で国民科は修身・国語・国史・地理の四科目編成となった。国民科修身では教育勅語に基づいた皇国の道義的使命，国民科国史では皇国の歴史的使命，そして国民科地理では大東亜共栄圏たる皇国の空間的使命の育成の絶頂をむかえるに至る。その帰結が戦後の連合国軍最高指令官総司令部による指令であった。

〈参考文献〉
・永田忠道『大正自由教育期における社会系教科授業改革の研究』風間書房，2006
・文部省『学制百年史』帝国地方行政学会，1972

　　　　　　　　　　　　　（永田忠道）

社会科教育の歴史と政策

56 公民教育刷新委員会

定義

　戦後の社会科が成立する前段階においては，CIE（民間情報教育局）と文部省との間で様々なやりとりが行われた。特に，GHQ によって停止された地理・国史・修身の三教科にかわって，戦後の日本の教育を担う新教科をどのように構想するかは大きな課題であった。これに先立ち，公民教育刷新委員会が，1945年11月1日に文部省内に設置された。戦後の日本の教育をどのようにするかという新たな方向性を探るべくこの委員会で審議された事項は，「社会科」という新たな教科の設置へと向かい CIE と文部省との折衝が急速に方向転換したために実現しなかったが目的・内容・方法において新教科の萌芽となった。

公民教育刷新委員会の目的と構成員

　公民教育刷新委員会は，従来の公民科の教材を根底から見直し，新時代に応じた政治教育や国際平和，個性の完成，正しい世界情勢の認識などの問題をどのように公民教育の課程として取り扱うのかを審議する目的で組織された。本委員会の構成員は，東京帝国大学教授の戸田貞三を委員長として，和辻哲郎，大河内一男，田中二郎，稲田正次，宗像誠也らが主なメンバーであった。本委員会は，第一号の答申として，「公民教育の目標」「学校教育における公民教育」「社会教育における公民教育」，第二号の答申とし

て，「学校教育における公民教育の具体的方案」「公民教育の根本方向」「公民教育の内容」を文部大臣の前田多門に提出した。第一号答申の「公民教育の目標」では，「公民教育はすべての人が家族生活・社会生活・国家生活において行っている共同生活のよき構成者たるに必要なる知識技能の啓発」を掲げ，第二号答申の「公民教育の内容」では，「人と社会」「家庭生活」「学校生活」「社会生活」「国家生活」「近代政治」「近代経済」「社会問題」「国際政治」「社会理想」の10項目が提示されていた。本委員会の意義は，社会科創設以前に総合的な社会認識形成をめざしていた点にあったといえよう。

課題

　公民教育刷新委員会は，戦後日本の公民教育構想を具体化するために，国民学校や中等学校・青年学校の『公民教師用書』の作成につながる道筋を形づくった。こうした戦前から戦後にかけて社会科前史において起こった多様な公民教育の動きとどのような関係があるのかを考察することで，本委員会が持つ歴史的意義をさらに深めることが今後の課題となろう。

〈参考文献〉

・片上宗二編著『敗戦直後の公民教育構想』教育史料出版会，1984
・片上宗二『日本社会科成立史研究』風間書房，1993

　　　　　　　　　　　　　（福田喜彦）

57 ヴァージニア・プラン

定義

ヴァージニア・プランは，世界大恐慌による民主社会の危機的状況を背景に，米国ヴァージニア州教育委員会が1934年に作成，1943年に改訂版が出されたカリキュラムである。

1947年発行の『学習指導要領社会科編Ⅰ（試案）』は，ヴァージニア・プランをよりどころにして作成されたことから，日本の小学校社会科の原典とされている。

歴史（的背景）

ヴァージニア・プランは，一般的には社会機能法とスコープ・シークエンス法による体系的な単元構成としてのコア・カリキュラムと評価されている。

一方，社会的な問題解決学習を中心とする各単元の構成や，児童の主体的探究的な学習と基本的な社会的コモンセンスのレベルとしての社会科学的知識，態度，理解，能力の育成とを統合したグランドセオリーと位置づける評価もある。

ヴァージニア・プランは，民主主義の理想と一致した情緒化された態度を問題解決学習を通して育成することを目的として，理解目標と能力目標を根底目標として位置づけている。

問題解決学習の中で知識や能力を習得し，活用していけば望ましい「情緒化された態度」が育成される。この「情緒化された態度」が態度目標であり，能力目標は「特定の能力」，理解目標は当初は「一般命題」，改訂版では「理解」と呼ばれ，これらの目標のリストが明示されていた。

ヴァージニア・プランでは，この態度と理解の目標のリストは，あくまでも教師用チェックリストであり，このリストに精通した教師が目標の達成を考慮しつつ各単元の学習を展開していくことが意図されていた。

このヴァージニア・プランを原典とする『学習指導要領社会科編Ⅰ（試案）』では，各学年の理解目標にヴァージニア・プランの各学年の一般命題がほぼそのまま採用される形で示されてはいるが，全体の理解目標と能力目標は示されなかった。これにより，木村博一は日本の初期の社会科は，児童の主体的・探究的な学習と，社会的コモンセンスのレベルの社会科学的な知識，態度，理解，能力の育成とを統一的に行う存在には到達しえなかったと結論づけている。

〈参考文献〉
・木村博一，片上宗二「ヴァージニア・プランの分析的検討─初等学校の場合を中心に─」日本教育方法学会『教育方法学研究』第10巻，1985
・木村博一『日本社会科の成立理念とカリキュラム構造』風間書房，2006

（永田忠道）

社会科教育の歴史と政策

58 『あたらしい憲法のはなし』

定義

　戦後の日本においては，「民主主義」の確立が社会科の最も重要な課題であった。この課題に応えるために，『日本国憲法』の成立を受けて，新制中学校用の副読本として編纂されたのが『あたらしい憲法のはなし』（1947年8月2日発行）である。わずか53頁の小冊子にまとめられた本書は，実業教科書株式会社から出版されたが，新制中学校の教師と生徒に普及するため約550万部が発行された。その後本書は副読本から教科書となったが，最後は補助教材へと戦後の混乱を物語る歴史的変遷をたどることになった。

『あたらしい憲法のはなし』の内容構成

　本書は，子どもたちにもわかりやすいように，「憲法」「民主主義とは」「国際平和主義」「主権在民主義」「天皇陛下」「戦争の放棄」「基本的人権」「国会」「政党」「内閣」「司法」「財政」「地方自治」「改正」「最高法規」の全15章で構成されている。では，どのように子どもたちにあたらしい憲法の具体的内容を伝えたのだろうか。本書を少しみてみよう。「いちばん大事な考えが三つあります。それは，『民主主義』と『国際平和主義』と『主権在民主義』です。『主義』という言葉をつかうと，なんだかむずかしくきこえますけれども，少しもむずかしく考えることはありません。主義というのは，正しいと思う，もののやりかたのことで

す。」このように，本書では，戦後の日本がどのような考え方によってこれからの社会を治めていくのか，明快な言葉によって語られている。さらに，「主権在民主義」をひも解くと，子どもたちに向けて，「『いちばんえらい』というのは，どういうことでしょう」と問いかけている。続けて，日本国憲法が「民主主義」の憲法であることが明記されている。最後に，「民主主義」の憲法とは，国民全体の考えで国を治めていくため，国民全体が「いちばん，えらいといわなければなりません」と本書は締め括っている。

課題

　戦後の社会科を彩る先駆的事例として，本書の「戦争放棄」の挿絵は平和主義を象徴するモデルとして幾度も社会科教科書に登場してきた。しかし，本書が戦後の「民主主義」を考える教材として子どもたちに示した学びはそれだけではない。次の世代へ主権者教育を唱える前に，戦後の社会科が何を教科として大切にしてきたのか，改めて考える必要があろう。

〈参考文献〉
・片上宗二『日本社会科成立史研究』風間書房，1993
・高見勝利編『あたらしい憲法のはなし　他二篇　付　英文対訳日本国憲法』岩波現代文庫，2013

（福田喜彦）

社会科教育の歴史と政策

59 『くにのあゆみ』

定義

　『くにのあゆみ』は戦後文部省において作成された，国民学校第5・6学年を対象とした最後の国定国史教科書である。

『くにのあゆみ』の編纂過程

　1945年12月31日に出された修身・国史・地理の授業停止指令後，CIE（民間情報教育局）の指示に基づき，文部省は授業の再開に備えて暫定教科書の作成に取りかかった。しかし，作成された『暫定初等科国史』の原稿は，従来からの歴史観に基づく記述が多い等の理由により，CIEによって使用が拒絶された。

　こうした事態を受け，文部省は短期間での修正は困難であると判断，省外の日本史研究者たちに教科書執筆を委託し，1946年5月から僅か1ヶ月半で書き上げられたのが，『くにのあゆみ』であった。CIEの方針に基づき，家永三郎（古代〜平安），森末義彰（鎌倉〜安土桃山），岡田章雄（江戸），大久保利謙（明治以降）の4人によって執筆された。

『くにのあゆみ』の特質と対する批判

　右表のように『くにのあゆみ』は，戦前の教科書のような人物中心の構成ではなく，時代区分による通史構成になっていた。神話もほぼ姿を消し，経済・生活・文化に関する内容が盛り込まれるなど，天皇や英雄を中心とした皇国史から，社会の変遷過程としての日本史像を提示するものになっていた。一方で歴史物語

〈上巻〉	〈下巻〉
日本のあけぼの	江戸幕府
開け行く日本	江戸と大阪
平安京の時代	幕府の衰亡
武家政治	明治の維新
鎌倉から室町へ	世界と日本
安土と桃山	大正から昭和へ

を通じた教化という，戦前以来の学習観は維持されたままであった。また，国定教科書という編纂方法についての批判に加え，歴史的事実であるかのような神武天皇の記述などについて，科学的歴史学の成果の反映というよりは，戦前の教科書で問題が多かった箇所を部分的に修正したに過ぎないとの批判が提起された。

占領期を象徴する歴史教科書

　1947年11月，新教科「社会科」の下でなされる歴史教育のための教科書編纂委員会が設置された。しかし，この委員会は教科書を完成させることができず，教科書は検定制度へと移行した。そのため『くにのあゆみ』は，暫定的な役割に留まらず，占領期を象徴する歴史教科書として位置づけられることとなった。

〈参考文献〉
・『くにのあゆみ（復刻版 文部省著作社会科教科書）』日本図書センター，1981
・梅野正信『社会科歴史教科書成立史研究』日本図書センター，2004

（角田将士）

60 『公民教師用書』

定義

　『公民教師用書』は，公民教育刷新委員会答申と公民教育要目委員会が示した「教材配当表」を具現化して，1946年に編集された教師用指導書のことである。

公民教育刷新委員会答申

　文部省内外で高まってきた公民教育を重視する要請を受け，1945年11月に公民教育刷新委員会が設置された。この委員会では，戦前の公民教育への反省に基づき，1943年の中等学校令において廃止，修身に統合された公民科を復活し，逆に修身をも統合した教科としての公民科を確立すべきであるとする第一号答申，そして公民教育の目標，内容，方法に関する大綱を示した第二号答申が示された。

編集された3冊の『公民教師用書』

　二つの答申と「教材配当表」に基づいて『公民教師用書』は編集され，1946年9月に『国民学校公民教師用書』が，同年10月に『中等学校青年学校公民教師用書』が刊行された。また未刊行ながら『中等学校青年学校公民教師用書（続）－（第三章）』も編集された。編集担当者は，国民学校用が青木誠四郎，中等学校用が勝田守一と竹内良知（馬場四郎，上田薫が後に参加）であった。

『公民教師用書』の特質

　3冊の『公民教師用書』は，編集担当者の教育観や編集時期の違いから，それぞれ性格が異なっており，そこで示され

た公民教育像を一括りにして，1947年に成立した新教科「社会科」の前身と見なすには無理があると考えられている。

　『国民学校公民教師用書』は，子どもの心理や具体的な指導の重要性を提起しているものの，内容的には躾を中心とした生活指導的な公民教育になっていた。方法的にも，生活習慣や態度といった実践的側面の指導から，家庭・学校・地域社会などの生活領域に関する知識の獲得へと，発達段階に応じて段階的に進めていく指導を想定していたに過ぎなかった。

　『中等学校青年学校公民教師用書』は，総合的な社会認識教育を志向しつつも，地理と歴史を取り込み，同時に実践的側面と知的側面を統一することができる学習方法論までは提示できていなかった。

　一方で，『中等学校青年学校公民教師用書（続）－（第三章）』は，実践的側面と知的側面とを統一的に育成しようとする「問題解決学習」を方法原理に，地理と歴史をそのためのアプローチに位置付けるなど，総合教科としての社会科の胎動を感じさせるものになっていた。

〈参考文献〉
・片上宗二編著『敗戦直後の公民教育構想』教育史料出版会，1984
・片上宗二『日本社会科成立史研究』風間書房，1993

（角田将士）

社会科教育の歴史と政策

61 『山びこ学校』

定義

　『山びこ学校』は，山形県山元村の中学校教師であった無着成恭が子どもたちの生活記録をまとめて学級文集として出版したものである。初版は，青銅社から1951年に刊行されている。初期社会科の中学校での社会科教育の実践記録として本書は高く評価されている。本書の副題には，「山形県山元村中学校生徒の生活記録」と書かれており，生活綴方の体裁をとっている。しかし上山市立山元中学校は2009年3月に廃校となっている。

『山びこ学校』と初期社会科

　新制中学校は，戦後の教育改革によってスタートした。初期社会科は，カリキュラムも教材も教師が主体的に選択し，子どもたちとの学びを創り出していくものであった。こうしたこれまでに経験したことのない教育活動に教師はどのように向き合っていたのかを知ることのできる記録が『山びこ学校』である。初版の翌年に公開された今井正監督による映画でも，社会科の授業をどのように進めたら良いのか悩む教師たちの様子が描かれている。無着の『山びこ学校』でも子どもたちが綴る作文を用いた実践には生活綴方の伝統が受け継がれている。しかし，大正自由教育期から育まれてきた子どもたちの主体性を重視する戦前の生活綴方運動の優れた教育実践が，戦後の教師たちにそのまま継承されたわけでなかった。

　『山びこ学校』で取り組まれた社会問題は，子どもたちが自らの体験を生活記録に記して追究していくものである。だが，それは無着が社会科をどう実践するか悩んだ末に，戦前の生活綴方の実践と新しく出された社会科の『学習指導要領』に示された社会的経験を発展させるという理論を組み合わせ，子どもたちが参加している生活そのものを客観化することに思い至ったことで生み出されたのである。

課題

　『山びこ学校』は，初期社会科の典型的な事例として評価される一方で，時代の影響を受けながら多様に語り継がれてきた。実践者である無着自身も戦後の教育改革の中で葛藤しながら，『山びこ学校』の記録を振り返っている。さらに，『山びこ学校』の実践を戦後教育思想の視点から捉え直す研究も生み出されている。次なる問いは社会科教育研究においては本書をどのように読み解くかだろう。

〈参考文献〉
・無着成恭編『山びこ学校』岩波文庫，1995
・今井正監督『山びこ学校（DVD）』紀伊國屋書店，2013
・奥平康照『「山びこ学校」のゆくえ—戦後日本の教育思想を見直す—』学術出版会，2016

（福田喜彦）

社会科教育の歴史と政策

62 初期社会科

定義

　初期社会科は，1947年版と1951年版の社会科の『学習指導要領』が適用された時期を総称したものである。この時期の『学習指導要領』は「試案」という文言が付され，それ以後の時期のものとは区別されている。初期社会科の時期には，社会科の理念を体現するカリキュラムや実践プランが数多く生み出された。その思想的な背景には，米国で実施されていたヴァージニア州や，カリフォルニア州のコース・オブ・スタディが基盤にある。

初期社会科のカリキュラムと実践プラン

　初期社会科で展開されたカリキュラムや実践プランは，２つの時期にわけることができる。前期は，奈良女子高等師範学校の「奈良プラン」，兵庫師範学校女子部附属小学校の「明石附小プラン」，東京都港区桜田小学校の「桜田プラン」など戦前期の先進的な取り組みを継承しながらも，1947年版の『学習指導要領』に触発されて独自のカリキュラムや実践プランが推進され，教育現場でのカリキュラム改造が盛んに行われた時期である。後期は，1951年版の『学習指導要領』をもとに行われたカリキュラムや実践プランとは別に，歴史教育者協議会，教育科学研究会，日本生活教育連盟などいわゆる民間教育団体によって提案されたものが特徴的な時期である。初期社会科で展開された多様な社会科の理論と実践は，

さらに社会科の初志をつらぬく会といった民間教育団体の結成にもつながっていった。一方，初期社会科は高校でも新たな動きを生み出した。「一般社会」や「時事問題」といった新科目の設置は，分科傾向の強い中等教育においても初期社会科の理念を生かした総合型のカリキュラムや実践プランを創出したのである。

課題

　初期社会科で提案されたカリキュラムや実践プランは，経験主義や問題解決をもとにした児童中心主義の思想と授業に対する教師の主体性を確保するものであった。しかし，その理念とは裏腹に知識を重視する人々から学力低下を懸念する声が寄せられ，生活か科学かといった系統主義の立場からも批判を受けることとなった。初期社会科の歴史的遺産をどのように継承するのかは今日的課題である。

〈参考文献〉
・平田嘉三，初期社会科実践史研究会編著『初期社会科実践史研究』教育出版センター，1986
・小原友行『初期社会科授業論の展開』風間書房，1998
・若菜俊文，和井田清司他『高校初期社会科の研究―「一般社会」「時事問題」の実践を中心として―』学文社，1998

（福田喜彦）

社会科教育の歴史と政策

63　大槻・上田論争

定義

　大槻・上田論争は，教育科学研究会の機関紙『教育』1962年8月号に掲載の大槻健の論考を契機に，社会科の初志をつらぬく会の上田薫との間で展開された論争である。

　大槻が社会科の初志をつらぬく会の機関誌『考える子ども』における長坂端午の論考を批判したことに対して，病気療養中の長坂に代わり上田が『教育』同年10月号において「なにを知識不信というか」，同11月号で「教育と科学」の論考によって反論を行った。上田の反論に対して，『教育』1963年1月号で吉田昇，滝沢武久，矢川徳光が，同2月号では大橋精夫，同3月号では野沢茂が論考を寄せ，同4月号による上田と大橋の論考をもって紙上での論争は区切りが付けられている。

歴史（的背景）

　この論争が巻き起こった背景には，学習指導要領や社会科への統制的な方向性がある。大槻は，当時の文部省による社会科教科論は依然として態度論でしかなく，社会科の目標を態度の問題で集約させてしまう限り，戦前の国民学校や国民科から一歩も抜け出ていないと考えていた。そして，内容のない教科論をこれ以上，続けている訳にはいかないとして，社会科の教科論は，態度に絞るのでなく徹底的に科学的の内容を問題にすべきであると主張した。

　これに対して，上田は社会科学の内容をそのまま教育内容に持ち込めるのならば教師は苦労しないとして，子どもが全ての知識を位置づける子ども自身の個性的な体制が系統的になることを除いて何を系統の意義となすべきかと反論した。

　さらに上田は，科学の系統は一ではなく多であり，複数の考え方がからみあっているのが科学の真の姿であるとして，経験主義とくに動的相対主義は，真に成り立つ系統を探究し，普遍性を厳密な正当性をもって確立しようとしていると述べた。これにより，子どもたちは教師や何者かによる意見を決してうのみにしない体制のもとにあることから，教師も禁欲に苦しむことなく，堂々と自分の意見を述べることができるとした。

　後に本論争を分析した善住喜太郎は，「科学が子どもを変えるのか」，「子どもが科学を変えるのか」について，さらに考える必要性を問うたが，その学術的な探究はいまも連綿と続いている。

〈参考文献〉
・上田薫編集代表『社会科教育史資料4』東京法令出版，1977
・善住喜太郎「大槻・上田論争の分析」日本社会科教育研究会『社会科研究』第26号，1978

（永田忠道）

社会科教育の歴史と政策

64 勝田・梅根論争

定義

　勝田・梅根論争とは，勝田守一と梅根悟によって，『教育』『カリキュラム』誌上で，1952年1月から10月にかけて交わされた論争をさす。一連の論争は，社会科の教科構造や生活教育と社会科の関係，問題解決の性格などを論点として，社会科の教科の性格に及ぶ議論が展開された点に歴史的意義が認められる。

勝田守一の提案と梅根悟の批判

　勝田は，提案「社会科をどうするか」で「社会的知性，合法的な社会改造の意欲と能力とを子どものうちに育て上げ」，「科学的思考の発達に必要な原則的な理解を与える」ため，小学校第5学年以降の構成を以下のように提案した。

- ・小学校第5学年　日本地理
- ・小学校第6学年　日本歴史
- ・中学校第1・2学年　歴史，地理
- ・中学校第3学年　経済的・政治的，職業的・文化的諸問題
- ・高等学校第1学年　人文地理
- ・高等学校第2学年　日本史，世界史
- ・高等学校第3学年　現代の諸問題

　梅根は，勝田の提案を批判し，社会科は問題単元課程で，問題研究の課程が一貫した中核的課程として貫かれるのが，コア・コースとしての社会科だとした。

論争における論点と意義

　生活教育について，勝田は，梅根の生活問題課程を中心とした生活教育は，生活順応教育に堕す危険が大きいと指摘した。これに対して，梅根は自身の生活教育を順応主義批判から出発して「問題単元課程」に至ったものとした。

　問題解決学習について，梅根は，自然科学的研究も包摂して問題を探究すべきとしたのに対し，勝田は，経験を超えた知識の必要から，社会現象のような領域に限定されることが効果的としている。

　そのうえで，社会科について，勝田は社会関係の経験領域を占める一つの教科とするのに対し，梅根は，諸教科がそこから発展し，そこに活用される超教科的な課程を社会科としている。

　なお，梅根は「生活指導と教育課程の統一」という観点に，勝田との共通理解への手がかりを見出した。問題解決学習による社会科の重要な論点から，社会科のあり方の議論を深めたことに一連の論争の歴史的意義が認められる。

〈参考文献〉

- ・勝田守一『勝田守一著作集　1　戦後教育と社会科』国土社，1972
- ・梅根悟『社会科の諸問題』金子書房，1954
- ・船山謙次『社会科論史』東洋館出版社，1963
- ・上田薫編集代表『社会科教育史資料4』東京法令出版，1977

（釜本健司）

社会科教育の歴史と政策

65　地域社会科教育計画

定義

　初期社会科の時期に地域教育計画に基づいて展開された社会科の理論と実践が「地域社会科教育計画」である。地域社会科教育計画の策定には初期社会科の理論的指導者が関わっていた。地域社会科教育計画としては，埼玉県川口市の「川口プラン」と広島県豊田郡本郷町の「本郷プラン」が代表的なものである。その特色は，地域の実態調査を社会科の学習の中核としている点である。子どもたちはこの地域の実態調査をもとに，地域の課題を機能別に類型化し，その中から得られた知識を問題解決につなげていった。

「川口プラン」と「本郷プラン」

　「川口プラン」の理論的指導者は，中央教育研究所の海後宗臣である。川口市が地域調査とカリキュラム立案に積極的であったのは，梅根悟の影響があったからである。「川口プラン」では，わたしたちの生活の現実の中に生きた課題があると考え，人間を教育することの意義を見出していた。「川口プラン」の学習内容をみると，「生産」「消費」「交通通信」「健康」「保安」「政治」「教養娯楽」の視点から社会機能を定めて，地域の課題を調査する計画が構想されていた。一方，「本郷プラン」の理論的指導者は大田堯である。「本郷プラン」では，現実の社会生活の一員としての子どもたちがどのように社会生活を改善していくのかが課題とされていた。「本郷プラン」のカリキュラム編成においては，「教育」「政治」「衛生」「文化」「産業」「家庭」の視点から地域社会の問題にアプローチしている。こうした「川口プラン」や「本郷プラン」にみられる地域調査の実態を踏まえたカリキュラム編成は，海後宗臣や梅根悟，大田堯など戦後教育学のリーダーとなった人々がそれぞれの理論的支柱となって展開されていた点に特徴がある。

課題

　地域社会科教育計画は，初期社会科の衰退とともにその独自性が失われてしまったという点が課題であった。しかし，近年の新たな研究によって，地域社会科教育計画の取り組みは，多方面にわたって全国の社会科の教育課程に影響を及ぼしていたことが明らかとなってきている。こうした系譜も再評価する必要があろう。

〈参考文献〉
・臼井嘉一監修『戦後日本の教育実践―戦後教育史像の再構築をめざして―』三恵社，2013
・小林千枝子『戦後日本の地域と教育―京都府奥丹後における教育実践の社会史―』学術出版会，2014
・越川求『戦後日本における地域教育計画論の研究―矢口新の構想と実践―』すずさわ書店，2014

（福田喜彦）

社会科教育の歴史と政策

66　うれうべき教科書の問題

定義

　1955年に日本民主党教科書問題特別委員会が『うれうべき教科書の問題』を発行し偏向教育の事例として特定の社会科教科書を批判した。この出来事は戦後当初の検定制度をゆるがす契機になった。

背景

　日本の教科書は，1903年の「小学校令」改正，1943年の「中等学校令」で教科書の国定制が定められた。戦後，極端な国家主義や軍国主義を排除する目的から検定制度に移行した。当初の検定制度は，1947年の学校教育法と1948年の教育委員会法で都道府県教育委員会が検定を行うこととされていた。しかし，用紙の需給関係に基づく臨時的措置として，文部大臣に検定権がゆだねられ，1953年の学校教育法改正でこれが固定された。

『うれうべき教科書の問題』

　いわゆる逆コースの時代の中で，政権についていた日本民主党は，「偏向教育をはらむ教科書の内容」を調査し，「日本の教育の危機にたつ実情をあきらかにする」とし，1955年8月にパンフレットとして，『うれうべき教科書の問題』を発行した。この中で，「四つの偏向タイプ」（教員組合をほめたてるタイプ，急進的な労働運動をあおるタイプ，ソ連中共を礼賛するタイプ，マルクス＝レーニン主義の平和教科書）をあげて，4種類の社会科教科書を名指しで批判した。

　これに対して，10月に関係教科書編著者有志は小冊子「日本民主党の『うれうべき教科書の問題』はどのようにまちがっているか」を発行し，各教科書の学術的な正当性を説明しながら『うれうべき教科書の問題』がいかに「偏向教科書」であるかのように曲説し，「虚偽にみちたもの」であるかを明らかにした。日本学術会議の学問・思想の自由委員会も学問・思想の自由を脅かすものと言及した。

その後の教科書検定

　1957年度用教科書の検定に際しては，中学・高校の社会科教科書8種類が，教科書調査員5名（A～Eサイン）の評点では合格点を超えていたのにもかかわらず，新たに任命された検定審議会委員（サインF）の裁定で不合格になる「F項パージ」が起きた。1956年には教科書法案が国会に提出され廃案になったものの，教科書調査官が省令により設置された。教科書の統制を強める動きは，その後の教科書裁判へとつながっていった。

〈参考文献〉
・石山久男『教科書検定』岩波書店，2008
・上田薫編『社会科教育史資料3』東京法令出版，1974
・徳武敏夫『教科書の戦後史』新日本出版社，1995

（村井大介）

67　基礎学力低下論

定義

　ここでいう基礎学力低下論は，1948年前後から1950年代前半の経験主義に基づく新教育に対する批判論をさす。批判は，教科内容の要素的知識の不充分さの原因を，新教育に求めるものであった。

基礎学力低下論の様相と論点

　・当時の基礎学力低下論は，次の二側面からなされた。①調査によって児童・生徒の「読・書・算」の能力の不十分さを示し，その原因をコア・カリキュラムなどの新教育に求めた。②新教育の学びが現状の社会への適応にとどまっている。

　また，この議論を受けて基礎学力を考える際の論点は，次の2点にあった。
①教科内容の要素的知識の不充分さをもって，基礎学力低下といえるか。
②基礎学力低下の原因は，コア・カリキュラムなどの新教育にあるのか。

　論点①に対して，重松鷹泰は「新学力」を「現実の生活を切り拓いていく力」（問題解決の力）として，教科内容の要素的知識を学力論の中心から外した。

　論点②に対して，梅根悟は，これは実証されていないオピニオンに過ぎないとして科学的検証の必要性を強く主張した。

基礎学力低下論への対応のもつ特徴

　この議論を受けて，新教育を推進する立場も，自らの教育論に内在する教育内容の意義を認識し，知識・技能を基礎学力に位置づけるようになった。例えば，

馬場四郎は「知識技術が，……現代生活の諸問題を解決する場面において，たちどころに効果を発揮しうるような潜在的な力としてたくわえられること」を学力の本質とした。

　さらに，当時の教育目標に即して各教科の学力の現状とその規定要因を析出する調査の結果に基づいて，学力問題の解決のために，地方における教育条件の整備や，教員養成や現職研修の充実が主張されたことも特徴的である。

〈参考文献〉
・木下繁弥「学力論争の展開」肥田野直・稲垣忠彦編『教育課程　総論』東京大学出版会，1971
・金馬国晴「戦後初期に『学力』の『低下』が意味したこと―＜学力調査＞から戦後新教育の批判へ―」苅谷剛彦・志水宏吉編『学力の社会学―調査が示す学力の変化と学習の課題―』岩波書店，2004
・日本教育学会学力調査委員会『中学校生徒の基礎学力』東京大学出版会，1954
・馬場四郎『単元学習の基本問題』七星閣，1950
・山内乾史・原清治編著『論集　日本の学力問題　上巻　学力論の変遷』日本図書センター，2010

（釜本健司）

68 教育内容の自主編成

定義

　一般的には教育の内容を自主的に編成することであり，その編成主体になるものには教育機関や各学校の教職員集団だけでなく，児童・生徒，保護者，地域住民，専門家などが考えられる。教育史上では，1950年代に教育課程編成への規制が強化されたことや教育の現代化などを背景に，民間の教育研究団体等が独自に実践的な改革を行ったことを指す。

歴史

　教育内容を自主的に編成するという一般的な意味では，社会科教育史には多種多様の数えきれない実例があるため，ここでは1950〜60年代の教育内容の自主編成の潮流に絞って論じることとする。

　戦後の経験主義的な教育に対する批判や基礎学力の充実に対応すべく，学習指導要領は1955年に社会科編だけが先行して改訂され，1958年には全面改訂がなされた。系統主義的な教育をめざすものへと変化した。

　また全面改訂に先立つ1958年8月，学習指導要領は教育課程の基準として文部大臣が公示するものと改められ，「告示」という手続き（官報掲載）をとった「法的拘束力を持つ」ものとされた。学習指導要領は各学校での教育課程編成の手引書と考えられていたものだったが，「法的拘束力」によって自主的な教育課程編成は規制されるという受け止めもあった。

特に道徳の時間の特設を含む全面的な教育課程の改訂や勤務評定の実施などに反発していた日本教職組合は，1958年7月に自主的教育課程編成の方針を決定し，『国民のための教育課程』（1960年）を刊行している。

　また教育の現代化の影響を受けた各教科の研究団体等も授業づくりの研究等を深化させ，教育内容の自主編成の潮流を作った。特に産業界から充実が要請されていた科学技術教育では，数学教育協議会・遠山啓を中心にした「水道方式」の体系的な教材づくりや板倉聖宣による「仮説実験授業」などがある。

　社会科でも，山口康助や香川県社会科教育研究会の構造論や川合章を中心にした上越教師の会の生産労働を軸にした内容構成論がある。また教育の現代化で注目されたブルーナーの「知識の構造」と「発見学習」に着目した社会科教育センターの研究も特徴的である。

　教育内容の画一化を防ぎ，教師の意欲を高めるためにも，教育課程や教育内容の自主編成は今日でも重要である。

〈参考文献〉
・世界教育史研究会編『日本教育史Ⅲ』1976
・安彦忠彦『教育課程編成論〔改訂版〕』放送大学教育振興会，2006

（田口紘子）

69　教育の現代化

定義

　1950年代後半より，米国を中心に，知識の爆発的増加への対応や教育内容の刷新が教育界の大きな課題となった。その課題に対応するために，科学の成果と方法に依拠し，科学の基本的概念を中核にして教育内容の構造化を図ろうとするカリキュラム改革運動が，教育の現代化である。教育の現代化を支えた理論的な基盤は，ウッズホール会議の成果をまとめた心理学者 J.S. ブルーナーの『教育の過程』（1960，邦訳1963）であった。

理論的背景

　ブルーナーの「どの教科でも，知的性格をそのままにもって，発達のどの段階のどの子どもにも効果的に教えることができる」という仮説は，大きな影響を与えた。子どもの発達段階に応じて科学の基本的概念を翻案し，学習させていくことがめざされた。ただし，学問中心のカリキュラムが提案されたとはいえ，学問的な知識を教え込むことが意図されていたわけではない。ブルーナーは内発的動機づけを重視しており，教材の知的探究を通して，子ども自らが知的興奮とともに基本的概念を発見するよう導かれることが重要と考えていた。

日本の社会科教育における展開

　教育の現代化は，日本の社会科教育研究を活性化させた。教育内容の構造化や発見学習，探究学習の研究も進められた。現代化運動の流れをくみ，社会科学の概念を中核にして開発されたアメリカ新社会科のプログラムにも注目が集まった。

　しかし，本来意図されていた改革運動が社会科の教育現場で実現していたとはいいがたい。現代化をキーワードにした1968年〜70年改訂の学習指導要領では，教育内容を時代の進展に対応させることが進められたが，理数系教科を中心に内容の増加・高度化による消化不良の問題を生み出した。社会科においても「詰め込み教育」が問題とされていた。

現代への示唆と課題

　教育の現代化は，教育史上の一つの運動である。しかし，概念を基盤にした教育内容の構造化や，事象の概念的理解の方法は，「深い学び」が求められる現在の社会科にも示唆的である。

　ただし，現代化運動が抱えた問題への精査は必要だ。運動当時，知的側面への注目が高まったが，そのねらいとする人間形成の視点が相対的に軽視されていたことは否定できない。成果と課題を問い直し，発展させていくことが期待される。

〈参考文献〉

・J.S. ブルーナー／鈴木祥蔵，佐藤三郎訳『教育の過程』岩波書店，1963
・佐藤三郎『ブルーナー「教育の過程」を読み直す』明治図書，1986

（山田秀和）

社会科教育の歴史と政策

70 教育の人間化

定義

知性の発達だけでなく全人的発達を重視した教育。教育史上では主として1970年代以降の学校の人間化や人間的教育の確立を主張する教育思潮をさす。

1960年代の教育の現代化の潮流は，科学の体系性を重視するあまり子どもの経験や問題意識を軽視する傾向があったことなどを理由に世界的に大きく後退した。その軌道修正としての意味だけでなく，60年代のベトナム戦争や環境汚染などの社会問題に対する社会全体の「人間化」と連動していた側面もある。

歴史

1960年代の教育の現代化の潮流は，諸学問・科学の基本的概念が強調されたことから科学主義とも呼ばれるが，子ども不在や人間不在の教育と批判されたり，学習者の動機付けをふまえず知識を詰め込む危険性などが指摘されたりした。

田浦によれば，アメリカでは科学主義教育の克服をめざした教育の人間化の立場には大きく3つの流れがあったとされるが，そのうちの1つであり日本の議論にも示唆を与えた全米教育協会（NEA）の1971年の報告書『1970年代およびそれ以後の学校』に注目したい。報告書や添付された予備資料では，「社会に適応するだけでなく，全面的に実現された個人として，よりよい社会の形成に貢献する人間をめざす」や「教授に関する政策の決定が，教師に託されることの重要性」が述べられるなど，現在にも引き継がれている点が多くある。

その一方，教育の人間化は理論的に不十分な点もあり，十分な効果を示せぬまま，知的学力の充実を主張するアメリカ政府の報告書『危機に立つ国家』（1983年）が大きな反響を得るようになる。

日本では現代化で強調された「知識の構造」がその学び方である「発見学習」とは切り離された形で取り上げられた傾向もあり，落ちこぼれ問題などが社会問題となった。1977年の学習指導要領では，人間性豊かな児童・生徒を育てるという表現が見られたり，各学校が自由に裁量できる授業時間が認められるなどの規制緩和が行われたりしている。

意義

1970年代までに経験主義から科学主義へ，科学主義から人間主義へと教育思潮は変わってきた。人間主義が経験主義や科学主義を統合し止揚したという側面を指摘する見解もある。

〈参考文献〉
・田浦武雄『学校の人間化』明治図書，1985
・教員養成大学・学部教官研究集会社会科教育部会編『社会科教育の理論と実践』東洋館出版社，1988

（田口紘子）

社会科教育の歴史と政策

71　地域に根ざす社会科

定義

　地域に根ざす社会科は，1960年代後半から1970年代にかけて，民間教育団体から広がった教育運動である。子どもを地域づくりの主体（主権者）に育成することを目的とした。子どもが体験活動や実地調査を通して，地域の人々の生活の現実を知り，人々が地域の問題や矛盾を様々な仕事（働くこと）によって克服し，生活をより良くしている様子（工夫・苦労）を実感的に理解していくものであった。子どもが，地域における人々の問題解決過程を追体験することで，地域を見る目（社会科学の知識）を育成していく実践がおこなわれた。

教育実践とその歴史的背景

　高度経済成長にともなう社会構造や生活の変容の中で，各地域では様々な問題や矛盾が生じていた。しかしながら，学習指導要領における社会科では，地域社会の現実を教材として扱うことが少なくなっていた。こうした状況を克服するために，地域に根ざす社会科は，日本生活教育連盟・歴史教育者協議会・教育科学研究会といった民間教育団体を中心に展開した。また，奥丹後社会科教育研究会（渋谷忠男他）や上越教師の会（江口武正他）などに集まる教師たちによって，各地域の中で実践が発展した。

　例えば，若狭蔵之助は，小学校第6学年「公園をつくらせたせっちゃんのおばさんたち」という実践をおこなった。子どもたちの住む地域で住民運動の成果として建設された児童公園を教材に，それがどのようにつくられたかを追究した。子どもたちが，隣の学級のせっちゃんのお母さん（区議会議員）が中心人物であったことを突き止め，友達のお母さんという一人の主権者に迫る中で，子どもたちに民主主義の仕組みとそこでの生き方をつかませていく実践である。

　地域に根ざす社会科は，郷土教育や初期社会科を系譜にしながらも，1950年代から1960年代における教育の現代化の影響を大きく受けた。子どもたちの生活する地域を教師が探り，その場所の現実から社会科授業の教材をつくることの必要性を広く学校現場に普及した。

〈参考文献〉
・小原友行「『地域に根ざす社会科』の授業構成—若狭・安井・鈴木実践の分析—」『社会科研究』第30号，1982
・峯岸由治『「地域に根ざす社会科」実践の歴史的展開と授業開発—授業内容と授業展開を視点として—』関西学院大学出版会，2010
・若狭蔵之助『問いかけまなぶ子どもたち—観察・思考・自由な表現—』あゆみ出版，1984

（渡邉　巧）

72 歴史教科書問題

定義

　本項目では，特に1960年代以降の典型的な歴史教科書問題を取りあげる。1960年代には，教科書検定をめぐって家永教科書裁判が起きた。1982年には，歴史教科書の記述内容が中国・韓国との外交問題となった。

　2000年代以降，わが国の事蹟の正統性を強調する教科書が現れる一方，東アジアで共有可能な歴史教科書記述を追求する取り組みもなされている。

家永教科書裁判

　家永教科書裁判は，歴史学者の家永三郎が教科書検定制度の違憲性・違法性を訴えて，1965年から32年間にわたって争った裁判である。

　一連の裁判では，検定制度など文部省側の主張の大半を認める一方，1970年の杉本判決のように，国民の教育の自由を認める判決も下された。

外交問題となった歴史教科書問題

　1982年には，歴史教科書における戦前の日本軍の行動に関する記述に対して，中国・韓国が抗議し外交問題となった。

　これを受けて，日本政府では，当時の宮沢内閣官房長官が談話を出し，教科書検定基準に「近隣のアジア諸国との間の近現代の歴史的事象の扱いに国際理解と国際協調の見地から必要な配慮がされていること」という近隣諸国条項を設けた。

歴史教科書問題への反応

　この問題への反応の特徴は，①わが国の事蹟の正統性の強調と，②東アジアで共有可能な歴史教科書記述の可能性の追求の二者に大別できる。①の典型としては，「新しい歴史教科書をつくる会」の活動がある。②の典型としては，2005年に日中韓3カ国共同で『未来をひらく歴史―東アジア3国の近現代史―』が出版されたことがある。

　また，近年では，金鍾成による日韓両国の小学生が相互に日清・日露戦争のよりよい記述を追究した歴史教科書づくりに関する研究が，社会科教育学研究者の取り組みとして特筆できる。

〈参考文献〉
・家永三郎『家永三郎集第14巻　評論3 歴史教育・教科書裁判』岩波書店，1998
・金鍾成「自己と他者の『真正な対話』に基づく日韓関係史教育―日韓の子どもを主体とした『より良い日清・日露戦争の教科書づくり』を事例に―」日本社会科教育学会『社会科教育研究』Vol.130，2017
・三谷博編著『歴史教科書問題』日本図書センター，2007
・三谷文栄『歴史認識問題とメディアの政治学―戦後日韓関係をめぐるニュースの言説分析―』勁草書房，2021

（釜本健司）

社会科教育の歴史と政策

73 社会科解体論

定義

　1989年の学習指導要領改訂の際に小学校低学年では社会科と理科が廃止されて生活科が新設され，高等学校では社会科が地理歴史科と公民科に分化した。小学校低学年と高等学校の社会科の廃止を社会科関係者は社会科解体論と批判した。

低学年社会科をめぐる背景

　低学年社会科は，1961年の「シンポジウム・低学年社会科をめぐって」（『現代教育科学』第39号）をはじめ，これまでも必要か不要か論が展開されてきた。

　1967年10月の教育課程審議会の答申は，低学年社会科の検討点として，具体性に欠け，教師の説明を中心にした学習に流れやすいことをあげ，1986年4月の「教育改革に関する第2次答申」は「教科の総合化を進め，児童の具体的な活動・体験を通じて総合的に指導することができるよう検討する必要がある」と論じた。

高等学校社会科をめぐる背景

　1950年代から社会科の枠の中で歴史・地理教育が実施されていることについて，歴史・地理教育の軽視ではないかとの意見があり，議論されてきた。

　1987年11月の「審議のまとめ」では，「急激な国際化の進展を踏まえ国際社会に生きる主体性のある日本人を育成することの重要性の高まりという新しい時代的要請に応えるという観点から，社会科を再編成して地歴科及び公民科の二つの教科を設け」たと論じている。

社会科解体論の展開

　1987年11月14日の朝日新聞には林健太郎の「社会科は役割終えた」，上田薫の「教育現場に賛成ない」という見解が掲載されるなど，賛否両論であった。

　一連の審議に対して社会科関係者は異議を唱え続け，1986年5月25日には社会科の見直しに反対する教師や研究者ら約140名が集って「社会科問題シンポジウム」を開催した。また，日本社会科教育学会の5回，全国社会科教育学会の4回をはじめ，社会科関係の団体は要望書等を提出した。これまでの社会科の意義を蔑ろにする動向に対し，例えば，日本社会科教育学会第1次要望書では「社会科の理念を崩していくような方向をとるべきではない」と要望を出した。

社会科解体のもたらした影響

　高等学校では免許状も「地理歴史」「公民」に分かれ，教員の養成や配置にも影響した。「世界史」を必修にした地理歴史科では世界史未履修問題も生じた。

〈参考文献〉
・緊急シンポ世話人会編『社会科「解体論」批判』明治図書，1986
・日本社会科教育学会編『社会科教育研究（特集　社会科問題特別研究委員会報告）』第59号，1988

（村井大介）

社会科教育の歴史と政策

74 法則化運動

定義

　向山洋一の『授業の腕をあげる法則』などの著書を契機に，1984年に立ち上がった「教育技術の法則化運動」のことである。全国の優れた教育技術を集め，教師の共有財産にする活動として，「教育技術法則化運動」TOSS（Teachers' Organization of Skill Sharing, トス）は活動を展開してきた。

法則化運動の理念と教育実践

　『「社会」授業の新法則』の巻頭語で向山洋一は，法則化運動が成立当初から掲げている理念には，「1　教育技術はさまざまである。出来るだけ多くの方法を取り上げる。（多様性の原則）」，「2　完成された教育技術は存在しない。常に検討・修正の対象とされる。（連続性の原則）」，「3　主張は教材・発問・指示・留意点・結果を明示した記録を根拠とする。（実証性の原則）」，「4　多くの技術から，自分の学級に適した方法を選択するのは教師自身である。（主体性の原則）」の4つがあると論じている。

　『授業の腕をあげる法則』では，指示の意味を説明せよという「趣意説明の原則」や，一時に一事を指示せよという「一時一事の原則」といった授業の原則とともに，具体的な実践として，跳び箱を全員が跳べるようにした実践を取り上げている。これらの例のように，法則化運動は，初等教育を中心に，様々な教育活動を対象にしている。

　社会科については，『「社会」授業の新法則』（3～4年生編，5年生編，6年生編）などの書籍が刊行されている。

法則化運動への批判

　以上のような法則化運動は，実用的であることから，初等教育の教員を中心に支持されている。その一方で，運動の当初から批判や疑問の声もあげられてきた。例えば，『「教育技術の法則化運動」症候群』の中で，教育学者の大田堯は，教育や学びを本質的に追求する姿勢が放棄され，マニュアルにしたがう若者がふえていることを指摘した上で，「「教育の法則化」を支持する人たちのマニュアルには，人間―子どもたち―を束にして動かすという発想が強いように思います」と論じている。このように子どもよりも技術が重視され，教育がマニュアル化することを危惧する声も唱えられてきた。

〈参考文献〉
・TOSS「社会」授業の新法則編集・執筆委員会編『新法則化シリーズ「社会」授業の新法則　6年生編』学芸みらい社，2015
・ひと編集委員会編『「教育技術の法則化運動」症候群』太郎次郎社エディタス，1989
・向山洋一『授業の腕をあげる法則』明治図書，1985　　　　　　（村井大介）

社会科教育の歴史と政策

75 PISA と言語力

定義

　PISA とは，経済協力開発機構（Organisation for Economic Cooperation and Development：OECD）が実施する国際的な学力調査「生徒の学習到達度調査（Programme for International Student Assessment：PISA）」のことを指す。

　対象となるのは，多くの国で義務教育終了段階となる15歳児である。「読解力」「数学的リテラシー」「科学的リテラシー」の3分野を調査する。各回，2分野については概括的な状況が調べられ，1分野が中心分野として詳細に調査される。これまで2000年，2003年，2006年，2009年，2012年，2015年，2018年と3年ごとに実施されてきた。

　PISA では，学力調査だけでなく，学習環境を把握するための調査も併用され，子どもたちや学校に関する様々な背景情報が調べられる。集められた背景情報が学力の調査結果との関係で分析されることも特徴の一つである。

日本の教育政策への影響

　PISA 調査は，子どもが「それまで身に付けてきた知識や技能を，実生活の様々な場面で直面する課題にどの程度活用できるかを測り，その結果を各国の教育政策の改善や見直しに活かすこと（国立教育政策研究所，2019）」を目的として実施されている。調査結果は各国の教育政策に実際的に大きな影響を与えており，日本も例外ではない。

　日本の教育政策に対して特に大きな影響を与えたのは，PISA2003，2006の調査結果であった。日本の子どもの「読解力」が急落したことで「ゆとり教育」に対する疑念が学力問題として噴出し，いわゆる「PISA ショック」として大きな社会問題となった。

　学力低下の論調は，新しい全国学力・学習状況調査を実施するきっかけとなっただけでなく，2008年の学習指導要領改訂にも影響を及ぼした。読解力育成の基盤を言語と定め，「言語活動の充実を教科横断的に位置づける」ことを充実すべき重要事項として定めるに至った。社会科においても，レポートの作成や論述などの知識・技能を活用する学習活動が提案され，各地で実践されていった。

〈参考文献〉
・横浜国立大学教育人間科学部附属小学校編『「読解力」とは何か―小学校の全教科で PISA 型読解力を育成する―』三省堂，2008
・国立教育政策研究所『生きるための知識と技能7』ぎょうせい，2019
・裴岩晶，篠原真子，篠原康正『PISA調査の解剖』東信堂，2019

（藤本将人）

社会科教育の歴史と政策

104

76 （世界史）未履修問題

定義

　世界史未履修問題とは，2006年秋に高等学校の必履修科目である世界史の未履修が全国で発覚するとともに，救済のための補習のあり方をめぐる混乱も加わり，教育行政全般への不信感を招いた問題である。この問題は世界史教育の存在意義を問うものでもあり，その改革について議論が活発化した。

世界史未履修の要因

　富山県の高等学校から発覚した世界史の未履修問題は，全国の公立・私立高等学校663校（約12％）に広がった。学校や教育委員会は，世界史が大学受験に関係がなく，受験に関係する科目の時間確保のためであったと説明した。その後，卒業要件を満たすための補習等の救済処置について国会等で話し合われた。文部科学省は規定通りの時間数の補習を求めたが，学校現場やPTAの反対を受けて，補習時間を大幅に削減する事態となった。この背景には，受験直前に受験科目でない世界史の補習を受けなければならない生徒側の強い不満があった。こうした対応は，教育行政への不信・不満をさらに高めることになった。

世界史教育の改革

　未履修問題は，生徒だけでなく教師にとっても，世界史が大学受験科目としてしか存在意義がないことを顕在化させた。そのため，歴史学・社会科教育学関係の大学研究者や現場の教師から，世界史教育の改革を目指す様々な提案がなされた。

　提案された改革の方向性の一つが，学習方法を教師が教え込む教授論から，生徒が思考・判断する学習論に基づくものへ転換するものである。例えば，知識伝達型・暗記型授業を克服するために，歴史的思考力の育成を目指した授業開発研究などが行われた。二つ目の改革の方向性は，学習内容を教科書に代表される時間・空間の網羅主義に基づくものから，生徒にとって学ぶ意義の高いテーマ的内容へ転換するものである。例えば，日本史と世界史という枠組みを取り払い，それぞれの結節点を主題として組織する提案がなされた。

　その他，生徒の学ぶ意義と乖離した要因を，社会科「世界史」の来歴から明らかにしようとする研究も行われた。こうした様々な議論の成果は，新科目である「歴史総合」や「世界史探究」に見ることができる。

〈参考文献〉

・南塚信吾『世界史なんていらない？』岩波書店，2007

・原田智仁『"世界を舞台"に歴史授業をつくる―嫌われても世界史はやめない！』明治図書，2008

（宮本英征）

社会科教育の歴史と政策

77 教育基本法の改正

定義

　教育法規の根本法として教育制度を構築してきた教育基本法は2006年に「改正」された。「教育の目標」や「宗教教育」の規定は社会科にも影響を与えた。

「改正」の背景

　2006年5月16日の衆議院本会議で当時の小泉純一郎首相は教育基本法の改正理由を「科学技術の進歩や少子高齢化など，教育をめぐる状況が大きく変化する中で，道徳心や自律心，公共の精神，国際社会の平和と発展への寄与などについて，今後，教育において，より一層重視することが求められて」いると論じた。

主な「改正」内容と論点

　第3条「生涯学習の理念」，第7条「大学」，第8条「私立学校」，第9条「教員」，第10条「家庭教育」，第11条「幼児期の教育」，第13条「学校，家庭及び地域住民等の相互の連携協力」，第17条「教育振興基本計画」が新設された。

　社会科と関連の深い点では，第2条と第15条の「改正」がある。第2条は，旧法では「教育の方針」を定めていたが，改正法では「教育の目標」となり，「正義と責任，男女の平等，自他の敬愛と協力を重んずるとともに，公共の精神に基づき，主体的に社会の形成に参画し，その発展に寄与する態度を養うこと」「伝統と文化を尊重し，それらをはぐくんできた我が国と郷土を愛するとともに，他

国を尊重し，国際社会の平和と発展に寄与する態度を養うこと」など5つの目標が掲げられた。また，第15条（旧第9条）「宗教教育」では，教育上尊重されなければならないものとして，「宗教に関する一般的な教養」が盛り込まれた。

　改正法第2条「教育の目標」，第15条「宗教教育」，第16条「教育行政」（「不当な支配」の解釈）は，国家権力と個人の思想・信条の自由との抵触の問題として，人々の内面に係る理念や価値を法律で定めることの是非が議論され，改正反対論を唱える教育学者も多数いた。

社会科教育への影響

　教育基本法の「改正」は社会科教育にも影響を与えてきた。例えば，2008年改訂の『中学校学習指導要領解説　社会編』では，「今回の改訂においては，改正教育基本法等を十分に踏まえ，社会参画や様々な伝統や文化，宗教に関する学習を重視する観点から，各分野の特質に配慮して内容の改善を図った」と記載されており，「改正」の影響がうかがえる。

〈参考文献〉

・市川昭午編『リーディングス日本の教育と社会④　教育基本法』日本図書センター，2006

・田中壮一郎監修『逐条解説　改正教育基本法』第一法規，2007

（村井大介）

78 領土問題

定義

　領土問題とは，一般には，ある地域の帰属をめぐる国家間の対立，論争問題化した状態を指すが，教育内容としての領土問題とは，必ずしも現在係争中の事象だけに限定されるわけではない。

社会科教育における領土問題の扱われ方

　領土問題を教えようとすることは，特に教科書検定において外交問題化しやすいことが象徴するように，社会的な論争へと発展しやすい。その背景には，そもそも学習指導要領をはじめとする公教育が自国民としてふさわしい認識や態度を育成しようとするからに他ならない。国民意識や国を愛する心情などは，他教科の学習や各種学校行事における国歌斉唱などを通して行われているが，領土問題そのものを対象に考察する教科・科目は，社会科や地理歴史科，公民科であろう。

　草原・渡部（2014）によれば，社会科教育で扱われる領土問題は，①すでにその地域が領土として長く認められ論争点が隠避されている状態，②国境をめぐる係争が先鋭化し可視的である場合，③未来志向で国境線を含む国家のあり方を再構築しようとしている場合の3つに分けられる。北方領土問題を例に取れば，日本の立場では②の状態にあるが，ロシアの立場では②から①へと収斂させていこうとする状態にあるといえる。

領土問題学習の多様な可能性

　領土問題を対象にした授業では，対立関係にある当該国のうち片方の見解を伝達するだけでは，対立を煽る授業へと帰結する。日本の正統的な見解について理解させつつ，さらに発展させて，対立を探る授業という選択肢もある。領土問題の解決をめざすのであれば，単に白黒決着をつけるのではなく，解決を通して関係を好転させなければ意味がない。欧米の実践では，領土問題を解決の見通しのある見解の相違として示し，当事者の立場で交渉スキルを磨いたり，解決策づくりを行われる授業も提示されている。

　また，「領土」と聞いたとき，その言葉から自然と「国境線問題」だけを連想してしまうならば，それは公教育やメディアの教育力の裏づけである。社会科教師は学習指導要領の定める国境線問題の授業実践とともに，そもそも国境や領土とは何かについて考察する，本質的な授業実践を創造することも必要である。

〈参考文献〉
・草原和博，渡部竜也編著『"国境・国土・領土"教育の論点争点』明治図書，2014
・原田智仁「領土問題—世界史の中で考える『領土問題』の授業を構想する—」『教育科学社会科教育』第611号，2010

（伊藤直之）

社会科教育の歴史と政策

79 アクティブ・ラーニング

定義

アクティブ・ラーニングとは，従来の知識詰込み型の教授法の改革を目指して提唱された概念であり，あらゆる能動的な学習のことを意味している。アクティブ・ラーニングには，ミニテストなどの知識定着型の学習活動から，学習者自身がテーマを設定し，探究に取り組むプロジェクト学習のようなものまで幅広い学習活動が含まれる。

実践上の留意点

アクティブ・ラーニングを実践するための代表的な学習技法として，ディベートがある。ディベートは，あるテーマについて討論を行い最終的にジャッジメントによって勝敗を決定する学習活動である。ディベートの教育的意義として，論理的思考力や言語表現に関する能力の育成が明らかにされており，従来から他者に対して自己の考えを論理的に表現させる学習方法が注目されている。しかし，アクティブ・ラーニングの実践を検討する際には，学習方法のみに着目するだけでは不十分であることを強調しておきたい。つまり，授業開発及び実践を進める際には，学習方法だけではなく，子どもに育成したい資質・能力（目標），そのために習得を目指す知識内容（内容），具体的な評価の方法（評価）という視点をふまえて検討することが重要となるのである。

導入の経緯

アクティブ・ラーニングは，国際化・グローバル化という社会の変化に対応するために必要となるコンピテンシーの育成を目指して導入されたという経緯がある。このような経緯をふまえ，教師は，これまでの教育観や学力観を問いなおし，子どもの成長を促進する学習環境の整備に努めることが求められている。

課題

アクティブ・ラーニングに関して，その学習が活動主義に陥っており，子どもの市民性育成の実現について課題が指摘されている。この課題を克服するためには，子どもの実態をふまえ，成長した子どもの姿を目標として策定し，その目標達成のための具体的な手立てを検討するという授業デザインに関わる力の育成が必要である。これに関連して，学習を通した子どもの成長をふまえ，教師が設定した目標を見直し，修正するという柔軟性を含めた授業改善力の育成も重要となる。

〈参考文献〉

・溝上慎一『アクティブ・ラーニングと教授学習パラダイムの転換』東信堂，2014

・渡部淳『アクティブ・ラーニングとは何か』岩波新書，2020

（井上昌善）

社会科教育の歴史と政策

80 持続可能な社会と ESD

定義

ESD は，Education for Sustainable Development の略語で，「持続可能な開発のための教育」と訳される「目標概念」であり，既存の「持続可能な開発」概念を基盤に生まれた派生概念である。

ESD の基盤概念「持続可能な開発」

人類の開発活動は，自然環境に影響を与え様々な地球規模の問題を引き起こす。社会を持続可能にするには，環境か開発かではなく，将来世代との「世代間公正」を踏まえそれらの両立をめざす必要がある。また，先に示す問題の中には，環境問題だけでなく社会経済的な問題もある。特に地球レベルの貧富の格差は，地球環境へ与える影響も大きい。現代世代の「世代内公正」も含め取り組む必要がある。このような考え方は，1987年「環境と開発に関する世界委員会」の最終報告で，「将来世代のニーズを損なうことなく現代の世代のニーズを満たす」開発が提唱されて以降，「持続可能な開発」概念を示すものとなっている。

ESD に関するこれまでの経緯と位置づけ

1992年「国連環境開発会議」で持続可能な開発における「教育の重要性」が示された。これにより，環境や開発，人権や平和など異なる経緯や目的で行われていた教育活動の連携・融合が進展する。2002年「持続可能な開発に関する世界首脳会議」で「国連・ESD の10年」が提案され，ESD は国連の旗艦プログラムとなりユネスコを中心に活動展開される。2015年「国連持続可能な開発サミット」で持続可能な開発目標（SDGs）が示され，ESD は17の目標の１つに内包された。その後，2019年「持続可能な開発のための教育：SDGs 実現に向けて」が国連で採択され，ESD は SDGs 達成の鍵として，重要性が高まっている。

社会科 ESD 授業の展望

ESD は，包括的・総合的な観点からこれまでの教育のあり方を捉え直し，持続可能な未来社会を築くための価値観や行動，ライフスタイルを子どもに培うことが可能である。文部科学省は，ESD を「持続可能な社会の創り手」を育む教育と捉え，2017年版指導要領の前文や総則に示した。ESD は主体的・対話的で深い学びや社会科の目標との親和性が高い。社会的事象を総合的に捉える初等では ESD の理念や目標を踏まえた授業をしやすい。だが，中等と比べ実践が少ない。今後社会科 ESD 学習の系統的学びを育むカリキュラム開発が期待される。

〈参考文献〉
・五島敦子，関口知子編著『未来をつくる教育 ESD』明石書店，2010
・田中治彦，三宅隆史，湯本浩之編著『SDGs と開発教育』学文社，2016

（新谷和幸）

社会科教育の歴史と政策

81 総合的な学習（探究）の時間

定義

　「総合的な学習の時間（以下，「総合」）」は，変化の激しい社会に対応して，「探究的な見方・考え方を働かせ，横断的・総合的な学習を行うことを通して，よりよく課題を解決し，自己の生き方を考えていくための資質・能力を育成すること」を目標とした領域である。高等学校では「総合的な探究の時間（以下，「総合」）」の名称となる。そして，目標の表記では，「探究的な見方・考え方」が「探究の見方・考え方」となり，また，資質・能力を育成する目的も「自己の在り方生き方を考えながら，よりよく課題を発見し解決していくため」となる。

総合的な学習（探究）の時間の特性

　特性の1つは，「探究的」という点である。「総合」では，探究のプロセスが想定されている。それは，課題の設定→情報の収集→整理・分析→まとめ・表現→新たな課題の設定……のように，継続的で螺旋的に発展していくものである。

　2つは，「横断的・総合的」という点である。「総合」の対象や領域は，特定の教科等に留まらず，横断的・総合的なものが選択される。具体的な探究課題として，国際理解，情報，環境，福祉・健康などの現代的な諸課題に対応する課題，地域や学校の特色に応じた課題，子どもの興味・関心に基づく課題，職業や自己の進路に関する課題などが挙げられる。

総合的な学習（探究）の時間の計画

　「総合」の目標と内容は，学習指導要領で示された目標を踏まえて，各学校において設定される。各学校の裁量が大きいのは，地域，学校，子どもの実態といったそれぞれの文脈に応じて，創意工夫を生かした内容の設定が期待されているためである。そして，内容については，「目標を実現するにふさわしい探究課題」と「探究課題の解決を通して育成を目指す具体的な資質・能力」を設定することで具体化される。

教科との関係

　各教科の知識内容や「見方・考え方」などが「総合」では活かされることもあるが，「総合」の学びが教科に影響を与えるという，逆のベクトルも存在するだろう。例えば，探究することそのものが挙げられる。このように，学校カリキュラムにおいて，「総合」と教科は，互いに影響を与え合う関係として考えられる必要がある。

〈参考文献〉
・田村学編著『平成29年版 新学習指導要領の展開 総合的な学習編』明治図書，2017
・日本教科教育学会編『教科とその本質—各教科は何を目指し，どのように構成するのか—』教育出版，2020

（岡田了祐）

社会科教育の歴史と政策

82 「生活科」

定義

生活科は，1989年の小学校学習指導要領の改訂によって，小学校低学年（第1・2学年）の社会科と理科を廃止して設置された教科である。子どもが身近な環境（ひと・もの・こと）と直接的に関わる中で，よりよい生活を創り出していくための資質・能力を育成することを目的としている。子どもの思いや願いを重視する子ども中心の教科である。

目標と内容

2017年に改訂された学習指導要領では，目標として「具体的な活動や体験を通して，生活に関わる見方・考え方を生かし，自立し生活を豊かにしていくための資質・能力」を育成することをあげている。生活科では「作る，育てる，探す，遊ぶ」といった五感（においや音，手触りなど）を生かした活動を重視する。例えば，町探検や水遊びなどである。その過程で，身近な環境に関心をもち，人々の思いや社会及び自然の現象・事物の背景や意味を学ぶとともに，自分自身の良さや成長に気付いていく。社会科や理科とは教材や活動が類似しているが，教科の目標や原理が異なる。

生活科の教科内容は，①「学校，家庭及び地域の生活に関する内容」②「身近な人々，社会及び自然と関わる活動に関する内容」③「自分自身の生活や成長に関する内容」の3つの階層になっており，9つの内容項目が設定されている。学習計画は，子どもの実態を踏まえて修正をしながら展開する。子どもと一緒に学びをつくるという発想に立つ。

設置の経緯

生活科設置の背景には，①低学年の教科再編成（教科の枠組みを柔軟にした総合学習の導入）をめぐる議論，②低学年社会科・理科が抽象的な学習に陥っていた実態への反省，③遊びを中心にした幼児期の教育と教科学習を中心にした小学校教育の接続の難しさ，④家庭や地域社会，自然環境の変化による子どもの生活経験（原体験）の不足，などがある。生活科は，低学年教育だけの問題ではなく，学校教育や授業のあり方に改革を図るものであったといわれる。

低学年社会科・理科をめぐる議論は1950年代後半には開始されている。また，大正自由教育以来の総合学習・合科学習の実践にも影響を受けている。生活科はこうした蓄積のうえで設置された。

〈参考文献〉
・朝倉淳，永田忠道編著『新しい生活科教育の創造—体験を通した資質・能力の育成—』学術図書出版社，2019
・中野重人『新訂　生活科教育の理論と方法』東洋館出版社，1992
・中野重人『生活科のロマン』東洋館出版社，1996　　　　　　　　　　（渡邉　巧）

社会科教育の歴史と政策

83 「地理的分野」「歴史的分野」「公民的分野」

定義

　「地理的分野」「歴史的分野」「公民的分野」とは，中学校社会科における学習内容の区分のことを指す。2022年現在は，地理的分野と歴史的分野を第1学年から同時並列的に学習し，終了後に第3学年において公民的分野を学習するというπ型が一般的である。また，各分野ともに目標，内容が学習指導要領で示されている。

地理的分野

　1955年の学習指導要領の改訂において内容の系統性が重視されることとなり，「地理的分野」が設けられることとなる。地理的分野の内容構成は，学習指導要領の改訂ごとに変化が認められ，2017年版学習指導要領においては地理的分野の内容構成は次のようになっている。

　　A　世界と日本の地域構成
　　B　世界の様々な地域
　　C　日本の様々な地域

　改訂に関わり，「A　世界と日本の地域構成」が冒頭に加わり，3項目構成となった。このことで世界と日本の地理が個別的に取り扱われるのではなく，一体的に取り扱うようにすることを意図している。

歴史的分野

　地理的分野と同様に，1955年版学習指導要領の改訂によっても設けられた。2017年版学習指導要領においては歴史的分野の内容構成は次のようになっている。

　　A　歴史との対話
　　B　近世までの日本とアジア
　　C　近現代の日本と世界

　改訂においては，歴史について考察する力や説明する力の重視が求められ，「社会的事象の歴史的な見方・考え方」を働かせることが強調されている。

公民的分野

　1955年版学習指導要領においては，「政治・経済・社会的分野」といわれた。その後，公民的分野が設けられることとなる。2017年版学習指導要領においては公民的分野の内容構成は次のようになっている。

　　A　私たちと現代社会
　　B　私たちと経済
　　C　私たちと政治
　　D　私たちと国際社会の諸課題

　改訂においては，現代社会の課題に対して解決を図る学習をより一層展開することが強調されている。

〈参考文献〉
・社会認識教育学会編『改訂新版　中学校社会科教育』学術図書出版社，2000
・社会認識教育学会編『中学校社会科教育』学術図書出版社，2010

（田本正一）

社会科教育の歴史と政策

84 「地理総合」「地理探究」

定義

「地理総合」「地理探究」とは，2018年3月告示の高等学校学習指導要領で告示された地理歴史科における地理系科目である。両科目は2022年度より年次進行により実施されることになる。

標準単位数は「地理総合」が２単位，「地理探究」が３単位であり，「地理総合」は，地理歴史科における必履修科目とされ，約50年ぶりの地理必修化となったことが注目を集めている。

「地理総合」の構成と特色

「地理総合」は以下のような構成となっている。

A 地図や地理情報システムで捉える現代世界

B 国際理解と国際協力

C 持続可能な地域づくりと私たち

「地理総合」は，系統地理や地誌といった従来からある伝統的な内容構成によらず，主題的なアプローチを採っている。その性格は，持続可能な社会づくりを目指し，自然環境と人間の行為との相互関連を対象にして現代社会における地理的な課題を見出し考察していくこと，地球的規模の視点から国際協力のあり方を考究し，生活圏の視点から防災などの地域的諸課題への対応を構想すること，地図や地理情報システム（GIS）を利用することで，日常生活での応用可能な地理的技能に習熟することなどに集約される。

「地理探究」の構成と特色

「地理探究」は以下のような構成となっている。

A 現代世界の系統地理的考察

B 現代世界の地誌的考察

C 現代世界におけるこれからの日本の国土像

「地理探究」は，系統地理と地誌という伝統的なアプローチが主となっているが，最後に地理的な諸課題を探究する活動を通して，将来の国土像のあり方を構想することが特色となっている。

地理的技能の必履修化に係る課題

このたびの改訂に伴い，地図やGISなどの地理的技能に関する項目が「地理総合」に一元化された。地理を学ぶ基礎として地理的技能を重視する所以だが，①教員側の担当能力（すべての教師が地理的技能を適切に教授できるか）や，②標準単位数での履修（地域調査を含めすべてを履修できるか），③学習評価（思考の過程やGISに係る手続き的知識をどう評価するか）などの点で課題がある。

〈参考文献〉

・井田仁康「高等学校『地理』の動向と今後の地理教育の展望」『人文地理』第68巻，第１号，2016

・碓井照子編『「地理総合」ではじまる地理教育』古今書院，2018

（伊藤直之）

社会科教育の歴史と政策

85 「歴史総合」「日本史探究」「世界史探究」

定義

　歴史総合・日本史探究・世界史探究は，2018年版高等学校学習指導要領「地理歴史」の新科目でコンピテンシーを重視。各科目は社会科本来の目標「公民としての資質・能力」の育成を掲げ，目標を具体化した３つの資質・能力は，現代の課題解決に関わる。内容構成では，現代社会とその課題の形成を歴史的に探究する。

各科目の特徴

　歴史総合が必履修となり，日本史探究・世界史探究は，発展的な学習を行う選択科目となった。各科目は社会科の本来的な目標と３つの資質・能力で結びつく。知識・理解は現代的な諸課題の形成に関わる近現代を対象に働き（歴史総合），思考力・判断力・表現力等は歴史に見られる課題解決に関わる。学びにむかう力・人間性等の一つは，社会のために課題を解決する態度である。

　各科目は現代社会の形成を扱い，最後にその課題の形成を歴史的に探究する主題学習を行う。そのために，歴史総合は，現代の課題の形成に関わる近現代の歴史を，近代化，大衆化，グローバル化に着目し，世界と日本を考察する。そして，現代社会に関わる課題の形成を「自由・制限」などの観点から構造的に理解する。学習のレリバンスにも配慮し，課題を形成した歴史と私たちとの関係を強調する。日本史探究は古代から現代への推移を捉える。歴史の解釈・説明・論述という思考力を育成しつつ，主題・問いの設定，仮説の設定とその吟味という歴史学的方法も習得する。こうした思考力や方法を，最後の主題学習で活用する。世界史探究は，相互関係を重視して，現代世界の形成を把握する。大項目「Ｅ　地球世界の課題」の中項目は，問題史的構成とし，最後の主題学習のテーマ設定に活用する。

課題

　１つは，現代社会の課題の来歴の理解に留まること。課題の解決策を実際に判断することまでは求めていない。２つは，歴史総合から探究科目への発展の論理が不明確なこと。例えば，各科目の最後の主題学習は，必要な資質・能力に違いが生じるはずだが，同じ探究構造になっている。３つは，歴史主義の傾向が強まること。例えば，歴史学的な視点・思考を強調する「歴史的な見方・考え方」が学習の起点となり，現代社会とその課題の形成でも歴史学の知見が重視される。

〈参考文献〉

・社会認識教育学会編『中学校社会科教育・高等学校地理歴史科教育』学術図書出版社，2020

・原田智仁編著『平成30年版 学習指導要領改訂のポイント 高等学校 地理歴史・公民』明治図書，2019

（宮本英征）

社会科教育の歴史と政策

86 「公共」「倫理」「政治・経済」

定義

　「公共」「倫理」「政治・経済」とは，高等学校公民科に設置された科目である。

　「公共」は必履修科目，「倫理」「政治・経済」は選択科目，標準単位数は3科目ともに2単位である。また，「公共」と「倫理」「政治・経済」の間には，履修の順序性が明確となっており，「公共」の履修を終えた後で，他2科目は履修される。さらに，「公共」は原則として，入学年次及びその次の年次の2か年のうちに履修させることになっている。

歴史的背景

　高等学校の社会科が廃止され，公民科が新設されたのは1989年告示の学習指導要領においてである。公民科の新設にあたり，社会科の時代に設置されてきた「時事問題」「社会」「政治・経済」「倫理・社会」といった科目構成の見直しが図られ，最終的に「現代社会」「倫理」「政治・経済」の3科目が設置された。このうち，「現代社会」が2018年告示の学習指導要領において廃止され，「公共」が新設されることになった。

公民科の役割

　公民科の目標に関して，その究極的なねらいの箇所は，小・中・高等学校の一貫性の観点から，社会科と公民科でほぼ同じ内容となっている。異なるのは，「現代の諸課題を追究したり」と「現代の諸」が付け加わっている点，「国家及び社会の有意な形成者」と「有意な」が付け加わっている点，「公民としての資質・能力の基礎」の「基礎」が外れて「公民としての資質・能力」となっている点の3つである。

　上記の違いは，公民科の役割を考える上で重要である。考慮すべきは，18歳選挙権と18歳成年の実現によって，自ら考え行動できる市民の育成が，高等学校教育で強く求められていることである。社会の変化の中で，公民科への期待はより大きなものになっている。

課題

　第1に，「公共」と「倫理」「政治・経済」の関係性に関する課題である。「公共」が必履修科目となったことで，両者の関係性の在り方に，これまで以上に配慮することが必要になる。

　第2に，授業改善に関する課題である。公民科で取り扱う教育内容は，量も多く内容も高度になるので，生徒不在で教師主導となるケースが多い。授業改善は，継続的な課題と言えよう。

〈参考文献〉
・日本公民教育学会編『新版テキストブック公民教育』第一学習社，2019
・橋本康弘編著『高校社会「公共」の授業を創る』明治図書，2019

（唐木清志）

社会科教育の歴史と政策

115

87 「特別の教科　道徳」

定義

　「特別の教科　道徳」は，2015年の学校教育法施行規則の改正によって，小学校・中学校に設置された教科である。学校における道徳教育の中心に位置づき，多様な他者と共存し，社会の形成者として生きていくための基盤となる道徳性の育成を目的としている。

目標と内容

　2017年の小学校及び中学校の学習指導要領における「特別の教科　道徳」では，目標及び学習指導の要点として，①「道徳的諸価値について理解する」，②「自己を見つめる」，③「物事を多面的・多角的に考える」，④「自己の生き方についての考えを深める」をあげている。子どもたちが主体的に，現実の社会問題や子どもたちを取り巻く生活問題を「考え，議論する」中で，子ども一人ひとりが道徳的諸価値を理解することを重視している。

　「特別の教科　道徳」の内容は，小学校・中学校ともに4つの項目からなっている。A「主として自分自身に関すること」，B「主として人との関わりに関すること」，C「主として集団や社会との関わりに関すること」，D「主として生命や自然，崇高なものとの関わりに関すること」である。各項目には，道徳的諸価値が設定されている。例えば，小学校のCには「公正，公平，社会正義」「国際理解，国際親善」などがある。道徳的諸価値は各教科等と連携を図るための視点ともなる。

経緯と今後の課題

　戦前の道徳教育は，修身科を中心におこなわれた。修身科は，軍国主義に利用されてきたと判断され，1945年にGHQの指令で授業停止となった。1953年に道徳教育の振興が図られ，社会科を中心に学校教育の全体でおこなうことになった。教育課程に「道徳の時間」（教科外）が特設されたのは1958年である。その後，道徳の教科化は，いじめ問題の深刻化を議論の中心にして，家庭や地域の教育力の低下，情報化社会やグローバル社会の進展といった日本社会の状況を踏まえて，2010年前後から急速に議論が進展した。

　「特別の教科　道徳」には，検定教科書がある。教科書を活用するだけでなく，子どもたちが切実に考え議論することができる教材を開発することも求められる。

〈参考文献〉
・田沼茂紀『道徳科で育む21世紀型道徳力』北樹出版，2016
・柳沼良太『実効性のある道徳教育―日米比較から見えてくるもの―』教育出版，2015

（渡邉　巧）

社会科教育の歴史と政策

88　学力の３要素

定義

　学力の３要素とは，学校教育を通して子どもに育む「知識・技能」「思考力，判断力，表現力等」「主体的に学習に取り組む態度」といった学力の総称である。学力は，学校教育法第30条第２項に規定され，条文を簡略化したものが上記に当たる。元々は小学校教育の学力規定だが中学校，高等学校などにも準用される。つまり学力の３要素は，小学校から大学までを射程とした日本の学校教育で継続的に育むべきものであり，それを見取る評価の観点とも言えよう。他方，2014年高大接続改革会議答申では，多様性・協働性の観点も含めた学力の捉え直しが行われている。また2017年版指導要領では子どもたちに必要な力を整理する上で，資質・能力の３本柱が示された。これらを学力の３要素と捉える場合もある。

学力の３要素が求められる背景

　学力の３要素が求められる背景には，変動が激しく先の読めない社会状況がある。文科省は，子どもたちが未来を切り拓き豊かな人生を送る上で指導要領の理念として「生きる力」を掲げ，それを「確かな学力」「豊かな人間性」「健康・体力」といった知・徳・体をバランスよく育んだ力として規定した。学力の３要素は，この「確かな学力」に該当する。

　他方，これまで教科の学力は，1989年版で新学力観が導入されてから，知識・技能だけでなく学ぶ意欲や能力の育成も重視され，教科ごとの系統性を踏まえて学力や評価の観点が設定されてきた。

　PISAショック以降は，国際的な観点から学力の見直しが図られ，教科の枠に止まらない汎用的な学力育成が求められた。2017年版では「生きる力」の理念実現の方途として，子どもに育む資質・能力を学力の３要素に対応させ，各教科で育む学力や評価の観点が統一された。

社会科との関連における今後の課題

　資質・能力ベースの学力観への転換によって，各教科の学力，評価の観点が統一される中，改めて教科として社会科を学ぶ意義が求められている。社会科の学びや特性をどう捉えどう生かしながら学力の３要素を育むか，社会科での学びの本質や社会的な見方・考え方を踏まえ検討していくことが必要となろう。さらに，社会科でこそ育むべき知識や概念の精選，社会科だからこそ有効に育められる資質や能力を見出すことも重要となろう。

〈参考文献〉

・石井英真『今求められる学力と学びとは―コンピテンシー・ベースのカリキュラムの光と影―』日本標準，2015
・国立教育政策研究所『資質・能力［理論編］』東洋館出版社，2016

（新谷和幸）

89 「主体的・対話的で深い学び」

定義

　2017・2018年の学習指導要領の改訂で示された授業改善の視点。各教科等の見方・考え方を働かせながら，問題解決的な学習の充実を図ること。中央教育審議会答申（2016年12月）では，学ぶことに興味や関心を持ち，自己のキャリア形成の方向性と関連付けながら，見通しを持って粘り強く取り組み，自己の学習活動を振り返って次につなげる「主体的な学び」，子供同士の協働，教職員や地域の人との対話，先哲の考え方を手掛かりに考えること等を通じ，自己の考えを広げ深める「対話的な学び」，習得・活用・探究という学びの過程の中で，各教科等の特質に応じた「見方・考え方」を働かせながら，知識を相互に関連付けてより深く理解したり，情報を精査して考えを形成したり，問題を見いだして解決策を考えたり，思いや考えを基に創造したりすることに向かう「深い学び」とされている。

歴史

　2017・2018年の学習指導要領の総則において，主体的・対話的で深い学びの実現に向けた授業改善が示された。その留意点は学習指導要領解説に述べられているが「これまで地道に取り組まれ蓄積されてきた実践を否定し，全く異なる指導方法を導入しなければならないと捉える必要はないこと」や「授業の方法や技術の改善のみを意図するものではなく（後略）」などとあり，これまでの学習指導要領で示されてきた問題解決的な学習の延長線上にあるものと見なすことができる。

　学習指導要領改訂の出発点となる文部科学大臣の諮問（2014年11月）では「主体的・協働的に学ぶ学習（いわゆる「アクティブ・ラーニング」）」と表記されていたことから，当初は「アクティブ・ラーニング」に多くの注目が集まった。しかしその後の答申にもあるように，深まりのない表面的な活動に陥ってしまうことへの懸念から「深い学び」とその鍵となる各教科等の見方・考え方が強調されていることに留意したい。

課題

　「深い学び」は概念的な知識を学ぶことにとどまらない。認知主義から構成主義への学習観の転換や児童生徒のコミュニケーションやつながりの変化もふまえ授業改善を議論していく必要がある。

〈参考文献〉
・奈須正裕『資質・能力と学びのメカニズム』東洋館出版社，2017
・石井英真「『主体的・対話的で深い学び』を深く読み解く」田中耕治編集代表『評価と授業をつなぐ手法と実践』ぎょうせい，2020

（田口紘子）

社会科教育の歴史と政策

90 「考察」「構想」「説明」「議論」

定義

　2017・2018年版学習指導要領，社会系教科の「目標」に見られる表記。「内容」でも見られる。目標の３つの柱の１つ「思考力，判断力，表現力等」に関わるねらいにある。校種や教科で表現は異なり，「目標」に４つの表記がそのまま全てあるのは高等学校地理歴史科のみで，次の通りである。「地理や歴史に関わる事象の意味や意義，特色や相互の関連を，概念などを活用して多面的・多角的に考察したり，社会に見られる課題の解決に向けて構想したりする力や，考察，構想したことを効果的に説明したり，それらを基に議論したりする力を養う。」

指導要領の「目標」での表現の違い

　校種による違いは，例えば判断力に関して，小・中学校は「構想」でなく「選択・判断」としている。ただし，中学校は「内容」では「…考察，構想し」と示す。表現力に関して，小学校は「説明」や「議論」でなく「表現」としている。ただし，指導要領解説で表現力とは「説明する力」や「議論する力」としている。

指導要領の「内容」での記述

　「思考力，判断力，表現力等」に関わる事項では，小学校は全て「…考え，表現すること」，中・高等学校は多くが「…考察し，表現すること」としている。「…考察，構想し，表現すること」など，積極的に構想まで求めているのは，中学校社会科では，いわゆる地理学習，歴史学習，経済学習，政治学習，国際関係の学習のそれぞれ最後と社会科全体の最後のみである。高等学校社会系の科目は，「公共」や「政治・経済」では積極的に求めるが，他は各科目の最後や終盤の項目のみである。ただし，構想については分野や科目などの最後に行うだけでなく，多くの単元で行うべきだろう。

社会系教科での「考察」と「構想」

　「考察」は，事象の「意味や意義」や「相互の関連」などの考察である。前者は，事象間の関連の考察もしつつ，具体・部分と抽象・全体との往還の考察が中心で，意味等を捉える。後者は，概念などを活用した往還の考察もしつつ，因果的関連，動機付け関連，機能的関連など関連の考察が中心で，因果等を捉える。

　「構想」は，課題に対し自分はどう捉えるのか，関わるのか，働きかけるのか問い，考察でわかった知識（「理解」）を活用し働かせて，意見や考えをまとめる。

〈参考文献〉
・『社会科教育』編集部編『平成29年版学習指導要領改訂のポイント　小学校・中学校　社会』明治図書，2017
・原田智仁編著『平成30年版　学習指導要領改訂のポイント　高等学校　地理歴史・公民』明治図書，2019

（土肥大次郎）

社会科教育の歴史と政策

91 認知的スキル／社会情動的スキル

定義

　2015年のOECD教育研究革新センターの教育と社会進歩プロジェクト報告書で，スキルを認知的スキル・社会情動的スキルと整理して以降，とりわけ社会情動的スキルに対する関心が高まっている。この報告書では，認知的スキルは学力テストや成績で測定可能なものを含み，知識，思考，経験を獲得する心的能力，獲得した知識をもとに解釈し，考え，外挿する能力とされる。社会情動的スキルは，(a)一貫した思考，感情，行動のパターンに発現し，(b)フォーマルまたはインフォーマルな学習体験によって発達させることができ，(c)個人の一生を通じて社会経済的成果に重要な影響を与えるような個人の能力とされる。

歴史的背景

　教育学では，1950年代以降開発されたブルーム・タキソノミーが教育目標を認知領域，情意領域，精神運動領域に分類し，1980年代にH.ガードナーが多重知能理論において言語や論理，身体・運動感覚，対人・内省といった認知と非認知からなる8つの多層的な知能領域を提起する等，従来から能力は認知・非認知の両領域で捉えられてきた。1970年代に経済学者のS.ボウルズとH.ギンタスが社会的不平等の是正のために，教育において態度や行動様式といった非認知的スキルが果たす役割を強調した。とりわけ，

社会的成功における就学前教育での非認知的スキル育成の重要性がJ.ヘックマンによって指摘されて以降，非認知的スキルが脚光を浴びることとなる。そして，OECDの報告書で9カ国の縦断的な分析から，認知的スキルと非認知的スキルが社会的成功に影響を及ぼすことが具体的に証明され，認知的スキルと社会情動的スキルを相互作用的に発達させることの重要性が実証されたのである。

社会科における両スキルの育成

　社会科で育成を図る認知的・非認知的スキルは，社会系教科全体に及ぶスキル，各科目や分野固有のスキルという2つの視点から考慮される。コンピテンシー・ベースのカリキュラムへの転換を図る現状では，各科目や分野で育成するスキルとその到達度を明確にする必要があるため，各科目・分野固有のスキルの確定が不可欠である。その上で，社会科という教科共通のスキルを育成する方策を講じなくてならないという課題に取り組むことが求められている。

〈参考文献〉
・経済協力開発機構編著／無藤隆，秋田喜代美監訳『社会情動的スキル―学びに向かう力―』明石書店，2018
・松下佳代編著『〈新しい能力〉は教育を変えるか』ミネルヴァ書房，2010

（宇都宮明子）

社会科教育の目標とカリキュラム

92 ブルーム・タキソノミー

定義

　ブルーム・タキソノミーとは,1950年前後の米国において,ブルーム(B.S.Bloom)らが開発した教育目標を体系的に分類・構造化し叙述するための教育目標分類体系のことを指す。

　ブルームらは,教育目標を認知的領域(cognitive domain),情意的領域(affective domain),精神運動的領域(psychomotor domain)に整理し,各領域をさらにいくつかのカテゴリーに分け,段階的に高度化する認知の枠組みとして示した。

　例えば,認知領域は,知識→理解→応用→分析→総合→評価というかたちで高度化していくと考えられており,精神的操作が徐々に複雑化していくように示された。情意的領域は,受容→反応→価値づけ→組織化→個性化のカテゴリーがあり,価値態度が内化するように示されている。精神運動的領域については未完であり具体化はされていない。

　ブルームらのタキソノミーの枠組みと一人ひとりの学びを照らし合わせることにより,「理解できた」「応用できるようになった」など,どの段階まで知的能力が達成されたかが評価できるようになるとされている。それぞれの領域が階層として配列されることで,最終的な目標に到達する順序が分かるようになっている。

意義と課題

　目標分析により目標構造を明確化することは,社会科授業を設計する際に最も重要な作業であり,ブルームらの研究はその先駆をなすものである。授業者が理想として掲げる社会科教育はどのようなものか,実際の授業においてその理想の何が実現され,何が実現されなかったのか。両者の間に横たわる乖離を発見するためには目標を分類し明確に叙述するための枠組みが必要であり,ブルーム・タキソノミーは社会科授業の目標構造を考察する上で示唆に富むものである。

　一方で,タキソノミーはあくまでも理論的枠組みであり,そのまま全てを社会科学習に援用できるとは限らない。授業者がもつ社会科授業観や育成を目指す人物像をどのように考えるのか。これらを踏まえて応用する必要がある。また学年や単元によって重点の置かれる目標は異なる。時には独自の教育目標を付け加えることも検討する必要がある。

〈参考文献〉
・ブルーム他／梶田叡一他訳『教育評価法ハンドブック』第一法規,1973
・古川治『ブルームと梶田理論に学ぶ』ミネルヴァ書房,2017
・石井英真『現代アメリカにおける学力形成論の展開〔再増補版〕』東信堂,2020

（藤本将人）

社会科教育の目標とカリキュラム

121

93 コンピテンシー

定義

「コンピテンシー」は多義的な概念である。この概念の内包を最大に拡張すれば「国際的に共通する現代人の主要な能力」となり、最小に限定すれば「社会で高い業績を上げている人間が保持している能力」と定義される。どの定義においても共通項は、人々が持つ知識、スキル、態度を含む、領域を超えて機能する汎用性の高い資質・能力を意味している。

コンピテンシー育成の目的

コンピテンシーをベースとした教育が世界中で重視されるようになった背景には地球規模での社会の変化がある。

グローバル化した社会では、環境や経済、国際関係など様々な分野において、複雑かつ大規模な問題が生じる。あらゆる地域に住むすべての人がこれらの問題に大きな影響を受けながら生きていかざるを得ないが、解決に至る一律の正解がないものがほとんどである。

一方で、インターネットをはじめとする情報化の進展は、人々を既存の知識や情報にアクセスしやすくしただけでなく、様々な言語や文化、価値観を持つ他者と交流する機会を増やすことになった。

グローバル化による問題の生起と情報化による解決手段の出現は、これまでに無かった新しい知識や価値を生み出すことを人々に求めるようになった。山積する課題に納得できる答えを出し、健やかな未来を創ることができるかどうか。世界的にコンピテンシーをベースとした教育が模索され始めた背景には、このような社会の動向がある。

コンピテンシー概念のルーツ

松下らは、1980年代以降各国で教育目標に掲げられるようになったコンピテンシーを含む能力に関する諸概念を＜新しい能力＞と表現し、その全てのルーツに心理学者のデイビッド・マクレランド（McCelland,D.）をすえる。マクレランドによって「職務コンピテンシー評価法（Job Competency Assessment methodology）が開発され、スペンサー夫妻（Spencer,L.M & Spencer,S.M）によりその特徴がさらに体系的かつ具体的に論じられるに至る。スペンサー夫妻はコンピテンシーを「ある職務または状況において、規準にてらして効果的あるいは卓越した業績（performance）を生みだす原因となっている個人の基底的特徴」とし、汎用性を内包するような定義を採用した。汎用性は、この後、各国で採用されたコンピテンシーの基底をなしている。

〈参考文献〉
・松下佳代編著『＜新しい能力＞は教育を変えるか』ミネルヴァ書房、2010

（藤本将人）

社会科教育の目標とカリキュラム

94 履修主義・修得主義

定義

　何をもって当該の教育課程を履修したと判断するかということに関して異なる2つの考え方のこと。履修主義は，所定の教育課程を一定年限の間履修したという事実をもって履修したとみなす考え方であり，修得主義は，教育の目標に照らして一定の成績を修めたことをもって履修したとみなす考え方のこと。

近年の動向

　現在我が国においては，義務教育の範囲を年齢で定めているとともに，学習指導要領によって，授業時数や授業内容を学年ごとに定めているため，少なくとも義務教育段階においては履修主義をとっているといえる。しかし，国際的な動向や履修主義への批判から修得主義への移行が模索されつつある。

履修主義に対する批判

　代表的なものとして，カリキュラムの画一性や硬直性というものが挙げられる。しかしながら，履修主義は単に一定年限の間履修することによって履修したとみなすだけであるから，本来同じ内容を同じペースで学ぶことを求めているわけではない。学習指導要領が最低基準に過ぎずカリキュラム・マネジメントを推奨している以上，教育目標を共通化したうえで，教育内容や方法を個別化・個性化することによって，画一性・硬直性の克服は不可能ではないと考えられる。例えば

大阪教育大学附属平野小学校では「未来そうぞう科」として，異学年交流をも含みこんだ取り組みもなされている。

修得主義への懸念

　他方修得主義は，飛び級や留年制度，習熟度別指導などと関連付けて導入が推奨されていることから，能力に応じた教育内容や学習進度・進級水準の多様化のと関連している。しかし，この場合，上記「未来そうぞう科」とは異なり，異なる能力や水準の学習者による協働的な学びの効果というものが想定されていないことに留意することが必要であろう。また，一定の成績をもってという修得主義の特性上，成績として成果を測定しにくい学力は，そもそもの目標から欠落しかねない，ということにも留意する必要がある。

　社会科としていかなる目標の実現が必要か，そのためにいかなるカリキュラムを構想すべきか，履修主義にせよ修得主義にせよ，こうした教育としての本質の在り方に関する考察を抜きに考えることは意味をなさない。

〈参考文献〉
・E. アロンソン『ジグソー法ってなに？』丸善プラネット，2016
・P. タフ『私たちは子どもに何ができるのか』英治出版，2017

（竹中伸夫）

社会科教育の目標とカリキュラム

95 カリキュラム・マネジメント

定義

　カリキュラム・マネジメントは，目標を核としながら，それに応じた内容・方法を選択することで，「何ができるようになるか」を明確にしていく考え方。これは，社会諸科学の知識，学校組織，学校や子どもが属している文化的状況，子どもの価値観や思考過程，学校設備や予算，当該の授業に当てることが可能な時間の6つの要素を検討し，中長期的なカリキュラムをデザインするものである。

教師による自律的な授業デザイン

　以下は上記を構造化した図である。カリキュラムは，左側に示した目標をエンジンとし，上記の6点を踏まえた上で，構想・デザインする。これは，「学び続ける主権者」の育成を目指し，カリキュラム上で子どもの社会的関心（興味関心）が継続する仕掛けを保障する考え方である。故に，1コマ，1単元ではなく，中長期的な視点で，目標に基づく内容・

方法の選択を行い，「カリキュラムの計画・実施・評価」という3段階で学習を構想する。但し，これは学校組織を基盤とした学校システムが影響し，実施と評価に関しては同僚性の調和と関係が影響を与える。故に，学校全体で大きな目標を設定・共有し，そのためのカリキュラムを組織文化の中で見出し，計画・実施・検証してゆくことが求められる。

　教師は目前の子どもに応じて学びをオーダーメイドでデザインする。カリキュラム・マネジメントは，教師の自由な教材研究を保障し，様々な授業を実践可能とする大きな可能性を秘めた思想である。

〈参考文献〉
・須本良夫，田中伸編著『社会科教育におけるカリキュラム・マネジメント』梓出版社，2017
・田村知子『実践・カリキュラムマネジメント』ぎょうせい，2011　　（田中　伸）

目標に基づくカリキュラムの連続性
→目標（市民性育成）を基盤として，中長期，短期の順番でカリキュラムを設計する

授業を構成する6要素
→6要素の複合物として学校・学級固有の授業（目標・内容・方法・評価を体系化した学習）を設計する

短期カリキュラム【中長期カリキュラムに基づく授業・単元計画】

中長期カリキュラム【市民性育成を目指した中長期スパンのカリキュラム】

社会科教育の目標【市民性育成】

カリキュラム論から授業を設計する

組織　文化　子ども　施設・設備・予算　時間　社会諸科学

社会科授業

社会科教育の目標とカリキュラム

96 カリキュラム・ゲートキーピング

定義

　カリキュラム・ゲートキーピングは，アメリカの社会科教育研究者であるスティーブン・J・ソーントンが提唱した概念であり，公的カリキュラムに対して各教師が行う「調節」を意味する。

求められるゲートキーピングの質の向上

　ソーントンの主張は，概ね次の4点にまとめられるとされる。

　①社会科の教育改革は，常に公的カリキュラム（学習指導要領のようなもの）の変革によって行われると考えられてきたが，人々が考えているほどには，公的カリキュラムは学校現場の変革を引き起き起こしてこなかった。

　②なぜならカリキュラムを実行する教師が，意図的にせよ無意識にせよ，自らの問題関心や教育観，価値観などから公的なカリキュラムに対して独自の調節を行うからである。こうした教師の行為を「ゲートキーピング」と言う。ゲートキーピングの質が社会科授業の良し悪しに影響する。教師は質の悪いカリキュラムの改善者になることもあれば，質の良いカリキュラムの妨害者になることもある。

　③社会科教育の改革は，一人ひとりの教師によって「実際に行われているカリキュラム」を改善していくしかない。そのためには，社会科教師個々のゲートキーピング能力を改善していく他にない。それに当たって，公的カリキュラムを無批判にただ実行していく「下請けとしての教師」ではなく，教師自らが，社会科のねらいを考え，それを意識して，目標・教科内容・教育方法を連続的に考察・判断していける「主体的なカリキュラムと授業の調節者としての教師」を育てていく必要がある。

　④教員養成においても，教師を公的カリキュラムを忠実に「伝達する」存在でも，また，社会諸科学の最新の学問的成果を子どもに噛み砕いて解説する存在でもなく，カリキュラムを「デザインする」存在に育てていく必要がある。

カリキュラム・メーカーとしての教師

　こうした主張は，「カリキュラム・ユーザーとしての教師」から「カリキュラム・メーカーとしての教師」への転換を求めたものであるとされる。それは，社会科のねらいを達成するために，大まかに中長期間のカリキュラムを意識しながら，単元・授業を連続的にデザイン・実行できる教師を意味している。

〈参考文献〉
・スティーブン・J・ソーントン／渡部竜也他訳『教師のゲートキーピング　主体的な学習者を生む社会科カリキュラムに向けて』春風社，2012
・渡部竜也『主権者教育論　学校カリキュラム・学力・教師』春風社，2019

　　　　　　　　　　　　　（角田将士）

社会科教育の目標とカリキュラム

97 レリバンス

定義

　アルフレッド・シュッツが現象学的社会学で使用した概念。多義的な概念ではあるが，一般的には有意性や関連性と訳され，物事を選択する際に「意味あるもの」とする基準を指す。

　教育の文脈では，米国においてデューイやブルーナーによる解釈や，それらを学習論へ転換する議論がある。日本では教育と社会のつながり（学校での学びが社会との関係の中でどのような意味を，どのように生み出すか）を検討する文脈でそれを社会学的に分析するものや，教科論へ応用する議論が見られる。

理論と教育学領域における展開

　シュッツは，生活世界における経験の主観性を分析する中で，知識が時間的・空間的・社会的に基礎づけられていることを示した。その上で，知識習得はレリバンスにより条件づけられていることから，これを主観的レリバンス，同期的レリバンス，解釈的レリバンスの3つに分類し，知識がいかに生成され，それを経験と重ねる中で集積されるかを示した。

　シュッツの理論は，1960年代以降，デューイやブルーナーによって教育へ転嫁された。これは，米国において学校教育で学ぶ教育内容の社会的意味と意義に対する問い直しがなされたことを契機とする。特に，ブルーナーは『The Relevane of Education』において先の点を議論する中で，レリバンスを社会的と個人的に分類した。その後米国ではレリバンスに関する議論は沈静化するが，90年代以降は教科論や学習論の文脈で議論が展開され，教科や視点を学ぶ動機や意味づけに関する研究が展開されている。

　日本では主に90年代以降レリバンスが議論されてきた。例えば，刈谷剛彦や本田由紀は教育社会学の領域から教育と社会のつながりを議論する。本田はレリバンスをブルーナーが分けた個人・社会の枠組みをもとに，さらに即時的・市民的・職業的レリバンスに分類する。

　教科や学習の目標・内容・方法は国家・社会，教育，子ども，様々な文脈の関係の意義と意味に規定されている。それらの自明性を疑い，学びをレリバンスとの関係から問い直すことが求められている。

〈参考文献〉
・A. シュッツ／那須寿他訳『生活世界の構成』マルジュ社，1996
・J.S. ブルーナー／平光昭久訳『教育の適切性』明治図書，1972
・田中伸「社会的レリバンスの構築を目指した授業研究の方略—米国社会科教育は子どもの学びへの動機をどのように扱ってきたか」『社会科教育論叢』全国社会科教育学会，2017

（田中　伸）

社会科教育の目標とカリキュラム

98 ストランド

定義

　ストランドとは，主に諸外国のカリキュラムで見られ，カリキュラム編成の軸や視点として機能する概念である。「社会的道徳的責任」「政治的リテラシー」のように目標や実践を表す場合もあれば，「文化」「時間・連続性・変化」のようなテーマ型で提示される場合もある。原語のStrandは，通常「より糸」や「要素」と訳される。「より糸」の名の通り，独立した要素として個々にみることも，複数の要素の組み合わせて，内容や方法を選び，カリキュラムが編成されることもある。

カリキュラム設計における意義

　ストランド概念は社会科固有のものでなく，国語科や芸術教科のカリキュラムでも見られる。一連の教科の共通点として，数学などとは異なり，学問の系統性のみを参照してカリキュラム編成をしにくい点がある。多学問領域を横断する教科の場合は，なぜその内容や方法かというカリキュラムの正統化が困難になる。

　この課題に対して，伝統的には，人文社会諸科学の論理を重視した系統主義，子どもの論理を重視した経験主義を用いることで対応しようとした。しかし，前者は学問自体の習得が目的化してしまいがちなこと，子ども中心主義の場合は，市民性教育として重要な共通基盤の獲得が難しくなる点が課題とされた。

　この課題に対して，目標の論理，即ち，ねらいの議論（aim-talk）を充実させることの重要性も指摘される。だが，目標の論理をどのように内容や方法に転用すればよいか。とりわけ，知識だけではなく，スキルや態度といった総合的な市民性育成を志向する場合はより複雑化する。

　市民性教育として一定の共通性を保持しながらも，柔軟に適用するためにどうすればいいか。「社会科とはどのような教科か」という問いに答える抽象的な目標と具体的な実践を繋ぐ結束点として，ストランドの意義がある。

日本への示唆

　ストランドは設計のみならず，それを巡った熟議を展開することで，より良くビジョンを共有し，カリキュラム改善にも繋がる可能性も指摘されている。2017／18年版の改訂以降，コンピテンシーベースでの改訂が行われた結果，学習指導要領の複雑化し，教科のビジョンが見えにくくなっている。ストランドはこの課題解決の一助となるのではないか。

〈参考文献〉
・川口広美『イギリス中等学校のシティズンシップ教育』風間書房，2017
・堀田諭「教師の熟議を通した教科カリキュラム改善の方法」『東京成徳大学研究紀要』第24号，2017

（川口広美）

社会科教育の目標とカリキュラム

99 分化と統合

定義

社会科のカリキュラム構成原理としての分化とは，地理・歴史・公民の科目，分野それぞれの学問の体系に基づいて，相互に独立する形で組織することをいう。

統合とは，地理・歴史・公民の全体，または部分を（例えば地歴を），ある視点やトピック，資質・能力等を拠り所にして１つにまとめ，そのまとまりを統一的に組織することをいう。

分化・統合カリキュラムの特質

分化カリキュラムは，学問の体系を基盤に構成されるため，系統的な学習を計画しやすい。また，予め定められた内容の学習となるので，学習の目標の把握と結果の評価が容易である。一方で，学習者の置かれている市民生活上の文脈からしばしば乖離し，彼らの経験や興味・関心や主体性を伴う学習にはなりにくいとされる。

統合カリキュラムには，より市民性教育や社会的要請を重視するものと，学習者中心，あるいは地域社会における「経験」を重視するものが見られる。前者としては，20世紀初頭のアメリカにおいて成立した社会科が挙げられる。工業化，都市化，参政権の拡大……といった急激な社会変動の中，民主主義社会を担う市民の育成を目標に，社会問題を大きく扱い，その考察のために学問の知識体系を役立てる学習が構想された。後者は，日本の戦後間もなくの「初期社会科」と呼ばれる実践に見ることができる。それらは，人間と環境との相互関係の中で生じる課題を追求したり，地域社会において自身の生活を深化させていく過程として組織されたり，ユニークな構成となっていた。両者とも，学習者と地域社会の文脈を踏まえなければならず，教師の力量に左右されやすい。

以上の分化・統合カリキュラムを両極のモデルとして，実際には中間的な特質を持った様々な課程が存在する。

今後の展開

昨今，学問研究の領域横断化が進み，学問体系に基づくことが分化になるとは限らない状況がある。また，内容ベースから資質・能力ベースへのカリキュラム構成の転換によって，統合の在り方はどう変わるのか。そして，教師の実際の指導や学習者の達成とも絡めて，分化と統合について考える必要があるだろう。

〈参考文献〉
・安彦忠彦『改訂版　教育課程編成論　学校は何を学ぶところか』放送大学教育振興会，2006
・渡部竜也編訳『世界初　市民性教育の国家規模カリキュラム—20世紀初期アメリカ NEA 社会科委員会報告書の事例から—』春風社，2016

（後藤賢次郎）

社会科教育の目標とカリキュラム

100 コア・カリキュラム

定義

　コア・カリキュラムとは，カリキュラムのコア（核）を配置することである。そのため，コア・カリキュラムを取巻く部分として，さらに周辺カリキュラムが配置されることとなる。そのことは，学習者に習得せるべき教育内容を論理的順序性に従って編成する伝統的なカリキュラムとは大きく異なる。

コア・カリキュラムの3つの形態

　コア・カリキュラムには3つの形態がある。第1は，「特定の学科」をコアとして，その他の学科を周辺に配置する形態である。第2は，「融合された広域内容」をコアとして，それぞれの教科をその周辺に配置する形態である。第3は，「生活の問題」をコアとして，生活の問題を解決するために必要な知識や技能を周辺に配置する形態である。

　第3のコア・カリキュラムの事例として1934年に作成されたヴァージニア・プランがある。ヴァージニア・プランの特徴としては，1つ目に「民主主義社会の存続と発展に貢献しうる青少年の育成」を上位目標として，態度，理解目標等が体系化されている。2つ目に「社会生活の主要機能」によるスコープ（scope）と，「興味の中心」によるシークエンス(sequence)によってカリキュラムが構成されていることである。3つ目に社会生活の諸問題を解決する過程として単元が構成されていることである。

歴史的背景

　わが国の社会科は，ヴァージニア・プランを基として成立したことを受けて，1948年にコア・カリキュラム連盟が結成された。この代表であった梅根悟は，「三層四領域論」を唱えた。その枠組みは，三層を「生活実践課程」，「生活拡充（問題解決）課程」，「基礎課程」としている。一方，四領域は「表現」，「社会」，「経済（自然）」，「健康」としている。「基礎課程」においては教科学習がなされ，「生活実践課程」においては教科外の生活の実践活動が主となり，両者を「生活拡充（問題解決）課程」によって統合することが目指されている。

　この枠組みにおいて特徴的なことは，学習者が現実の社会において生じる様々な問題に対して主体的に解決を目指す問題解決学習を社会科の中核として位置づけていることである。しかしながら，コア・カリキュラムは系統主義教育論による批判，あるいは学習指導要領による系統主義の強化によって次第に衰退した。

〈参考文献〉
・倉沢剛『近代カリキュラム』誠文堂新光社，1949
・梅根悟『梅根悟著作選集6　コア・カリキュラム』明治図書，1977

（田本正一）

社会科教育の目標とカリキュラム

101 社会機能法

定義

　カリキュラムの学習領域を社会生活の主要な機能に従って構成しようとする考え方。社会で生きる個人や集団の種々の活動は，社会システムの側から見ると，それを成り立たせようとする作用としての意味が見出される。これが社会生活の機能であり，この機能の在り方は，それぞれの社会によって全くバラバラというわけではなく，一定の共通した枠組が発見される。こう考えると，社会生活の主要な機能に従って学習領域を構成することによって，システムを成立させる肝要な活動に関わる子どもたちの経験を中心に学習を進めることができる。このような考え方が社会機能法である。

導入と批判

　社会機能法は，日本における社会科発足当時，そのカリキュラム構成における鍵概念の一つであった。1947年版学習指導要領では，生命・財産・資源の保護保全，生産・分配・消費，運輸・通信・交通・交際，美的・宗教的欲求の実現，教育，厚生慰安，政治という七つの社会生活の機能が学習領域として選択された。しかし，その後それほど時を待たず，社会機能法は批判の対象となり，その影響は後退していく。批判の一つは，適応主義に陥る危険性へのものであった。機能は基本的にシステムの維持・存続のために働くことによってその意味を見出され

るため，機能の強調は学習を既存の社会への適応に終始させる危険性がある。また，どのような社会にも共通した枠組からカリキュラムを構成したのでは，日本社会の具体的な問題把握や問題解決と距離のある学習が多くなる，という無国籍性への批判もあった。

　理念はともかく，導入された社会機能法には学習における子どもたちの経験の重なり合いと持続的に変化し続ける社会の関連づけに大きな課題があったと言える。

現状

　現在の学習指導要領では，初等段階において社会生活の機能として重要なものを優先して「内容」に選択する考えはある程度温存されているが，社会機能法という考え方まで遡って意識されることは少ない。一方で，社会機能法を重要な概念と位置づけようとする論も存在する。社会生活の主要な機能が「観点」であることに注意を払うことで，教師・子ども双方の多角的思考（他にどのような観点が使えるだろうか，と考える思考）を助け，カリキュラムを柔軟に構成していく手段として活用できるという考えである。

〈参考文献〉
・山根栄次「社会機能法の現在的意義」『社会科教育研究』Vol.46, 1981

（福井　駿）

社会科教育の目標とカリキュラム

102　三層四領域論

定義

　三層四領域論は，1951年にコア・カリキュラム連盟（1948年設立，1953年日本生活教育連盟に改称）が，代表者の梅根悟を中心に提起したカリキュラム構造論である。そこでは下図のようなカリキュラムの全体構造が示された。

層＼領域	表現	社会	経済（自然）	健康
基礎	技能 基本的知識	基礎（科学と技術の基本）		
経験	生活の拡充 生活実践	生活拡充（研究・問題解決） 生活実践（実践）		

「三層」・「四領域」と社会科

　「三層」は教育活動の機能的差異によって区分された課程である。「生活実践」においては，子どもたちの経験を広げ，日常生活で直面する課題を解決していくことが軸となる（＝教科外活動）。「基礎」においては，問題解決に必要となる基礎的な知識や技能の確実な習得が軸となる（＝教科）。「生活拡充」においては，経験と基礎とを統一して，問題の範囲を限定して，その解決的な活動を行うことが軸となる（＝問題解決活動）。

　スコープとしての「四領域」は，経験の領域であり，目標を示す領域でもあるとされていた。「健康」は国民健康の向上を示し，「表現」は新しい民族文化の創造を意味し，「社会」は新しい民主主義社会の建設を指向し，「経済」は日本経済の自立をめざすものである。

　この構想では，現実社会の矛盾や問題を対象とする問題解決学習を中核にした総合的な一般社会科は，縦領域の社会，経済と横の第二層の生活拡充との交差点に，地理や歴史を系統的に学ぶ分化的な社会科は，基礎課程に位置づけられる。

コア・カリから教科カリキュラムへ

　設立当初のコア連は，「中心課程（中核課程）」と「周辺課程（基礎課程）」の同心円的な構成による二課程のカリキュラム構造を志向していた。子どもたちの日常的な生活そのものをコアとする主張に対しては，教科尊重の立場から「基礎学力低下」「はいまわる経験主義」といった厳しい批判が提起されることとなった。そうした中で，基礎課程と生活実践課程とを，生活拡充課程において媒介・統一することを構想したことで，コア連は「教科としての社会科」を意識し，やがて「日本社会の基本問題」を基盤とした教科カリキュラムを提起していった。

〈参考文献〉
・上田薫編集代表『社会科教育史資料4』東京法令出版，1977
・コア・カリキュラム連盟編『カリキュラム〔復刻版〕』日本図書センター，1981-1982

（角田将士）

社会科教育の目標とカリキュラム

103　パイ型カリキュラム

定義

　パイ型カリキュラムとは，中学校社会科において地理的分野，歴史的分野を並行して学んだあと，公民的分野を学習するというカリキュラムのことである。社会科成立以降，公民的分野に相当する学習では「政治・経済・社会」に関する内容が中心となっており，「政治・経済・社会」という内容そのものの名称からなる分野で構成していた時期には，地理的分野，歴史的分野，公民的分野の順に学習するという「ザブトン型カリキュラム」が主流となっていた。これに対して，パイ型カリキュラムでは，公民的分野の学習について，地理的分野・歴史的分野の成果を活かして実施されるものであり，義務教育段階の最後の社会科の学習として位置づけている。

歴史

　パイ型カリキュラムは，1969年改訂版学習指導要領の中学校社会科における政治・経済・社会的分野の公民的分野への名称変更以降，主流となっていった。この名称変更の背景には，従来までの政治・経済・社会的分野の基本的ねらい等が明確ではなかったことが関係している。つまり，政治・経済・社会的分野の学習内容は，公民の基礎的教養として捉えられ，公民育成という社会科の目標に直結する分野であることを強調するために名称変更がなされたのである。

推進のための条件

　今日の中学校現場では，パイ型カリキュラムが主流となっている。パイ型カリキュラムを推進するためには，社会科教師が地理，歴史，公民の三分野の特性を理解し，それぞれの関連性をふまえて授業デザインを行うことが必要である。

課題

　全国各地で，社会科授業研究が熱心に取り組まれている。しかしながら，授業実践後に実施されるリフレクションや協議は，特定の分野内での意見交換にとどまる傾向にある。社会科の学びは，地理，歴史，公民という三分野の固有性と関連性をふまえて展開することで充実したものになる。今後は，特定の分野で実施された授業実践について，他分野との関連性という観点からみるとどのような意味があるのか，それらをふまえるとどのような公民が育成されうるのかというパイ型カリキュラムの特性をふまえた教師のリフレクションや協議の推進が求められる。

〈参考文献〉
・朝倉隆太郎「学習指導要領の改訂と現場の実践」『社会科教育研究』第44号，1980
・社会認識教育学会編『中学校社会科教育・高等学校公民科教育』学術図書出版社，2020

　　　　　　　　　　　　　　　（井上昌善）

社会科教育の目標とカリキュラム

104 同心円的拡大法

定義

同心円的拡大法とは，学習者の所在地を中心に，対象とする場所や地域を身近なところから徐々に外方へと拡大させていくカリキュラム編成原理である。米国社会科では expanding horizons と，英国地理教育では，concentric approach と称されることもある。

学習指導要領における同心円的拡大法

日本の学習指導要領に照らせば，小学校の社会科において，同心円拡大法が適用されていることを明瞭に見て取ることができる。2017年3月告示の小学校学習指導要領を例にとると，第3学年では「身近な地域や市区町村」，第4学年では「自分たちの都道府県」を，第5学年では「我が国」を，第6学年では「我が国」と「我が国と関係の深い国」を対象としている。

理解主義社会科との関連

日本の学習指導要領では，初期社会科から同心円的拡大法が用いられているといってよい。しかし，それがより教育原理と密接に結ばれて強固になるのは，1968年版小学校学習指導要領である。その編纂に携わった小林信郎（1969）は，自著において，学習指導要領の社会科が「社会的意味」を追求するために同心円的拡大法を採用していると言明している。

社会的意味の追求を旨とした理解主義の社会科は，同心円的拡大法と結ぶことによって，地域住民・市町村民・都道府県民・国民・世界市民というように，対象地域を拡大させながら，スパイラルに望ましい態度の育成を図ろうとしている。

同心円的拡大法の限界と変質

同心円的拡大法への批判として，必ずしも身近なものがわかりやすいわけではない，低学年の子どもであっても諸外国の家庭生活を認識できる，という見解がある。米国社会科における権威として P. ハンナ (Hanna) を挙げることができる。ハンナのカリキュラム原理は，同心円的拡大法から「環境拡大原理」へと転換したとも評価されている。環境拡大原理では，学校区，市町村，州，国家というように，対象地域を同心円的に拡大させながら，同時に学校区や市町村の比較地域として合衆国の他にメキシコやフランスなどの他国を取り入れている。このように，同心円的拡大法も改善と多様化が見られる。

〈参考文献〉
・安藤輝次『同心円的拡大論の成立と批判的展開』風間書房，1993
・草原和博「地理を基盤とする社会科カリキュラム編成」『カリキュラム研究』第6号，1997
・小林信郎『社会科研究入門』明治図書，1969

（伊藤直之）

社会科教育の目標とカリキュラム

105　内容の構造化

定義
　社会的事象に関する知識は増加する。そのすべてを教えることはできないので，教育内容を系統立てて整理すること，すなわち「内容の構造化」が必要となる。「内容の構造化」は，教育内容を組織する上で欠かせない概念であるが，歴史的に特に大きな議論となったのは1960年代であった。

構造化論
　社会科教育史上の草分け的な提案に，山口康助を中心とする構造化論がある。重視されているのは，内容の構造図を描くことだ。構造図は，中心となる「核」，指導内容の基本的なものとしての「幹」，学習展開上ふれる必要の多い内容としての「枝」，幹や枝の肉づけとして必要な内容や資料としての「葉」で構成される。例えば，第5学年の単元「日本の農業」では，「米作中心」が核とされ，「狭い耕地」「人口問題」「農産物」「これからの農業」が幹とされる。「これからの農業」の下位にある「土地改良」などが枝葉に相当するものとなっている。
　社会科に限定されたものではないが，広岡亮蔵の構造化論も反響を呼んだ。広岡は，「中心観念」と「基本要素」からなる教材の構造化を提唱した。例えば，第5学年の小単元「わが国の工業地帯」では，「加工工業にもとづく臨海工業地域」が中心観念とされている。基本要素は，「良港をのど元とする四大工業地域」「回廊的な海浜工業地域」「内陸に伸びゆく精密工業地域」とされている。
　両者の主張は，学校での日々の実践に寄与するものと評価される一方で，平均的な授業を構成するための手順を示すにとどまっているとの見方もある。ただし，広岡は先のような構造化（現場的発想の構造化）のみならず，教育の現代化を踏まえた学問的発想の構造化も提唱している。社会科での議論が十分に深められたわけではないが，学問を基盤とする構造化の先駆的な試みとみることもできる。

構造化の現代的展開
　1960年代以降も，様々な「構造」「構造化」概念が誕生している。「知識の構造」や「問いの構造」は授業づくりのキーワードとなっている。概念や一般化，ビッグアイデア，永続的理解等の用語を基盤にする構造化の提案も展開されている。構造化は，今後も社会科の実践と研究の重要な主題である。

〈参考文献〉
・山口康助編『社会科指導内容の構造化』新光閣書店，1963
・広岡亮蔵『教育内容の現代化』明治図書，1967
・森分孝治『社会科授業構成の理論と方法』明治図書，1978

（山田秀和）

106　概念的知識

定義

　普遍化，一般化，抽象化して捉えられる知識。概念，法則，理論などから成る。時空間が限定される個別的な事実的知識と対比的に用いられることが多い。

具体例

　例えば，産業集積の科学的な説明には，立地，コスト，生産性といった概念が必要で，これら概念を関連づけ「工業が集中して立地すれば，施設共同利用や技術提携などにより生産コストが削減され，生産性が上がる」という法則・一般化が定式化される。そして，幾つかの法則が関連づけられ体系化されて「集積の経済」についての理論が構成される。

社会科での概念的知識を扱う学習

　概念的知識を扱う学習を次に３つ示す。

　１つ目は，事象を知り，他の事象と結び付けて考察し，概念的知識を導出する学習。例えば，ルール地方や八幡の重工業の発達を知り，盛んな炭鉱業と結び付け工業立地の法則を導出する学習である。

　２つ目は，事象を知り，既知の概念的知識と結びつけて考察する学習。例えば，円高の進行を知り，その原因を既知の法則「貿易黒字が続けば円高になる」と結びつけ説明したり，逆に貿易黒字の継続を知り，その結果を予測したりする学習。また，福岡市や九州の人口や経済，結びつきなどを知り，既知の概念「地方中枢都市」と結びつけ説明する学習である。

　３つ目は，概念的知識を知り，様々な事象と結びつけて考察する学習。例えば，概念「経済活動の自由」の用語や概要を情報として知り，実際の出来事や訴訟に適用させ結びつける学習である。

　概念的知識は社会を考察し分かる際に重要で，また転移しうる知識として，社会について判断・構想する際も重要となる。概念的知識と事実的知識・事象との往還を充実させることで，知識間の矛盾を減らし，より科学的な理論への接近や，事象のより妥当な説明が可能になる。

発展的な理解

　転移を重視すれば，個別理論「古代日本の律令国家は…」は，古代日本でしか使えず概念的知識とは言えない。しかし，転移に拘らなければ，古代日本の諸事象の説明を可能にする概念的知識と言える。

　さらに，中立や客観にも拘らなければ，「大化改新は天皇中心の秩序ある国づくりの契機となった」など意味づけ，特定の見方・考え方も，具体的な諸事象との循環の中で各人が総括・抽象化して得る，各人にとっての概念的知識と言えよう。

〈参考文献〉
・飯田隆他編『歴史／物語の歴史』岩波書店，2009
・森分孝治『社会科授業構成の理論と方法』明治図書，1978　　　（土肥大次郎）

107 見方・考え方

定義

2017年及び2018年告示の学習指導要領によると，見方・考え方とは，課題解決的な学習において，「社会的事象等の意味や意義，特色や相互の関連を考察したり，社会に見られる課題を把握して解決に向けて構想したりする際の視点や方法」である。そのため，教師は，児童生徒が見方・考え方を働かせて課題解決的な学習に取り組むことができる工夫を行うことにより，各校種各学年の目標として設定された資質・能力の育成をめざす必要がある。

歴史

社会科教育の歴史を紐解くと，見方・考え方という概念は大きく３つの使い方がなされてきた（草原，2020）。

第１は，人名や地名など個別的な知識の教授に終始してしまう社会科の問題点を克服する概念として見方・考え方を使用する方法である。例えば，転移可能な概念的説明的知識のことを見方・考え方と呼ぶ方法が典型的である。現代社会の仕組みや課題をよりよく捉えることができる理論や法則を習得させることができれば，個別的な知識教授に終始してしまう問題点を克服できる。

第２は，第１の立場が社会科の任務を客観的知識の教授に限定しがちなことを危惧し，それに対抗する概念として見方・考え方を使用する方法である。例え

ば，子どもが既に身に付けている認知的な枠組みを見方・考え方と呼ぶ使い方である。社会科は，子どもに備わる認知的な枠組みを彼らの成長に即して再構成することによって，子どもの全人的な成長に貢献することをめざす。

第３は，隣接教科の台頭に伴って自教科の価値が相対的に低下してしまうことを危惧し，それに対抗する概念として見方・考え方を使用する方法である。例えば，位置や場所，原因と結果など学問固有の視点とそれを捉える方法を見方・考え方と呼ぶ使い方である。この立場では，社会科は，地理学や歴史学などの親学問から導かれる視点と方法を教えることをめざすことになる。

学習指導要領が改訂された今こそ，こうした歴史を振り返り，児童生徒が見方・考え方を働かせる授業とはどうあるべきかしっかりと議論を深めたい。

〈参考文献〉

・草原和博「21世紀の教育において教科等はどのような役割と意義を果たすのか：教科の現代的意義(1)日本」日本教科教育学会『教科とその本質』教育出版，2020

・『社会科教育』編集部編『平成29年版学習指導要領改訂のポイント　小学校・中学校　社会』明治図書，2017

（藤瀬泰司）

社会科教育の目標とカリキュラム

定義

1次的概念と2次的概念は，次のように定義される。

・1次的概念：歴史の内容に関わる概念（例：企業家，大統領，憲法）

・2次的概念：歴史的思考プロセスに関わる概念（例：変化と継続性，因果的説明，解釈，歴史的意義）

我々は歴史的に考える際に「町人」「武士」「公家」といった概念を用いる。「武士」概念を用いることで，幾時代にも及ぶ様々な人物をまとめて特質を見ることができる。以上のように内容を見とるための概念が1次的概念である。だが，1次的概念だけでは事象解釈はできない。異なる時代間の比較（変化と継続性）や，経済と変化の関連づけ（因果的な説明）の操作を行うことで初めて深い理解となる。深い歴史理解に関する視点やプロセスを概念化したものが2次的概念となる。

歴史的背景

1次的概念・2次的概念の議論の発端は，1960年代に始まるイギリス歴史教育改革に遡る。歴史教育の存在意義に対する批判を受け，歴史教育に対する子どものニーズと実態調査を行った結果，深い歴史理解こそが歴史教育の中核として重要だという示唆を得るに至った。

しかしながら，そこで課題となったのが，深い理解とは何かということである。深い歴史理解とは何かが明示されない以上，それを子どもたちに教授することはできない。1次的概念・2次的概念とは，こうした複雑なプロセスを可視化したものとして提案された。これにより，共有可能なものへと転換できたのである。

概念化の意義

1次的概念・2次的概念は，アメリカ・カナダ・オーストラリアなど各国のカリキュラムにも反映された。日本でも，2017年（高等学校は2018年）に改訂された学習指導要領での「歴史的見方・考え方」にみられる。ただし，各国でみられる概念の種類は必ずしも共通していない。概念の違いは各国の歴史教育の目的に由来するためである。

歴史教育は，網羅暗記であり，閉ざされたナショナルアイデンティティ形成に寄与するとの批判を受けてきた。1次的概念・2次的概念として深い歴史理解に至るプロセスが可視化されたことで，歴史教育の新たな可能性を拓くものとなった。歴史教育の目標論の拡張とその実現に寄与した点にその意義を指摘できよう。

〈参考文献〉

・ワインバーグ，S.／渡部竜也監訳『歴史的思考』春風社，2017

・バートン，K.／渡部竜也他訳『コモングッドのための歴史教育』春風社，2015

（川口広美）

社会科教育の目標とカリキュラム

109 論争問題

定義

　Controversial Issue の和訳であり，普遍的な答えが存在しない二つ以上の見解が衝突する問題を意味する。人々が異なる意見を持つ問題であれば何でも論争問題になりえるが，社会科教育では民主主義を含む社会の在り方を考える上で重要な問題，特に政治的・政策的問題が取り扱われる傾向にある。論争問題はControverisial Topic と混同されることもある。しかし，Topic が話題そのもの（例えば，貧富の格差）である一方，Issue はその話題に対する意見の対立を引き出す問い（例えば，貧富の格差を解消するためにベーシックインカムを導入すべきか）であることに注意する必要がある（ヘス，2020）。

論争問題の教育的価値

　社会の生々しい問題を教室で扱うことは，社会に関心を持ち他者と共に社会を形成する子どもを育成することを可能にする。しかし，子どもに論争問題を紹介するだけでは，上記の価値は実現できない。子どもが問題の論点を捉える機会，論点をめぐる様々な意見を社会諸科学のレンズを用いて分析・批判する機会，問題に対する各自の意見を持ち異なる意見を有する他者と話し合う機会を保障することで，子どもが「現在」の市民として思考・行動できるように支援する必要がある（シェーバー，オリバー，2019）。

論争問題の文脈性

　同じ論争問題であっても，空間的・時間的文脈によってその論争性は異なる。2021年現在の日本では，「女性参政権を認めるべきか」という問いはあまり異論の余地のない合意された問題（Issue）である。しかし，1900年代序盤の多くの国々では，上記の問いが論争問題，もしくは議論してはいけないタブーな問題であった。社会の変化に伴って教室で扱うに適切な論争問題も変わる。子どもが属する文脈の中で何が教育的に価値のある論争問題なのかを見極める能力が教師に求められる（Kim et al.，2018）。

〈参考文献〉
・J・P・シェーバー，D・W・オリバー／渡辺竜也，溝口和宏，橋本康弘，三浦朋子，中原朋生訳『ハーバード法理学アプローチ—高校生に論争問題を教える—』東信堂，2019
・ダイアナ・E・ヘス／渡部竜也，岩崎圭祐，井上昌善訳『教室における政治的中立性—論争問題を扱うために—』春風社，2020
・Kim, J. et al. (2018). A framework for controversial issue gatekeeping within social studies education: The case of Japan. *The Journal of Social Studies Education in Asia, 7*

（金　鍾成）

社会科教育の目標とカリキュラム

110 発達の最近接領域論

定義

　旧ソビエト連邦の心理学者 L.S. ヴィゴツキーが提唱した発達理論。ヴィゴツキーは，子ども自らの自主的活動で可能な問題解決の水準を「現在の発達水準」とし，大人の援助や仲間との協力によって可能な問題解決の水準を「明日の発達水準」とした。そして二つの発達水準の隔たりに着目し，それを「発達の最近接領域」と規定した。発達の最近接領域論は，教授・学習を，一人では難しいが他者の協力があれば問題解決が可能になる水準に合わせる必要があることを示唆している。

社会科における教授・学習の捉え直し

　発達の最近接領域論を基盤にすると，これまでの社会科の教授・学習のあり方を反省的に吟味することができる。初期社会科が「はいまわる社会科」と批判されたように，「現在の発達水準」に過度に合わせた授業は，子どもの成長を促すには不十分となる。一方，アメリカ新社会科に代表される高度な知識を習得させようとする授業も，発達の最近接領域を超越しているならば，それは子どもの成長を促すには不十分ということになる。社会科教育史を紐解いてみると，発達の最近接領域論の有用性が見えてくる。

社会科教育研究への応用

　発達の最近接領域論は，社会科の実践を支える研究を活性化させる鍵となる。

　第一は，実証的・経験的研究への応用である。発達の最近接領域に働きかける社会科授業を行うためには，子ども理解の研究が不可欠だ。例えば，加藤（2007）は，子どもの社会認識の発達とその形成に関する研究を行っている。適切な教授・学習の水準を見定めるための知見が示されている。

　第二は，規範的・原理的研究への応用である。例えば，片上（2011）では，発達の最近接領域論を基盤にして，社会研究科としての社会科，そして学習方法としての問題構成学習が提案されている。発達の最近接領域論を社会科教育に援用し，「協働し挑戦する学び」を具体化する原理が示されている。

　なお，加藤も片上も社会科授業の開発・実践を含んだ提案を行っている。発達の最近接領域論を基盤にした開発的・実践的研究の進展も一層期待されている。

〈参考文献〉
・L.S. ヴィゴツキー／土井捷三，押谷栄司訳『「発達の最近接領域」の理論』三学出版，2003
・加藤寿朗『子どもの社会認識の発達と形成に関する実証的研究』風間書房，2007
・片上宗二『「社会研究科」による社会科授業の革新』風間書房，2011

（山田秀和）

社会科教育の目標とカリキュラム

111 ナショナル・カリキュラム

定義

広義には，公的機関がその地域の教育課程の基準を法令として制定したもの全体をさす。そのため，日本の学習指導要領もこれに含まれる。ただナショナル・カリキュラムという場合，英国のそれを指すことが多い。

英国のナショナル・カリキュラム

四つの地域（ネーション）ごとに，教育の大方針を示したもの。全国一律でない点，もともと公費によって維持する学校にのみ適用している点など，日本とはその性格も意味づけも異なる。

英国（イングランド）の教育の特質

「転移可能な一般的スキルや能力を育成することは重要であるが，それ単体で身につけさせることはできない。教科固有の内容をその文脈で教える過程でそういったスキルや能力を身につけさせようとすることによって，反省や改善に耐え，学習成果もより包括的なものとなる」。

これは，2011年に発表された，次期（現行）カリキュラムの方針に関するDfE（文科省に相当）の報告書からの抜粋である。過度のスキル重視を戒め，その両立を模索しているというのが，同国の教育の特質といえよう。

歴史

そもそもは，1988年の教育改革法の制定に端を発する。従前はカリキュラムの編成権が地方教育当局や各学校にあったため，一定程度の学習内容の保証を意図していた。確かに当初のカリキュラムは詳細な目標と内容が設定され，いずれも法的拘束力があったが，その目標や内容の具体化の方略（各学校でのカリキュラム上の位置づけや実施回数など）は，各学校や教員に任されていた。加えて，数次の改訂によって，さらに裁量を与える方向に進んできている。

裁量権拡大のメリット

最大のメリットは教育現場に自由と責任が与えられており，多様な実践が可能ということである。教員や学校以上に，子どもの実態を把握している存在はない。そこに権限を付与することで，学習者に添った実践が可能となる。変化が激しく，教育に期待される目標が多岐にわたる現在，資質育成を重視する社会科にあっては，その目標の実現には学習者に応じた教育こそが重要である。裁量権拡大こそが，求められるナショナル・カリキュラムの在り方といえ，そこでの教員は，裁量をきちんと発揮し，責任ある教育を実施できる主体となることが期待される。

〈参考文献〉
・D. ロートン／勝野正章訳『教育課程改革と教師の専門職性』学文社，1998
・子どものシティズンシップ教育研究会編『社会形成科社会科論』風間書房，2019

（竹中伸夫）

社会科教育の目標とカリキュラム

112　ナショナル・スタンダード

定義

　ナショナル・スタンダードとは，それ
まで教育改革やカリキュラム開発は地方
自治的に進められる傾向にあったアメリ
カにおいて開発された，全国的な規準で
ある。1980年代からの，国際的な経済競
争力と学力の不振に応える形で，1991年
に政府の助成で教師や研究者による規準
開発が始まった。90年代半ばから，各教
科で学習者が獲得すべき知識と技能，習
熟度を評価する規準が開発されてきた。

スタンダードをめぐる論争の展開

　1994年秋，公表前の合衆国史のスタン
ダードが，政治的に偏向しているという
理由で批判を受けた。多文化的視点から
マイノリティの扱いが重視されたことで，
民主主義社会や経済の発展に関わった偉
人等，伝統的な合衆国史が軽視されてい
るというのである。結果，全米規模の激
しい論争が巻き起こり，96年には改訂さ
れた。この出来事は，ナショナルな，あ
るいはオフィシャルな共通教養を設定す
ることの難しさを象徴するものとなった。
　また，中央集権的に内容に関する規準
が設定されることで，教師の自主的・自
律的なカリキュラム開発と実践が画一化
したり萎縮したりするのではないか，と
いう批判も当初から起こった。その中で，
全米社会科協議会（NCSS）では，地理
歴史や政治経済の内容スタンダードを，
教師が社会科の目的に照らして読み替え
られるような，社会科のカリキュラムス
タンダードを開発してきた（1994，
2010）。

　2001年には，スタンダード，学力テス
ト，教育の説明責任を骨子とする
NCLB法（No Child Left Behind）が制
定された。それにより，各州は学力テス
トの目標を達成するために，民間の経営
スタイルや成果に応じた財団からの支援
などの市場原理を導入した。しかし，こ
うした改革がもたらしたのは極端な成果
主義や教育格差であったと，かつて政府
の中枢でスタンダード運動を牽引したダ
イアン・ラヴィッチは指摘している。

　学習指導要領という全国的な規準を持
つ日本は，ナショナル・スタンダードを
めぐる論争から学ぶことは多い。

〈参考文献〉
・Diane Ravitch, *The Death and Life of
the Great American School System*,
Basic Books, 2010
・堀田諭「教師のゲートキーピングを支
援する社会科スタンダードの構成原理—
米国における新旧 NCSS カリキュラム
スタンダードの機能の原理的転換—」
『社会科研究』第82号，2015

（後藤賢次郎）

社会科教育の目標とカリキュラム

141

113　コモン・コア・ステート・スタンダード

定義

　コモン・コア・ステート・スタンダード（Common Core State Standards，以下CCSSと略記）は，全米知事会と全米州教育長協議会の主導で開発が進められ，2010年に登場した各州共通の学力基準である。CCSSは，大学進学や職業に就くまでに必要な幼稚園から高等学校卒業までの基準を示すものとなっている。開発されたのは，英語／リテラシーと数学のスタンダードである。ただし，CCSSの導入状況は州ごとに異なる。

社会科への影響

　英語／リテラシーのCCSSは，社会科に影響を与えた。これには，言語教科（英語）のみならず社会科等でも育成すべき言語的なリテラシーの基準が示されている。「読むこと」「書くこと」などの言語の力を社会科でも育成することが一層重視されるようになった。

社会科へのリテラシー教育の統合

　読み書きのリテラシー教育を充実させるために，様々な取り組みがなされている。例えば全米社会科協議会（NCSS）の2012年の紀要（Bulletin）では，文学教材を用いた社会科と言語教科の横断的な学習が提案された。

　翌年の2013年の紀要に示された社会科の探究モデルであるC3フレームワークにおいてもCCSSとの対応関係が明示されている。C3フレームワークでは，探究の過程で必要となる読み書きの基準を重点的に選定することで，社会科の学習にリテラシー教育を統合している。

社会科の役割や固有性をめぐる議論

　CCSSに代表されるリテラシー教育の要請は，社会科の教科としての役割をゆさぶるものとなっている。リテラシー教育の重視は，ともすれば社会科を言語教科の補完的な立場にする可能性もある。リテラシー教育で育まれる論理的思考や批判的思考は，社会の形成者にとって必要な資質・能力であり，社会科にとっても重要だ。ただし，それを前面に出せば，社会科の固有性は薄れてしまう。CCSSへの対応をめぐる議論は，社会科の存在意義を私たちに問いかけている。

〈参考文献〉

・National Governors Association Center for Best Practices & Council of Chief State School Officers, *Common core state standards for English language arts and literacy in history/ social studies, science, and technical subjects*, Washington, DC: Authors, 2010

・山田秀和「社会科におけるリテラシー教育の統合方法―アメリカに見られるアプローチを類型化して―」『日本教科教育学会誌』41(3)，2018

（山田秀和）

114　C3フレームワーク

定義と誕生の背景

　2010年から本格的に導入され始めた米国の州共通スタンダード（CCSS）は，言語能力と数理能力を中心とする通教科的コンピテンシーを強調した。この改革は，通教科的なコンピテンシーと社会科を構成する社会諸科学の本質的概念や研究方法との関係性を改めて考える機会を与えた。全米社会科協議会（NCSS）と複数の関連団体は，探究こそが社会科の根幹であるし，子どもの大学，職業，市民生活における成功を支援できると結論づけた。その結果，探究を軸に，通教科的コンピテンシーと社会諸科学の本質的概念や研究方法の両立目指した社会科カリキュラムデザインのガイドラインであるC3（College,Career,and Civic Life）フレームワークが誕生した。

探究過程（Inquiry Arc）

　C3フレームワークは，正解のない問いに対して各自の主張と根拠を構築し，その成果を他者と共有する「探究過程」に集約される。探究過程は４つの次元で構成される。次元１は，問いを立て探究を組織する段階である。教師と子どもは単元を貫く問いと補助的問いを創り出し，それらの問いの実践的・学問的価値を検討しながら今後の探究を共にデザインする。次元２は，社会諸科学の概念や研究方法を活用する段階である。問いに答えるために根拠を収集しながら，社会諸科学の概念や研究方法を使いこなせることになる。次元３は，情報源を評価し，妥当な根拠を抽出・活用する段階である。情報源の信頼性を検討し，たくさんある情報の中で自分の主張を裏づける根拠を抽出し活用する。次元４は，結論について話し合い，学習成果に基づく行動を起こす段階である。単元を貫く問いに対して各々の子どもが導き出した主張と根拠を教室や社会の他者と共有し洗練する。また，学びの成果を市民社会に還元するための行動を起こすことも想定される。

　コンピテンシー論と社会科の関係性を新たに構築したC3フレームワークは，類似の状況にある日本の社会科を改革するヒントを秘めていると言える。

〈参考文献〉

・NCSS (2013). *Social Studies for the Next Generation: Purposes, Practices, and Implications of the College, Career, and Civic Life (C3) Framework for social Studies State Standards*. Silver Spring, NCSS.

・草原和博，金鍾成他「探究を軸に子どもの「資質・能力」を育成する社会科カリキュラムの原理とその展開―NCSS の The College, Career, and Civic Life (C3) Framework を手がかりに―」『学校教育実践学研究』24，2018

（金　鍾成）

社会科教育の目標とカリキュラム

115　IB／TOK

定義

IB（International Baccalaureate）は，「多様な文化の理解と尊重の精神を通じて，より良い，より平和な世界を築くことに貢献する，探究心，知識，思いやりに富んだ若者の育成を目的」として，国際バカロレア機構が提供する教育プログラムである。そのうちのディプロマ・プログラム（DP）の最終試験に合格すると，国際的に通用する大学入学資格が授与される。現在，IB教育を実施する認定校の数は世界中で増え続けている。

TOK（知の理論：Theory of Knowledge）とは，DPの核となるプログラムの1つで，何かを「知っている」とはどういうことかといった，知識の本質を追求することで批判的思考力の育成を目指すものである。

IB／TOKの教育プログラム

IBは全体として，探究する人，知識のある人，考える人，コミュニケーションができる人，信念を持つ人，心を開く人，思いやりのある人，挑戦する人，バランスの取れた人，振り返りができる人，と重視する人間性として10の人物像を挙げているように，全人的な教育を目指している点に特徴がある。

DPの核となるTOKでは，「XがYを引き起こすことはどのようにして証明できるか」といった知識に関する一般的な問いや，「歴史学者は文献の信憑性をど

のように評価するか」「歴史における事実とは何か」といった歴史や自然科学，人間科学など「知識の領域」における知識に関する問いを追求していく。

今日的意義と課題

現在，人，政治・経済，文化，科学技術のグローバルな交流が起こっている。それによって，世界の複雑さや将来の不透明さが増すとともに，「知識」も国境を超え，日々更新され続けている。このような中では，幅広い知識と柔軟な思考に基づいて判断する力と，誰もが社会へ参加することが重要になる。

そうした時代にあって，IB／TOKはエリートだけではなく，広く一般の公教育への示唆が期待できる。しかし，IB／TOKが展望する世界共通の教育は，分断の時代の標となるのか，人々が帰属し働きかけるリアルな場としての社会の機能を弱めるのか，IBプログラムを指導できる教師をどう育成するのか，市民性教育の視点から考えていく必要がある。

〈参考文献〉
・International Baccalaureate Organization, *Theory of Knowledge Guide*, 2013
・大迫弘和『アクティブ・ラーニングとしての国際バカロレア―「覚える君」から「考える君」へ―』日本標準，2016

（後藤賢次郎）

社会科教育の目標とカリキュラム

116　地域学習

定義

　地域学習とは，行政区分や地理的特性など，ある基準の下に一纏めにされる土地や社会範疇を対象とした学習のことである。それ故，「地域」をどのように捉え，学習内容をどう扱うかによって「地域学習」の意味合いも大きく変わる。

地域学習の具体

　小学校社会科は，同心円拡大主義のカリキュラム構成となる。中学年では，子どもが生活する身近な社会を「地域」と捉え，学校周辺のまち，市，県などの行政区分を中心に学習する。ここでは，身近な地域を対象に地理的な環境や生産活動，公共施設の働きや歴史的変遷などを通して，人々の社会生活を多面的・総合的に理解する。高学年では５年生で日本の国土や産業，６年生で日本の歴史や政治，国際関係を学ぶ。この時，該当事例が身近な地域にあればそれを基に学んだり，学びの入り口として活用したりする。

　他方，中学校社会科地理的分野では，世界や日本における地域的特色を学ぶ上で，系統地理と地誌の２つのアプローチがある。「地域」を対象にその地域性を追究する学びとしては後者が該当する。その他，身近な地域を対象に，防災や産業変容，交通発達などの観点を設定し，地域調査の手法を通して地理的技能の習得をめざす学習や，身近な地域のあり方を考える上で，地域的課題を多面的に考察・構想し，説明・議論する学習もある。

　以上が地域学習の広義的な解釈である。狭義的には小学校中学年の学習が当たる。

身近な地域を扱う利点

　地域学習では，一般的に身近な地域を扱うことが多い。それは，子ども自身が生活経験を通して地域に関する様々な情報を獲得しているからである。多面的な観点から地域に迫ることができ，子どもの主体的・対話的な活動や子ども同士の認識の共有もしやすい。また，地域と子どもとの関連性が多いため，学習への子どもの関心や意欲を高め，地域の一員としての意識や自覚を喚起しやすい。その他，見学活動やゲストティーチャーの招聘が容易な点もある。直接体験を通して，地域の学びを深めることが可能となる。

　今後はグローバル化の進展を踏まえ，中学年では地域の学びを通して，「特産物」などローカルな社会を構成する上で重要な概念を学ぶことも必要となろう。

〈参考文献〉
・新谷和幸「小学校社会科における『概念カテゴリー化学習』の授業構成」全国社会科教育学会編『社会科研究』第80号，2014
・角田将士「初期社会科における国土学習の特質」全国社会科教育学会編『社会科研究』第84号，2016

（新谷和幸）

社会科教育の目標とカリキュラム

117 産業学習

定義

　産業学習とは，社会生活を送る上で必要なモノ・コトを生産したり，提供したりする活動に関する学習のことである。広義的には，小学校社会科中学年の地域学習として地域の特徴的な産業を学ぶ学習や，中学校社会科地理的分野の地誌学習で扱う日本の地域的特色を考察する学習も含まれるが，一般的に小学校社会科第5学年の産業に関する学習を示す。

産業学習の内容構成

　ここでは，我が国の産業について学習が行われる。2017年版指導要領の内容項目の「我が国の農業や水産業における食料生産」「我が国の工業生産」「我が国の産業と情報との関わり」が該当する。主に，農林水産業や畜産業，工業や運輸業，情報に関わる産業を扱う。概ねクラークの産業分類に沿って第一次産業，第二次産業，第三次産業の順に日本の産業を学ぶよう内容構成されている。

　指導要領では，我が国の産業の現状や社会の情報化と産業の関わりを，国民生活と関連させて理解することが求められる。それ故，実際は農業単元でインターネットを活用した農作物の販売を扱ったり，工業単元で原材料や製品の輸出入を取り上げたりと，厳密に区分されてはいない。特に情報分野の産業では，放送や新聞と言った情報通信を担う産業に止まらず，情報や情報技術を活用する販売，運輸，観光などの産業も扱う。

　現代の社会変化である情報化を踏まえ，産業の様子や現状を捉える点は，小学校5年生の産業学習の特色の1つと言える。

産業学習の今後の展望と課題

　他方，情報化やグローバル化，少子高齢化といった社会変化や消費中心の経済市場は，6次産業化のように日本の産業構造に変化をもたらした。産業の現状を踏まえ，社会変化と産業の関わりや小売業も含めた経済の流れに着目し，カリキュラムを改善することも可能である。

　授業では，資質・能力ベースの学力観を踏まえ，産業学習で何をどのように学ぶかが重要となる。指導要領に示す社会的事象の見方・考え方を踏まえ，産業の概略や携わる人々の経済的行為の意味を理解する方法もある。また社会諸科学の成果としての理論や概念など科学的な見方・考え方を踏まえ，産業を通して社会の仕組みを捉える方法もある。

　教師の主体的・対話的で深い授業開発・実践が問われる。

〈参考文献〉
・岩田一彦編著『小学校産業学習の理論と授業』東京書籍，1991
・新谷和幸「社会を見つめ暮らしに生きる産業学習」全国社会科教育学会編『社会科教育論叢』第46集，2007

（新谷和幸）

社会科教育の目標とカリキュラム

118 国土学習

定義

　国土とは，一般的に一国の統治権の及ぶ範囲の土地や領土をさす。国家領域として捉えれば，領海や領空も含まれる。またその学びとなれば，国土を形成する自然環境やそこで暮らす人々の様子など，地理的要素が関連する。つまり国土学習は国土のあり様を自然環境の特色や人々の生活との関連を踏まえ学ぶ学習となる。

　小学校社会科では，第5学年で我が国の国土の概要や自然環境を捉えながら，自然災害や森林資源の働きなど人々の暮らしと関連させて学習する。2017年版指導要領の内容項目では，「我が国の国土の様子と国民生活」「我が国の国土の自然環境と国民生活の関わり」が国土学習に当たる。ここが国土学習の狭義的な捉えとなる。

　他方，地域を国土の一部としたり，外国の領土も含めたりした場合，中学年の市や県の様子，第6学年の日本と関連ある国々における地理的内容も該当する。このように広義的に捉えれば，中学校社会科地理的分野は大半が国土学習となる。

国土学習を行う上で注意すべき点

　国土学習は，国権の及ぶ領域が学習対象となるため，必ず国境をめぐる領土問題が含まれる。2017年版指導要領から，北方領土だけでなく，竹島や尖閣諸島の領土問題も含め，我が国の固有の領土として学習で触れるように示された。

　これは，2014年教科用図書検定基準改正にある「政府の統一的な見解や最高裁判所の判例がある場合には，それらに基づいた記述がされていることを定める」の記載によるものである。領土問題は，国土学習の中でも，政治的影響力を受けやすい内容と言える。

　他方，国土学習では，国土の様子や自然環境を捉える上で，地形や気候に関する様々な名称が登場する。そのため，国土に関連する事実的知識の暗記学習に陥りやすい。また，それらの位置や分布を把握する上で作業的な学習がよく行われる。しかし活動に終始してしまい，作成した資料を活用し地理的特徴を探究する学びに展開されないことも多い。

　子どもの主体的・対話的で深い学びを国土学習で実現するには，事実的知識を情報として捉え活用できるかが鍵となる。社会的な見方・考え方を通して国土の全体的・地域的特色を考えたり，自然環境に伴う人々の暮らしの特徴や課題などを追究したりすることが重要な学びとなる。

〈参考文献〉
・角田将士「初期社会科における国土学習の特質」全国社会科教育学会編『社会科研究』第84号，2016
・草原和博，渡部竜也編著『"国境・国土・領土"教育の論点争点』明治図書，2014

（新谷和幸）

119　人物学習

定義

　カリキュラムを編成するにあたって，そのスコープを人物と設定して行う学習の総称。ただし，歴史学習の中で人物を活用する場合に限って人物学習と呼ぶことが多い。

学習指導要領に見られる人物学習

　我が国の学習指導要領の場合，小学6年の目標(1)において「（前略）国家及び社会の発展に大きな働きをした先人の業績や優れた文化遺産（中略）について理解する」とあり，内容の取扱いにおいて，具体的に42人の人物が挙げられている。また中学校の歴史的分野の目標(3)においても，「（前略）国家及び社会並びに文化の発展や人々の生活の向上に尽くした歴史上の人物と現在に伝わる文化遺産を尊重しようとすることの大切さについての自覚などを深め（後略）」とある。

　小学校と中学校で多少の違いはあるが，我が国や地域の歴史において優れた業績をのこした偉人を共感的に取り上げ，その業績によって自らの属する国家・社会の発展・向上が結実したことを学ばせ，偉人，ひいては国家・社会に愛着を持たせることを目的とした学習を志向しているとまとめられる。

その特徴と課題

　確かに歴史上の人物を教材として取り上げた場合，歴史の主体を通して歴史事象を学ばせるのであるから，単なる歴史上の事件を取り上げるよりも感情移入しやすく，共感的に取り上げることもできよう。しかし歴史学習において歴史上の人物を取り上げる場合，このような取り上げ方をすべきかという疑問が浮かぶ。この疑問はいくつもの疑問を内包している。例えば①現行のように偉人中心でいいのか，②社会科としての目標実現の観点からこの方略が最適か，他の取り上げ方はできないのか，③同じく目標実現の観点から，初等と中等においてそのような部分的な差異だけでよいのか，という塩梅である。

カリキュラム・マネジメントと人物学習

　カリキュラムは目標を実現するために編成される。目標実現の観点から，どのような人物をどのように取り上げどのように段階的に学習させることが人物学習として最も効果的なのか。そのためには，そもそも歴史学習の目標はどうあるべきか，から考えてみる必要がある。さすれば，現在一般的な，共感を誘発する人物学習の在り方についても，再考せざるを得なくなるだろう。

〈参考文献〉
・J. コッカ／仲内英三, 土井美徳訳『社会史とは何か』日本経済評論社, 2000
・K. バートン他／渡部竜也他訳『コモン・グッドのための歴史教育』春風社, 2015
　　　　　　　　　　　　　（竹中伸夫）

社会科教育の目標とカリキュラム

120 政治学習

定義

政治学習とは，教育基本法に則ると，「政治的教養」を育む教育として整理できる。他方で，政治学習論の代表的なものに「概念主義」「社会形成主義」「社会参画主義」がある。

概念主義政治学習

概念主義政治学習は，政治学の研究成果である政治学の概念を探究的に学ぶ学習論である。例えば，「民主政治の基本原理」の一つとして，「三権分立」がある。「なぜ政治権力は分立されているのか」といった問いは，生徒が仮説を立てて，検証することになるが，「権力の抑制と均衡」といった概念を用いて，その理由は説明可能になる。「政治権力は分立されているが，現実は，『内閣主権』であると言われる。それはなぜか」といった問いは，最新の政治学の研究成果を活かして説明が可能になる。「科学的に政治現象を説明する」ことを視野に入れた学習論である。

社会形成主義政治学習

社会形成主義政治学習は，政治の在り方を根本から問い直す。例えば，「選挙制度は比例代表制と小選挙区制が組み合わさっている」ことに対して，それぞれの制度の背景にある民主主義観と社会像が異なっていることに生徒に気づかせる。そして，それを分析枠組みとして用い，現行の日本の選挙制度を批判的に検討する。制度の根本原理を踏まえ，その原理から「社会を間接的に創り変える」ことを視野に入れた学習論である。

社会参画主義政治学習

社会参画主義政治学習は，「子どもが社会に何かしらのアクションを起こす」ことを期待し，「①問題把握」「②問題分析」「③意思決定」「④提案・参加」といった学習プロセスを基盤にした学習論である。例えば，東京都の特別区が制定した「路上喫煙・ポイ捨て禁止条例」を分析し，「ルール」で規制している区と「マナー」に頼る区があることを踏まえ，どちらが妥当かを生徒が検討し，自校がある区の公務員に質問書を出したり，意見交換する中で，自校の区にどのような条例が望ましいかを検討し，提案をする。「社会を直接創り変える」ことを視野に入れた学習論である。

〈参考文献〉

・池野範男，渡部竜也，竹中伸夫「『国家・社会の形成者』を育成する中学校社会科授業の開発―公民単元『選挙制度から民主主義の在り方を考える』―」『社会科教育研究』91，2004
・唐木清志『子どもの社会参加と社会科教育』東洋館出版，2008
・森分孝治『社会科授業構成の理論と方法』明治図書，1978

（橋本康弘）

121　国際理解学習

定義

　国際理解学習とは，異なる国や民族，人々の文化を理解したり，それらの国際的な活動や問題，相互の協力や交流，国連の働きなどを通じて世界の平和や人権，環境などの大切さを考えたりする，所謂「国際理解・協力」に関する学習である。

　小学校社会科の場合，中学年の地域学習や高学年の産業・歴史・政治学習でも，外国とのつながりを学ぶ内容が含まれるが，主に2017年版指導要領の第6学年の内容項目にある「グローバル化する世界と日本の役割」の学習が該当する。

　中学校社会科の場合，主に地理的分野の世界地理を学ぶ地誌学習や公民的分野の指導要領の内容項目「私たちと国際社会の諸課題」の学習が該当する。

　このように国際理解学習は，広義的に多様な学習領域を含み込み，社会科に限らず，総合的な学習でも取り組まれる。その背景には学校教育における国際理解教育が辿った過程や社会情勢が影響する。

学校教育における国際理解教育の変遷

　日本の国際理解教育は，「世界平和の実現と人類の福祉の増大」をめざす国連のユネスコが主導し，その指導理念の影響を強く受ける。当初「国際理解のための教育」として，人権や他国，国連の学習，異文化理解などが中心で，理想主義的なものだった。その後，国際社会の相互依存関係が高まり，貧困の格差など国際的な問題が顕在化する。1974年「国際理解，国際協力及び国際平和のための教育並びに人権及び基本的自由についての教育に関する勧告」以降，様々な国際問題に対する認識や問題解決に向けて連携・協力する態度形成がめざされ，環境教育や平和教育などへと展開されていく。

　こうして国際理解教育は多様化し，学びの範疇も広がった。だが，2017年版指導要領の目標や内容を見る限り，国際理解学習の多くは異文化理解に止まる。

国際理解学習の今後の展望と課題

　近年のグローバル化は，地球規模の問題だけでなく，移民によって身近な地域社会に「内なる国際化」をもたらした。今後，多文化学習の知見を生かし，「多文化共生」の観点から様々な学種や領域等での授業開発・実践が求められる。

　また，国際理解学習の内容は，持続可能な開発目標（SDGs）との関連も多い。ESDや環境教育，平和教育などとの関連をどう位置づけ，整理するかが今後の課題となる。

〈参考文献〉
・多田孝志『学校における国際理解教育』東洋館出版社，1997
・西脇保幸「国際理解教育」全国社会科教育学会編『社会科教育実践ハンドブック』明治図書，2011

（新谷和幸）

社会科教育の目標とカリキュラム

定義

地理学は地誌学と系統地理学に大別され，地誌学習は前者の成果，系統地理学習は後者の成果に基づく学習である。

地誌学習

地誌学は地域の総合科学で，地誌学習の認識対象は地域となり，内容構成は「北海道，東北，関東…」など地域ごとになる。学習は，地域の諸事象を知り，それらの様々な環境的連関（地域内での連関）や空間的連関（他地域との結びつき）を複合的に考察し，地域の個性・特色を捉え地域の理解をめざす。

地誌学習は，中学校地理的分野では1955年版指導要領以降，大きな位置を占めてきた。高等学校でも一定の位置を占め，2018年版指導要領「地理探究」では地誌的考察を行う大項目が見られる。

地誌学習には静態地誌学習と動態地誌学習があり，中等段階の地誌学習はかつて静態地誌的であった。この学習は，地域の様々な事象に注目し，総合的に地域的特色の理解をめざすものである。しかし，考察よりも地域の数多くの事象を情報として知ることに重点が置かれやすく，「地名物産地理」などと非難された。

動態地誌的な工夫は1989年版中学校指導要領からみられ，近年重要な位置を占めるようになった。この学習は，地域の様々な事象でなく，特定の重要な事象に注目し，その考察により明確な地域的特色の理解をめざす。総合性では譲歩するが，考察重視の学習を実現しやすい。

系統地理学習

系統地理学は自然地理学と人文地理学から成る地理的事象の分析科学で，系統地理学習の認識対象は地理的事象となる。内容構成は地理的見方からの「自然（地形，気候等），人口，集落，経済（農業，鉱工業等）…」などとなる。学習は，各地の事象を知り，環境的・空間的な考え方より因果等を考察し，地理学の法則・理論を捉え地理的事象の説明をめざす。

系統地理学習は，中学校では分野全体の中で大きく前面に出ることはなく，高等学校では1970年版指導要領「地理A」など，比較的大きな位置を占めてきた。

発展的な理解

地理認識重視の地誌学習と系統地理学習について，広い視野からの理解をめざす場合，社会認識重視の草原（2004）や中本（2014）の研究が参考になる。

〈参考文献〉
・上野和彦，椿真智子，中村康子『地理学基礎シリーズ1　地理学概論』朝倉書店，2007
・草原和博『地理教育内容編成論研究』風間書房，2004
・中本和彦『中等地理教育内容開発論』風間書房，2014

（土肥大次郎）

社会科教育の目標とカリキュラム

123　防災学習

定義

　防災学習とは，主に自然災害などの危険から自らの命を守ることをめざした防災教育の趣旨を受けて，社会科などの各教科で展開される防災に関する学習を指す。防災学習では，災害が起こるメカニズムを理解すること，災害から身を守るために地域の実態を調査すること，災害への備え方について考えること，災害時の対処の仕方を把握したうえでそれを実践に移すことまでを含む。

社会科における防災学習

　2011年の東日本大震災の発生を機に，防災学習に対する社会的な要請が高まった。2017年3月告示の小学校学習指導要領における社会科では，従来から情報ネットワーク学習の事例として防災が挙げられていた第5学年に加えて，第4学年に「自然災害から地域の安全を守るための諸活動」が新設された。

　防災のあり方を考えるとき，「自助」「共助」「公助」の3つの側面に分けることができる。「自助」とは，災害が発生したときに，まず自分の身の安全を守ることを指す。「共助」とは，地域やコミュニティといった周囲の人たちが協力して助け合うことを指す。「公助」とは，市町村や消防，県や警察，自衛隊といった公的機関による救助・援助を指す。社会科教育における防災学習では，社会的事象を対象とする教科の性格上，「公助」や「共助」の側面に重きを置きがちであるが，防災学習の究極の目的を鑑みれば，「自助」に向けたアプローチを取り入れていく必要がある。また，いわゆる「正常化バイアス」について複数の事例をもとに確認し，自身に潜む偏見をメタ認識させる必要がある。

モラル・ジレンマを経た自助行動

　しかしながら，民主主義社会における開かれた価値観形成という社会科教育の本質を考えるとき，防災学習には価値観教化のリスクを考慮する必要がある。例えば，「津波てんでんこ」という言い伝えは，津波が来たときは，てんでんばらばらに逃げろということを指す。防災学習では，言い伝えにもとづき，家族の無事を信じて，ひとりであっても逃げることが正解となる。そのとき，家族の身を案じて，一緒に逃げるために家族を待つという選択を捨象してよいだろうか。命を守りたいという価値と，家族を大事にしたいという価値とが対立し，モラル・ジレンマが生じることを体験させて，自助に向けた判断へと誘う必要がある。

〈参考文献〉
・片田敏孝『人が死なない防災』集英社，2012
・日本社会科教育学会編『社会科教育と災害・防災学習』明石書店，2018

（伊藤直之）

社会科教育の目標とカリキュラム

124　地図・GIS

定義

　地図とは，無数に存在する地理的事象のなかから選択された事象について，単純化や分類などの一般化を施して，事象の間に明確な数理的関係がわかるように縮尺を表示し，それらを平面上に描いたものである。GISとは，地理情報システム（Geographic Information System）の略称であり，選択された地理的事象をコンピュータの地図上に可視化して，事象の関係やパターン，傾向性などを明瞭に示すための技術である。

地図・GISの利用をめぐる動向

　社会科教育（特に地理教育）では，特定のテーマについて表した土地利用図，地質図，ハザードマップなどの主題図，都市計画図，地形図，空中写真，衛星画像などの多様な地理空間情報を教材として取り上げることがある。その際に，従来は，上記の各種地図や写真画像を個別に提示・配布して，地理的事象について考察する授業形態が一般的であった。

　近年では，パソコンやソフトウェアの低価格化を受けて，学校や家庭でGISの導入が容易になった。なかでも，谷謙二が開発した「MANDARA」や「今昔マップ」，杉本智彦が開発した「カシミール３D」や「スーパー地形」などは，ライセンスフリーのソフトウェアであり，テレビ番組などのメディアのほか，大学等における地理学関係の研究・教育におい

ても頻繁に利用されている。

社会科教育における地図・GISの課題

　スマートフォンの普及により，児童・生徒はGoogleマップなどの地図アプリケーションを利用する機会も多いと思われる。利用の際の携帯性や即時性などの点において，GISは地図に勝るが，操作の難易度の点や，各種情報を追記しやすい点，表現物の教室掲示などの場面においては，依然として紙媒体としての地図のほうが有益である。授業実践においては二者択一ではなく相互補完の関係としてとらえ，利用するべきである。

　また，地図やGISは，事象を直接観察できない場合にこそ有用なものだが，かといって直接観察可能な学校区などの実地調査にとってかわるものではない。地図やGISも，「まちたんけん」や「地域調査」などの活動場面において併用したり，調査内容を振り返る際のツールとして有効活用していく必要がある。

〈参考文献〉
・杉本智彦『改訂新版 カシミール３D入門編』実業之日本社，2010
・谷謙二『フリーGISソフト MANDARA10入門』古今書院，2018
・A.H. ロビンソン他／永井信夫訳『地図学の基礎』地図情報センター，1984

（伊藤直之）

社会科教育の目標とカリキュラム

125　歴史的思考力

定義

　歴史的思考力は，高等学校学習指導要領日本史・世界史の目標に，2009年版まで明記された。今後も歴史教育固有の思考として重要であるが，明確に定義されていないため，精緻化する必要がある。例えば，歴史の認識論に基づくと，史資料から歴史を認識する思考，理論や解釈，価値観として歴史を分析する思考，私達自身の歴史を構築する思考に整理できる。

歴史を認識する思考

　過去の事象を私たちは直接認識することはできない。歴史学では遺物や文書，図像から事象の時代・背景・影響などを思考して，歴史（的事象）として認識する。教室では，教科書から平安時代という時期，姻戚関係の推移，藤原氏の政治の共通性，一家三立后の影響などを思考し，藤原道長の栄華を歴史（的事象）として認識する。この思考を培うことで，祭りや新聞，食事など日常生活に潜在する歴史の認識も可能になる。

歴史を分析する思考

　歴史家は，史資料から時代や影響などを思考するだけでなく，さらに実証的分析を行う。歴史を，より多くの事実を説明できる理論・概念として，歴史家の合理的客観的な吟味検討の成果である解釈として，あるいは，人々の行為や意思に結びつく価値観として分析する。一方で，歴史を実用的に分析する専門家もいる。現代社会の事象や問題の要因として，また，社会形成の判断に有用な価値観として分析する。教室では，問い―仮説―史料批判―結論という実証的分析や，社会問題への対応の背景にある歴史的価値をマトリクスなどで客観化する実用的分析を行う。2つの分析方法は，歴史を客観的知識として認識可能にする。

歴史を構築する思考

　実証的・実用的に分析された歴史は，客観的知識であり，私達の外側に本質的に存在することを疑わない。しかし，専門家ではない人々も歴史を批判的に構築できる構築主義的思考が注目されている。歴史は誰かの価値観が結びついた主観的な言説であり，それ故に，私達自身も，価値観を判断して，歴史を記述し語ることができる。この思考は，歴史的な課題や現代社会の問題に対して，トゥールミン図式等を用いて自分事として歴史を語ることを可能にする。

〈参考文献〉

・田尻信壹『探究的世界史学習論研究：史資料を活用した歴史的思考力育成型授業の構築』風間書房，2017

・宮本英征『世界史単元開発研究の研究方法論の探究』晃洋書房，2018

・渡部竜也『Doing History：歴史で私たちは何ができるか』清水書院，2019

（宮本英征）

社会科教育の目標とカリキュラム

126 通史学習・主題学習

定義

学習内容を選択・構成する原理は，学問の論理に即して系統的に内容を構成する系統的なアプローチ（systematic approach）と，子どもの興味・関心に即して主題で構成するアプローチ（thematic approach）に大別される。歴史教育においては，前者の典型が通史学習，後者が主題学習である。

通史学習や主題学習は，内容構成論であると同時に，学習の論理でもある。学習論としての通史学習は，現代に至る歴史の過程を時代順に総合的に学習することを求めるものであり，公的な歴史認識を継承する受容的な学習として捉えられることが多い。主題学習は，通史を受容する学習に対するアンチテーゼであり，生徒主体の学習を促す問題解決的な学習論として期待される。

通史学習の課題

通史は作成者の価値（歴史観）を反映したものであるため，無自覚的に受容することには問題が伴う。また，教科書のような没個性的な記述を一方的に受容する学習は，網羅主義・暗記主義に陥る。そこで，通史を常に書き換えられる動態的なものとして捉え，史資料の考察などを通して，主体的な歴史認識の構築を目指した通史学習が期待される。

主題学習の展開

主題学習は，1960年に告示された高等学校学習指導要領「世界史B」で初めて登場し，1999年版で，高校の歴史領域の全科目に主題学習の内容項目が設定された。主題学習は，生徒の歴史学習への動機づけを図るものとして，位置づけられるとともに，通史の学習を通して獲得した歴史の見方を応用して，主体的に現代の課題を追究するものとして位置づけられた。こうして通史の枠組みの中での主題学習の位置づけが明確になった。

今後の課題

2018年版の高等学校学習指導要領では，「見方・考え方」を働かせることができる適切な主題を中心にした学習を展開することがほとんどの項目で求められている。主題やそれに基づく問いを設定し，資料を基に追究，探究する学習を日常的に行うことが望まれる。改めて教師には主題を設定する力，カリキュラムを構成する力が求められている。

〈参考文献〉
・原田智仁「主題学習再考—世界史学習論の批判と創造(2)—」『社会系教科教育学研究』第12号，2000
・吉川幸男「歴史教育基礎論（Ⅲ）—『通史学習』再考—」山口大学『研究論叢 第3部 芸術・体育・教育・心理』第48号，1998

（空　健太）

社会科教育の目標とカリキュラム

127　文化圏学習

定義

　文化圏学習は，日本の世界史カリキュラムの前近代に導入され，多元的な文明史観を保障しようとした。また，教育内容を構造史的枠組みに基づくものへ転換しようとする試みでもあった。

カリキュラムとしての文化圏学習

　文化圏学習は1960年版学習指導要領世界史Ａ（Ｂ）の指導計画作成および指導上の留意事項に登場し，1970年版で内容項目に明示された。その目的は，東アジア，南アジアなどをヨーロッパを相対化する文化圏として前近代に位置づけて，ヨーロッパ中心史観を克服することにあった。また，文化圏を「言語，宗教，思想，政治，経済および生活様式」（『解説』）の地域的なまとまりと定義し，教育内容を精選することにあった。

教育内容としての文化圏学習

　1978年版は文化圏学習を世界史の目標に明示し，また，アナール学派の構造史的要素を教育内容に加えた。例えば，「内容の取り扱い」にて，文化圏学習は風土や民族に触れ人々の生活の様子を理解させるものとし，さらに『解説』で「事件名，国王名，王朝名といったものを軸に展開する学習から，例えば，風土的要素，社会生活，文化的内容などを中心とする学習へ」と補足した。このように教育内容を，短期的に変動する事件史などではなく，風土，民族，生活，文化などの長期持続（地理的時間）の要素を軸とする。また，各要素とその関係から古代世界を構造的に捉える構成とした。この構成は，1989年版世界史Ｂで，一層明確に示された。

文化圏学習の限界と影響

　1999年版以降，世界史Ａ・Ｂともに文化圏学習を採用していない。これは，文化圏学習が学習論として確立できなかったためである。教科書の通史的・網羅的・ヨーロッパ中心的構成を変革できず，知識理解にかわる新しい学習方法を示せなかった。また，接触・交流などグローバル化の諸様相を重視できなかった。一方で，文化圏学習の理念は，新科目「世界史探究」に継承されている。例えば，導入の内容として「地球環境から見る人類の歴史」が設けられ，地理的条件を重視している。また，諸地域を読み解く観点として「生業，身分・階級，王権，宗教，文化・思想」を提示し，古代世界を構造的に認識可能にしている。

〈参考文献〉
・有田嘉伸「世界史Ｂ教科書における文化圏学習の取り扱いについて」『社会科研究』第50号，1999
・原田智仁「文化圏学習の再生を求めて―世界史学習論の批判と創造―」『社会科研究』第50号，1999

（宮本英征）

社会科教育の目標とカリキュラム

128 社会史／オーラルヒストリー

定義

社会史とは，様々な利害や慣習に基づいて生活を営む人々の「日常性」に着目することによって，その日常性の背後にある時代や社会の全体像を描き出す歴史学の手法である（福井，2006）。一方，オーラルヒストリーとは，戦場体験など文字資料からでは知ることのできない情報を個人から聞き取ることによって，個人史を描き出し全体史の再構築をめざす歴史学の手法である（中村，2008）。社会史／オーラルヒストリーは，歴史になりづらい人々に焦点をあて非文献型資料を用いる点に特徴がある。

実践

まず，社会史の研究成果を活用した授業には，原田・別府（1993）の研究がある。室町時代に土一揆を起こした農民たちの集合心性・心的態度をテーマにした中学校の歴史授業である。原田らは，土一揆に関する社会史の研究成果に基づいて，土一揆とは一味神水による農民の団結であるといった教育内容を構成する。そして，こうした内容構成に基づいて，「一揆は支配層に対する農民の暴動」という生徒の固定観念を変革する授業を開発・実践している。

次に，オーラルヒストリーの研究成果を活用した授業には，中山（2019）の研究がある。満州移民を経験した被差別部落の方の講話を中心にした公民科の授業である。中山は，この授業をつくるにあたり，オーラルヒストリーの手法を活用して，授業に招聘する講話者の聞き取りを丁寧に行っている。そして，この聞き取りの成果に基づいて，満蒙開拓団という出来事の意味を生徒に再検討させる授業を開発・実践している。

意義

社会科の授業では，絵画や写真を教材にしたり，地域の人々に聞き取り調査を行わせたりすることが少なくない。社会史／オーラルヒストリーの研究成果を活用することによって，こうした授業づくりの質を高めるようにしたい。

〈参考文献〉
・中村政則『昭和の記憶を掘り起こす』小学館，2008
・中山敬司「戦時下静岡県小笠郡一被差別部落における満州移民の実態と高校社会科授業におけるオーラル・ヒストリー学習活用の一考察」静岡大学『教科開発学論集』第7号，2019
・原田智仁，別府陽子「社会史研究に基づく歴史授業構成（Ⅲ）―集合心性に着目した「土一揆」の授業構成と実践分析―」『兵庫教育大学研究紀要』第2分冊，第13号，1993
・福井憲彦『歴史学入門』岩波書店，2006

（藤瀬泰司）

129 グローバル・ヒストリー

定義

　グローバル・ヒストリーは，現代世界のグローバリゼーションを重視し，その起源や過程に着目する。そうすることで，中心史観，国民国家史観の克服を目指す。歴史の時間性・空間性を再構築する歴史学の新しい研究方法論である。

歴史学とグローバル・ヒストリー

　グローバル・ヒストリーは，多様な形態をとる。それは，グローバリゼーションの起源や過程を叙述する方法が，歴史家によって異なるためである。例えば，歴史家は地球史を構成する個々の歴史を比較して叙述する。この場合，茶とコーヒーなど特定の観念や物事を，地域を横断して説明したり，ビック・ヒストリーとして表現したりする。また，歴史家は地球史の結びつきを多元的に叙述する。

　この場合，相互作用を重視して交換と接続に焦点を当て，ムスリム商人の交易などネットワークの範囲やその盛衰などを描く。さらに，歴史家は地球史の様々な因果関係を統合化・構造化・体系化して叙述することもある。収斂化・同質化に着目して，国民国家形成などの共時的な現象を取り上げる。そして，その背景にある資本主義・帝国主義などのグローバルな文脈を強調する。歴史家は自身の問いに従って叙述方法を選択し，扱う時間や空間を構成し直す。その問いの多くは中心史観や国民国家史観の是正を含む。

世界史教育とグローバル・ヒストリー

　グローバル・ヒストリーは，世界史の学習指導要領に影響を与えた。1999年版では内容構成に「日本」「交流と再編」「結合と変容」「地球世界」などの視点が明記された。これは新科目「歴史総合」「世界史探究」でさらに強調される。このため，現代のグローバル化やビック・ヒストリーを視点とした世界史カリキュラム研究，及び，人・物のグローバルな移動，ネットワークに着目する授業開発・質的研究が増えている。

課題

　グローバル・ヒストリー研究は，歴史家（歴史叙述）の権力性やグローバリゼーションに潜む政治性に視点を移している。今後，世界史教育でこの問題をどのように扱うのかが重要な課題となる。

〈参考文献〉

・ゼバスティアン・コンラート『グローバル・ヒストリー』岩波書店，2021
・二井正浩「グローバルヒストリー教育におけるナショナルアイデンティティの扱いに関する質的研究」『社会科教育研究』No.120，2013
・宮本英征「文化の世界システム論にもとづく世界史カリキュラム―ニューヨーク市『Global History』の場合」『教育学研究紀要』44（第2部），1998

（宮本英征）

社会科教育の目標とカリキュラム

130 法関連教育・法教育

定義

　法関連教育とは，米国社会科で用いられる Law-Related Education（以下，LRE と略す）の訳語。大学やカレッジで行われる法律家を直接養成するための法学教育とは異なる初等・中等教育で行われる市民性教育を指す。他方で，法教育とは，法務省によれば，「LRE に由来する用語であって，法律専門家ではない一般の人々が，法や司法制度これらの基礎になっている価値を理解し，法的なものの考え方を身に付けるための教育を特に意味するものである」。法関連教育と法教育の違いは，翻訳語の違いに留まらず，目標，内容構成の視点で異なる。

法関連教育

　法関連教育は，法やルールに対する市民の作用や働きが市民社会を維持発展するために不可欠な要素として位置づける。その目標は，市民が法を遵守する態度や法的場面に参加する能力を育成し，法的問題に効果的に対処するための知識の提供や技能の育成を図る。民主主義社会の市民が持つべき価値判断能力，合理的意思決定能力，問題解決能力を育成することを主眼に置いている。米国では，米国法曹協会公教育部や憲法上の諸権利財団，公民教育センター等の NPO が教材開発を担い，憲法上の価値に関わる教材や，模擬裁判及び政治参加に関する教材，歴史や地理的アプローチを用いた社会科法教育の教材開発等を行い，広く市民性育成に寄与している。

法教育

　法教育は，「法を基礎づける価値に焦点を当てた教育」「法的なものの見方に関する教育」と整理できる。前者は，「平等」「自由」「正義」といった諸価値に関わる教育内容であり，後者は，「憲法や私法の原理」「司法参加（模擬裁判）」に関わる教育内容となる。法教育の担い手は，2008年版学習指導要領の小学校から高等学校の社会系教科にその内容領域が組み込まれたこともあり，学校の教員だけでなく，「法律専門家」である，弁護士，司法書士，行政書士，検察官，ロースクール生や法学部生等といった「外部専門家」に拡がっている。日本弁護士連合会が主催する「高校生模擬裁判選手権」は，年々参加校を増やしており，2021年開催の大会は，過去最高の参加校となった。法教育は，法の原理や，司法参加の学習に焦点化する傾向にあり，法関連教育の内容領域の幅広さに対して，内容領域が焦点化されてきている。

〈参考文献〉

・橋本康弘他『"法"を教える　身近な題材で基礎基本を授業する』明治図書，2006

・法務省法教育研究会『報告書』2004

（橋本康弘）

社会科教育の目標とカリキュラム

131 消費者教育

定義

消費者教育とは，より豊かに生きるために，消費生活に関する適切な知識を身につけ，実践的な消費行動を行うことができる消費者にとって必要な能力の育成を目指す活動のことである。

これからの消費者教育では，市場における消費者保護だけではなく，消費行動の社会への影響力に着目した教育活動の推進を通して，消費者市民社会の形成を目指すことが重視されている。

消費者教育の歴史

消費者教育は，2012年に成立した「消費者教育の推進に関する法律」によって新しい時代を迎えている。従来までの消費者教育は，消費者問題の発生や新製品の普及などを背景として，消費者の保護及び啓発という個人の消費生活の向上を目標とするものであった。これに対して，現在の消費者教育は，個人の消費生活のみではなく，公正で豊かな持続可能な社会の形成に向けた消費行動を行うことができる消費者としての市民育成を目標としている。

以上のような目標の転換の背景に，社会問題の深刻化に伴うSDGsを目指す取組の推進などの社会状況の変化がある。このような社会状況の変化に伴い，消費者教育には，環境教育や食育，ESD（持続可能な開発のための教育）との接続を通した実践の充実が期待されている。

消費者教育の体系

2013年1月に公表された「消費者教育の体系イメージマップ」には，①消費者市民社会の構築，②商品等の安全，③生活の管理と契約，④情報とメディアが表記され，幼児期から高齢期の全ての発達段階で身に付けていくべき内容が示されている。この①～④の視点に基づいて従来の消費者教育の整理及び更なる授業実践の推進が求められる。

課題

2022年4月1日より成人年齢18歳引き下げを明記している「民法の一部を改正する法律」が施行される。これにより高校生であっても成人として消費をめぐる問題に，対応しなければならないケースが生じる。このことをふまえると，今後の学校における消費者教育の課題は，①特に若者の消費者トラブルやその解決方法の理解を深めること，②①に基づく持続可能な社会の形成者としての意識を形成することという2つの視点に基づく教育活動を推進することである。

〈参考文献〉
・西村隆男『日本の消費者教育―その生成と発展』有斐閣，1999
・日本消費者教育学会関東支部監修『新しい消費者教育　これからの消費生活を考える〔第2版〕』慶応大学出版会，2019

（井上昌善）

社会科教育の目標とカリキュラム

132　租税・金融教育

定義

　租税教育とは，一般的に税に対しての関心を高めることで，納税する重要性について理解を深めることや，租税が正しく活用されているか監視するという納税者意識の向上を目的とする。一方，金融教育とは，金融についての様々な働きを理解することに加えて，それを基にして主体的に行動できることを目的とする。

租税・金融教育の拡充

　文部科学省，総務省，国税庁は，平成23年（2011年）に租税教育推進関係省庁等協議会（中央租推協）を発足させ租税教育を推進している。租税教育の目的は，上記にも示したように第1に，納税の義務を果たすことについての理解を促すことである。第2に，納税者としての意識を向上させることである。

　これらの目的からすれば，社会科教育において2つの学習の側面が重視されていることが理解できる。前者は，租税の仕組みを理解するための学習であり，後者は租税の仕組みの理解を踏まえてどのように市民として行動するかについての学習である。前者は，社会の仕組みと関わり合わせながら学習が展開されてきた。小学校や中学校の内容では，政治との関わりにおいて税金がどのように活用されているのかについて学習する。後者は，税金についての理解をもとにして，市民的行動と関わらせながら展開されてきた。

学習者は，一人の市民であり，市民として税金をどのように活用すべきか討論したり，考察したりする学習となる。

　一方，金融教育の目的は，第1に個人として金融の仕組みを理解することが挙げられる。第2に，第1の目的を踏まえて自立したり，よりよい社会を形成することができるようにすることである。

　金融教育においても租税教育と同様に仕組みの理解と市民としての行動が求められている。前者では，例えば中学校の公民的分野「市場と経済」や高等学校の公民科公共「金融の働き」などにおいて仕組みを理解する学習が展開されることになる。後者では，仕組みを理解することで社会とのつながりを自覚することとなる。それを踏まえて市民として経済活動をどのようにしていくべきかについて討論したり，考察したりする学習となる。

　しかしながら，両者ともに仕組みの理解についての学習は展開されているが，市民として自覚的に行動する学習が展開されているとは言い切れない。今後の課題とすべきであろう。

〈参考文献〉
・藤巻一男『日本人の納税者意識』税務経理協会，2012
・大澤克美他編『実践から考える金融教育の現在と未来』東信堂，2018

（田本正一）

133　環境教育

定義

　時代や地域などで定義は異なる。2012年施行の環境教育等促進法では、「持続可能な社会の構築を目指して、家庭、学校、職場、地域その他のあらゆる場において、環境と社会、経済及び文化とのつながりその他環境の保全についての理解を深めるために行われる環境の保全に関する教育及び学習」としている。

経過・進展

　「環境教育」は、1948年の国際自然保護連合設立総会で提唱され、1972年国連人間環境会議の人間環境宣言に記され用語として広まった。その後、1980年代から地球環境問題が注目され、1992年には国連環境開発会議（地球サミット）があり、日本では従来からの公害教育や自然保護教育を含めつつ、1990年代には広く認知されるようになった。

　21世紀には「持続可能な開発（SD）」という概念が重視されるようになる。SDは環境と開発をめぐる南北対立の中で登場し、2002年の持続可能な開発に関する世界首脳会議で日本政府が「持続可能な開発のための教育（ESD）の10年」を提案した頃から、日本では環境教育への影響を強めた。ただし、2015年国連採択の持続可能な開発目標（SDGs）からもわかる通り、SDは貧困、健康、人権、平和、経済成長なども含み、環境教育がどこまで包含するかは明確でない。

学校教育での環境教育

　1990年代以降、文部省（現文部科学省）や国立教育政策研究所は『環境教育指導資料』を刊行し、学校教育でのあり方を示し、学習指導要領でも環境に関する学習内容の充実が図られてきた。特に総合的な学習の時間では、指導要領で学習の課題例に「環境」を挙げてきており、これまで多くの実践が見られ、環境教育で大きな役割を果たすようになっている。

社会科での環境教育

　社会科は、諸教科の中で環境に関する学習内容が多い。環境教育の内容は、自然などの環境、そして環境問題・環境保全があり、社会科は後者を主に扱う。その学習方法は、情報網羅型、価値理解型、批判的考察型、自律的構想型、実践的活動型などがあり、これらを組み合わせた授業も多い。学校教育全体から見ると、他教科や教科外と強く連携して融合的・一体的に特定の問題に取り組む授業や、緩やかに連携して一教科・社会科の教科領域を強く意識した授業などが見られる。

〈参考文献〉
・国立教育政策研究所教育課程研究センター『環境教育指導資料　中学校編』東洋館出版社、2017
・日本環境教育学会編『環境教育』教育出版、2012

（土肥大次郎）

社会科教育の目標とカリキュラム

134　人権教育

定義

　人権教育とは，基本的人権の考え方を学び，理解し，尊重できる実践力を身につけることを目的とした教育である。

社会系教科における人権教育

　一般に，人権教育は学校教育全体を通じて取り組むものであると考えられている。「自分の大切さとともに他の人の大切さも認めること」といった理念に基づき，児童生徒間の人間関係づくりを進め，例えば，いじめ解消・防止対策として実践されることが多い。このような一般的な人権教育と社会系教科における人権教育の違いは，次のように説明できる。

　人権教育で育成が目指される資質・能力の三側面，すなわち，「①知識的側面」「②価値的・態度的側面」「③技能的側面」に，社会系教科はトータルに関与することができる。ともすると上記②③に偏重傾向のある人権教育に対し，社会系教科では①も重視し，人権教育に広い視野から総合的にアプローチできる。

人権教育の展開

　ダイバーシティ社会の確立に向け，社会系教科でも人権教育に係る教材が数多く開発されている。被差別部落，在日韓国・朝鮮人，女性，障がい者や高齢者に加え，近年では，LGBTQ＋，子どもの貧困に係る教材も開発されるようになった。さらに，グローバルな視点に立って，海外の様々な人権問題も，人権教育の教材として積極的に取り扱われている。

　社会系教科で人権教育を実践する際に中心となるのは，公民教育であろう。しかし，地理・歴史教育にも重要な役割がある。人権問題は極めて複雑であるため，その理解や探究を深めるにあたり，地理・歴史教育で身に付けた知識・技能や見方・考え方の活用が必須となる。

課題

　1つ目は，授業づくりを巡る課題である。基本的人権を理解させるに留まらず，人権問題を積極的に取り上げ，課題解決的に授業を進めることが求められる。その際，学習者の気づきを重視する参加型学習教材が有効に活用されるべきである。

　2つ目は，教師教育を巡る課題である。人権教育の推進には，教職員に人権尊重の態度を養うことが必要である。学校や教室に「隠れたカリキュラム」があることを自覚し，組織づくりや場の雰囲気づくりも同時に進められるべきである。

〈参考文献〉
・オードリー・オスラー他／藤原孝章他訳『教師と人権教育─公正，多様性，グローバルな連帯のために─』明石書店，2019
・神村早織他『人権教育への招待─ダイバーシティの未来をひらく─』解放出版社，2019

（唐木清志）

社会科教育の目標とカリキュラム

135　哲学教育・P4C

哲学教育

　広くは，哲学をキーワードにすることに何かしらの意味を見出す教育全般を指す。ただ，もっと限定的に，人類がこれまで進めてきた哲学の成果を伝達する教育のみがイメージされることも多い。

　哲学は，その名前が探究の対象物を指し示す形を取っておらず，他の「○○学」よりつかみどころが無い。語源を「知を愛する」ということに持っており，人間のあらゆる反省的な思考を含むとも言える。ただ，かつて哲学と呼ばれていた諸探究がひとまとまりの領域として別の学問になっていったことを考えると，それでも残った探究が哲学だと言うこともできる。他の「○○学」と変わらず，似た手順を使って似た対象について探究することに打ち込んでいる一方で，反省的な思考の在り方（対象や手順，目的など）そのものを探究することも厭わないという再帰的な側面も持っている。

　学校の市民性教育において，哲学の重要性はそれほど主張されてこなかった。たしかに，現在の社会が作られてきた経緯を理解させることを重視する立場から，哲学史の理解をカリキュラムの中に担保しようとする主張はある。しかし，市民の合理的判断や正当化された決定を直接的に支える思考を重視する立場から見ると，哲学をわざわざ意識しても，それは日常的で曖昧な思考の粋を出ないと考えられてきた。これらが限定的な哲学教育のイメージを作っていると言えよう。

P4C

　近年，これまでの限定された位置づけを超えて哲学を学校教育に含みこむことが少しずつ検討され始めている。その代表が Philosophy for Children という教育アプローチであり，略称を P4C という。P4C では子どもたちが哲学的な対話に取り組むようにする。哲学的な対話が何を意味するか，P4C にも様々なバリエーションがあるが，例えば以下のようなことを意識することが含まれる。それぞれの問いを聴き合う関係から始める／経験の意味づけに注目して問いを変化させる／それ以上大きな文脈に位置づけられ難い問いを扱うことを厭わない／誰かを説得するのではなく対話が継続される関係に配慮する。哲学的な対話は，共同での問いの発見・変化のプロセスによって自分の経験の意味づけを「問いなおす」。そして，「問いなおし」による対話の継続は，関係の意味を深め，他者に意義を見出す共同体を発展させることができるのではないかとされている。

〈参考文献〉
・モーガン・グレゴリー他編／豊田光世他訳『子どものための哲学教育ハンドブック』東京大学出版会，2020

（福井　駿）

社会科教育の目標とカリキュラム

136 経験・体験

定義

経験とは，人が自らを取り巻く環境（社会的な事象や人々，自然の事物など）に，働きかけ，応答的な関係を築く中で，そこに意味を見出し学ぶことである。人は，生きる中で様々な感情を味わい，思考し，生活経験を積み上げている。デューイ（Dewey, J）は，人の成長とは継続的な「経験の再構成」と捉えており，その過程で教育（教師による指導）が重要という。子どもが日常生活で培った経験を基盤とし，それを発展させる中で社会的かつ道徳的な知性を形づくっていく。経験の捉え方は，経験主義と系統主義で対立的に論じられた時期もあったが，両者の対立の強調は改められる必要がある。

社会科教育と経験

経験は，学習者の五感（見たり，聞いたり，手で触れたり）をともなった体験によって得られた「直接経験（一次経験）」と，言葉などを通して他者の経験を追体験して学んだ「間接経験（二次経験）」があり，両者は独立していない。なお，経験と体験は区別されることがある。子どもは様々な体験活動（職場体験や自然体験など）を行うが，その過程や結果を振り返り，体験の意味を自覚し経験に高めていくことが必要とされる。

直接経験は，日常生活の中でも人の内面に形作られる。人が学びを行う上で基盤となるものである。しかし，社会や自然の変容によって，子どもの生活経験が乏しくなってきたといわれ続けており，体験活動の充実が求められている。一方で間接経験は，直接的に関わることが難しい過去や遠い場所における物事について，他者の経験を追体験することで学ぶことである。社会科では，資料集やインターネットなどが使用される。これらの情報源を用いて，子どもが他者の経験を解釈することで自分自身の見方や考え方の再構成を行う。

子どもの経験を生かした社会科教育は，長岡文雄が奈良女子大学文学部附属小学校でおこなった実践に代表される。小学校第3学年の単元「近鉄地下乗り入れ工事」では，子どもたちの生活経験から教材（駅の工事）が設定され，それを学級で共同的に追究する過程となっている。この中で，子ども一人ひとりの経験が再構成され，社会の仕組み（繋がり）や人々の行動の変化を追究している。

〈参考文献〉
・ジョン・デューイ／市村尚久訳『経験と教育』講談社，2004
・田中智志編著『教育哲学のデューイ―連環する二つの経験―』東信堂，2019
・長岡文雄『考えあう授業』黎明書房，1972

（渡邉 巧）

137 ICT の活用

定義

教育における ICT（Information and Communication Technology：情報通信技術）の活用とは，教育現場において ICT の特性をふまえて行われる実践・研修・日常業務等を指す。

歴史と特質

初等中等教育で ICT が本格的に活用され初めたのは，80年代以降のコンピュータ室への機器導入以降である。その後，インターネットとマルチメディアの活用，普通教室等へのコンピュータや大型提示装置の設置といった取り組みがなされた。2010年代以降は，1人1台の端末やデジタル教科書の普及，学校内の高速通信環境の整備や ICT 活用教員研修制度の充実等の施策が進行している。

教授・学習活動場面に限定すると，ICT 活用は大きく2つに分けられる。

第1に，主として一斉指導の効率化を目的として行われる ICT 活用。活用主体は教師であり，コンピュータや大型提示装置，インターネット等を活用して，情報提示，発話，焦点化といった教授行為の支援に用いられることが多い。

第2に，知識・技能の定着と活用，学習意欲や態度の向上等を目的として行われる ICT 活用。活用主体は子どもであり，コンピュータやタブレット型端末，インターネット，電子掲示板等を活用して，発表や話し合い，協働での意見整理や制作，学校の壁を越えた交流等の学習活動に用いられることが多い。

社会科における活用と展望

文部科学省（2020）では，社会的事象に関する様々な情報を収集・分析・整理する活動における ICT 活用の重要性が強調されている。具体的な実践事例として，野外調査や社会調査の活動場面における情報収集，GIS を利用した生活圏の地理的な課題の把握，博物館等のデジタルアーカイブを活用した史資料の読み解き，情報収集を通したリテラシーの育成，等の取り組みが紹介されている。

社会科における ICT 活用は実践レベルで様々な事例が報告されているものの，教科の特性に応じた活用のあり方を論じるものは少ない。授業外の学習に開かれていること，離れた空間をつないだ学習が展開できること，学びの成果が常に蓄積・更新されていくこと等，ICT の特性は社会科の実践のあり方を根本から変えていく可能性を秘めている。今後の体系的な研究と実践が求められる。

〈参考文献〉
・日本教育工学会監修／高橋純・寺嶋浩介編著『初等中等教育における ICT 活用』ミネルヴァ書房，2018
・文部科学省『社会科，地理歴史科，公民科の指導における ICT の活用について』2020　　　　　（大坂　遊）

社会科教育の方法と評価

138　黒板・板書

定義

　黒板とは，チョークで書いた字を黒板消しで消したり，磁石で貼った資料を外したりできる教具である。全国黒板工業連盟のホームページによると，黒板は，大学南校（東京大学の前身）の教師であったアメリカ人のスコットが1872年に初めて我が国に持ち込んだ。黒板の普及に伴い「ブラックボード」が翻訳され「黒板」と呼ばれるようになる。黒板の塗面が黒色から緑色に変わるのは第二次世界大戦後である。

　板書とは，教師が各時間における学習事項や児童生徒の発言を黒板に記録することを指して呼ぶことが多い。また，板書は社会科授業のあり方に大きく左右される。地理や歴史の事実や用語を教える授業であれば学習事項を整理することが板書の中心になるし，話し合いや討論に基づく授業であればその論点を明らかにすることが板書の中心になる。教師は選択した社会科授業のあり方に即して最適な板書の仕方を考える必要がある。

役割

　授業の教授・学習過程を視点にすると，板書の役割は大きく3つに分類できる。第1の役割は，児童生徒に学習課題を把握させるという授業の導入部の機能を補助することである。授業の学習課題やめあてを板書して視覚化・共有化させることによって，学習の見通しをよりよくも

たせることができる。

　第2の役割は，児童生徒に学習課題を追究・解決させるという授業の展開部の機能を補助することである。例えば，写真やグラフなどの資料を黒板に掲示したり，児童生徒の発言を記録・整理したり，彼らにネームプレートを貼らせたりする板書活動などである。これらの活動を通して，児童生徒の考えをよりよく深めたり広げたりすることができる。

　第3の役割は，児童生徒に学習成果を振り返らせるという授業の終結部の機能を補助することである。授業の感想を発表させ授業の要点を板書で確認したり，板書の一部を黒板消しで消して知識の定着を図ったりすることができる。

　これらの役割に加えて，児童生徒の発言を板書することによって，彼らの存在を認め褒める役割も果たしている。児童生徒の発言を活かす板書を心がけたい。

〈参考文献〉
・佐藤正寿他「特集　思考と学びが深まる！『板書づくり完全ガイド』」『社会科教育』明治図書，No.721，2019
・豊嶌啓司「社会科教育実践としての指導方法研究—社会科授業における板書考察—」『福岡教育大学紀要』第59号，第2分冊，2010

（藤瀬泰司）

社会科教育の方法と評価

139　足場がけ

定義

　自力では達成できない課題に取り組む学習者に適切な支援を与えて達成可能にすること。その支援がない時よりも複雑な課題に学習者が取り組めるようになることを記述するための概念。建設作業における足場の比喩から名づけられ，足場かけや足場づくりとも訳されている。

歴史

　足場がけという概念は，ヴィゴツキー（Vygotsky, L. S.）による「発達の最近接領域」を理論的な手掛かりにしてウッド，ブルーナー，ロス（Wood, Bruner, & Ross）によって1976年に提案されている。ウッドらは幼児がブロックを積み上げていく際，幼児の能力を超える課題は大人が課題を調整し，課題解決に導く様子を分析し，問題解決やスキル獲得を支援するチューターの機能および手続きのモデルを示した。

　学習科学における足場がけの概念とその利用に関する研究には，上で述べたようなヴィゴツキー派の研究だけでなく，認知的徒弟制の研究もあげることができる。仕事や生活に直結することを学ぶために，それを教えてくれる師匠に弟子入りし，学びの目標を体現している師匠の姿を見ながら，仲間と切磋琢磨していくような徒弟制の学びを参考に，認知的徒弟制の学習指導法を提唱しているのがコリンズ（Collins, A.）らである。①教師が模範を示し，学習者はそれを観察する「モデリング」，②教師が手取り足取り教える「コーチング」，③教師が支援しながら学習者に独力でやらせる「足場かけ」，④教師の支援を次第に少なくして学習者を最終的に自立させる「足場はずし」の4段階の学習活動を示している。

　複雑なスキルや課題を最小限の構成要素に分解し，新しいステップを加えながら取り組ませる行動主義的な教授アプローチとは対照的に，生徒たちは現実世界または熟達者における複雑な課題に取り組み，その取り組みの最中に支援することが足場がけの教授学的本質とされる。

課題

　既存の教育実践も足場がけ概念を用いて分析することで新しい学びの支援が明らかになる可能性がある。また足場がけ概念は拡張しており，子ども同士の足場がけやコンピュータ・ツールに埋め込まれた足場がけなどにも注目したい。

〈参考文献〉
・森敏昭他編『よくわかる学校教育心理学』ミネルヴァ書房，2010
・R.K. ソーヤー編／望月俊男他編訳『学習科学ハンドブック』北大路書房，2018
・大島純他編『学習科学ガイドブック』北大路書房，2019

（田口紘子）

社会科教育の方法と評価

140 エンパシー・シンパシー

定義

　心理学では，エンパシーは共感であり，他人の気持ちや感情に自分を同調させる資質を意味する。シンパシーは同情と訳されることが多く，困難な経験やネガティブな状況にある他者を気遣う感情として，エンパシーと区別される。

　歴史教育学では，英米圏の歴史教育学研究の成果を踏まえ，シンパシーは自己と対象を同一視する情意的概念，エンパシーは過去の文脈や状況から対象を客観的に捉える認知的概念として区別される。

共感を巡る論争

　従来，エンパシーとシンパシーは共感として歴史教育学研究の重要な論題であった。1980年代の安井俊夫の社会科授業実践「スパルタクスの反乱」を巡る論争がその代表格であり，安井実践の最大の対立は，「子どもの共感に基づく主観的願望から科学的社会認識は形成されていく」という安井の主張と，「共感を科学的社会認識に高めるには，時代の構造の中で奴隷制の問題を理解させることが必要である」という土井正興の主張であった。一方では，共感は特定の人物の視点に限定されるため，社会全体レベルの認識の育成が不可能な理解主義の社会科になるという批判が，他方では，生徒が自ら歴史を主体的に構成し，低次から高次の理解へという循環的思考で理解の客観性が高まるといった擁護も指摘される。

共感は，歴史学と歴史教育学の関係性，歴史教育固有の論理，科学的社会認識，子どもの主体性といった多岐に亘る論点を提起し，現在に至るまで重要な研究対象とされている。

今後の展望

　近年の歴史教育学研究では，共感を歴史的エンパシーとして捉え直すことで新たな共感に基づく歴史教育が検討されている。歴史的エンパシーに基づく歴史教育では，生徒の主体的な問いから仮説を設定し，多様な史資料の探究から根拠に基づいて思考・判断・表現することを求める。さらに，英米圏の研究に照らして，歴史的エンパシーをレベルで段階づけることで，子どものエンパシーを資質・能力として評価することも構想される。歴史的エンパシーに基づく歴史教育が，共感を巡る論争や，理解主義社会科という課題を乗り越え，近年の教育動向に対応した新たな展開へと踏み出すことができるのか注目される。

〈参考文献〉
・歴史学研究会編『歴史学と歴史教育のあいだ』三省堂，1993
・原田智仁「歴史的エンパシーに着目した参加型学習を」『社会科教育』53(6)，2016

　　　　　　　　　　　　（宇都宮明子）

社会科教育の方法と評価

141 習得・専有

定義

　ワーチ（2002）の定義によると，習得（mastery）とは，認知的次元に着目した概念であり，文化的道具をすらすらと活用するための方法を知る（knowing how）ことである。例えば，自転車を苦労なく乗れるようになることであり，アイヌ語をすらすらと話せるようになることである。また専有（appropriation）とは，社会的関係に着目した概念であり，他者に属している文化的道具を自分自身のものにすること，すなわち，他者がその埋め込まれている社会文化的文脈の中で活用している文化的道具について，学習者は自らの志向や埋め込まれている社会文化的文脈に合った形で活用することができるようになることである。例えばアイヌ民族の末裔が話すアイヌ語をアイヌ民族の末裔ではない学習者が自らの問題意識の元で自らの埋め込まれた社会生活の文脈に適する形でアイヌ語を使いこなすことがこれに当たる。

　本来的に他者に属している文化的道具を自らが専有しようとする際にはいつも何らかの抵抗が伴うことになる。それは他者と自分とで埋め込まれている社会文化的文脈が違うのに，どうしてそれを自分のものとする必要があるのか，どうすれば自分にとって意味のあるものになるのかという疑問や問いが生まれざるをえないからである。

この概念が注目される理由

　この概念が教育学で注目されるようになった背景には，学習者が知識または技術として習得したことをテストといった場面で活用することができるにもかかわらず，日常生活の肝心の場面で用いていない現実が注目されるようになり，習得＝転移という単純な図式では説明できないことが指摘されるようになってきたことがある。すでに心理学側から学習の意味づけが転移を促す（意味づけをしないなら転移を促さない）ことが指摘されていたが，こうした学習の意味づけが少なからず学習者を取り巻く社会文化的文脈と関係する点に注目する研究者らにこの二概念は注目されている。

　社会科教育学では現在，学問志向の（例：歴史学志向の）教育論を学習者が抵抗する動きや受け入れる動きを説明するための概念として注目されており，今後さらなる応用が期待されている。

〈参考文献〉
・J．ワーチ／佐藤公治他訳『行為としての心』北大路書房，2002
・星瑞希「生徒は教師の歴史授業をいかに意味づけるのか──『習得』と『専有』の観点から──」『社会科研究』90，2019

（渡部竜也）

142 教材・教具

定義

　教材・教具は，教師の教育活動と児童生徒の学習活動を媒介する役割を果たすものである。教材が教育（学習）内容を児童生徒が獲得するための具体的な素材であるのに対して，教具は教育・学習の展開を補助し，有効にするための道具である。

　教材の重要性については，赤子のミルクと栄養の関係で語ることができる。赤子が母乳や粉ミルクを摂取し，成長に必要な栄養を得るプロセスが，児童生徒が教材へ働きかけることを通して，教育（学習）内容を獲得するプロセスに喩えられる。栄養のみを摂取させることは自然ではないように，教育（学習）内容は教材を通して獲得されるものである。

「教材」の研究

　「教科書を教えるのではなく，教科書で教える」とは，社会科の教師が心がけるべき授業の要諦である。教材に目を向けることは，このことを実践することに他ならない。例えば，学習指導要領で示された目標，内容，内容の取り扱いを基に，授業の骨組みを構想し，授業の目標を具体化するために，教科書をどのように活用するかを考えたり，教育的に加工した素材を設定したりすることが求められる。時に，児童生徒の探究を促す「地域教材」や「ネタ教材」，「モノ教材」が先行することもあるが，その場合も，目標との関わりから教材研究を行うことが大切である。

「教具」の研究

　教室空間における主要な教具は，黒板，ワークシートなどであったが，ICT の登場により，社会科の教室環境は大きく変化している。教室内の活動の変化だけではなく，学校の外部や遠隔地との対話が可能となり，公共空間としての教室を拡張させている。

　ICT を活用した教科固有の学びとは何か，あるいはデジタル化された教科書を用いることによる児童生徒の学びの実質的な変化についてなど，実証的な研究が求められる。

社会科教育と教材・教具

　社会科（地理歴史科，公民科を含む）の学習対象は「社会」である。そのため，現実あるいは過去の社会と児童・生徒を媒介する教材・教具は重要である。教材・教具の研究は，個々の教師が社会科の授業を改革することができる領域であり，様々な創意工夫が求められる。

〈参考文献〉
・中村哲「社会科授業における教材の措定と構成」全国社会科教育学会『社会科研究』1995
・日本教材学会編『教材学概論』図書文化社，2016

（空　健太）

定義

　教科書は正式には「教科用図書」と言い，教科書の発行に関する臨時措置法第2条で「小学校，中学校，高等学校及びこれらに準ずる学校において，教科課程の構成に応じて組織排列された教科の主たる教材として，教授の用に供せられる児童又は生徒用図書であつて，文部大臣の検定を経たもの又は文部大臣において著作権を有するもの」と定義されている。

　また，学校教育法第34条第1項では「教科用図書」の使用義務が規定されているが，同法第4項では「教科用図書…（中略）…以外の教材で，有益適切なものは，これを使用することができる」ことが定められている。副読本とはここで言う「教科用図書以外の教材」のことであり，社会科では，小学校第3・4学年で使用する「郷土読本」を指して「副読本」と呼ぶことが一般的である。

作成過程

　文部科学省のホームページによると，教科書は，①各教科書発行者が図書を作成し文部科学大臣に検定申請する，②申請された図書は教科用図書検定調査審議会に諮問され文部科学大臣が検定の合否を決定する，③都道府県や市町村の教育委員会が調査研究を行い採択する，④採択された教科書は教科書発行者により製造・供給される，という過程を経て使用されるようになる。

　一方，副読本は，市区町村の教育委員会や社会科教育研究が図書を作成・編集する。なぜなら，小学校中学年社会科では児童の身近な地域が学習対象となるからである。身近な地域の情報を学習指導要領や採択された教科書の趣旨を踏まえて収集・編集することにより，副読本は小学校中学年社会科の「主たる教材」として活用できるように作成される。

使用上の留意点

　教科書や副読本は，文部科学省の検定のもと，民間の教科書発行者や市区町村の教育委員会や社会科教育研究会が描いた地域像・歴史像・社会像である。そのため，それら解釈を事実そのものとして学習させる授業づくりだけは何としても回避したい。民主的な国家・社会の形成者を育成するためには，教科書や副読本の記述を手がかりにして，児童生徒が自ら地域像・歴史像・社会像を形成できるよう支援することが大切である。

〈参考文献〉

・草原和博「社会科授業づくりの留意点とプロセス」全国社会科教育学会編『新社会科授業づくりハンドブック 中学校編』明治図書，2015
・藤瀬泰司「批判的教科書活用論に基づく社会科授業作りの方法」『社会科研究』第80号，2014

（藤瀬泰司）

社会科教育の方法と評価

144　教授書・授業書

定義

前者は森分孝治が提唱した，ひとまとまりの完結性のある教材について，詳細な授業計画として理論的に構想・構成したもの。後者は板倉聖宣が提唱した仮説実験授業を行うために使用される児童生徒用の印刷物のこと。その授業書に印刷されている指示そのままに授業を進めれば，授業者の経験によらず，だれにでも一定の成果が得られるように作られている。どちらも授業実践のための計画を緻密かつ詳細に策定し，追試が可能なように構成したものとまとめられる。

デメリット

教授書や授業書は，策定するのに多大な労力と時間が必要となる。そのため，策定した教師はあらかじめ策定したとおりに進めようという誘惑にかられ（特に指導書は教師による裁量の幅が小さい），当初想定していなかった児童生徒の反応があった場合，それに対応しきれず，授業が硬直化してしまう可能性がある。授業それ自体は，児童生徒の反応などによって，状況即応的に臨機応変に改変しながら進めていくべきもので，あらかじめ作った教授書や授業書にこだわりすぎるべきではない。

メリット

とはいえ，詳細な計画を策定することに意味がないわけではない。以下，授業評価と関連させながら，2つに分けて説明しよう。

教育における PDCA サイクルが重視されているが，同サイクルを確実なものとするには，「C（反省）」が重要な営みとなる。もし詳細な教授書等があれば，計画の段階で（授業を実践する前から），その計画の良しあしを吟味・反省でき，よりよい実践構築が可能となる。言わば，PDCA サイクルをPとDの間でも行うということである。

また，授業後の反省に関しても，それができたかできてないかの確定が容易となり，どこが良かったのか，又はどこで失敗したのかをあとで考え直す際，確定した事実に基づいた言い訳のできない反省が可能となる。こうした真摯な反省は，PDCA サイクルには重要である。

作る過程で授業や教材について深く考えたり，子どもについて考察したりすることもでき，その後の教員としての実践知の向上に有効である。上記デメリットを考慮しつつ，可能な限り詳細な計画を策定する必要があろう。

〈参考文献〉
・森分孝治『社会科授業構成の理論と方法』明治図書，1978
・D. ショーン『省察的実践とは何か』鳳書房，2007

（竹中伸夫）

社会科教育の方法と評価

173

145　NIE・新聞活用

定義

　NIE は，Newspaper in Education（「教育に新聞を」）のイニシャリズムで，子どもたちに生涯学習の基盤となる能力の一つである「情報活用能力」を育成するために，教育界と新聞界が協力して，新聞教材の開発と活用の研究・普及を目指して行っている教育のことである。

NIE の歴史

　NIE は，1930年代，ニューヨーク・タイムズが，新聞，別刷り紙面，カリキュラム・ガイドなどを全米の大学や高等学校に提供する運動を推進したことが起源と言われている。その後，1955年，デモイン・レジスターが全米教育協会の協力のもと，NIC（Newspaper in the Classroom）運動を開始したことで，全米規模の組織的な運動として拡大した。

　日本の NIE は，1985年の新聞大会において提唱されたことで始まる。そして，1989年，日本新聞協会は，都内の小・中学校3校において，新聞を提供するパイロット計画を開始した。その後，1995年，各都道府県に NIE 推進協議会が設立され，実践指定校を中心に NIE の取組が全国に展開されるようになった。

「情報活用能力」と社会科

　「情報活用能力」とは，情報やメディアを主体的に選択，活用するとともに，情報を積極的に発信できる能力を指す。これは，単に ICT 機器などのメディアを活用できる能力としてのみ捉えるのではなく，情報化社会を生きていく上で必要な能力として捉えることが重要である。具体的には，「問題発見力」「情報受信力」「探究力」「意思決定力」「情報発信力」「メディアリテラシー」「シティズンシップ」，それらの前提となる「言葉の力」などが挙げられる。上記の力は，子どもたちが NIE 学習の中で，問題発見，情報の受信・発信，知的な問題の探究，実践的問題の意思決定を行うことで涵養される。こうした NIE 学習において育成が目指される能力や学習の方法は，社会科学習におけるそれらとも重なる。したがって，社会科と NIE をうまく連携させることで，双方の学習に相乗効果をもたらすだろう。この連携により，新聞を介して，子どもたちと社会をより円滑につなぎ，子どもたちの社会に対する興味・関心をより高める効果も期待できる。

〈参考文献〉

・小原友行，高木まさき，平石隆敏『はじめて学ぶ学校教育と新聞活用—考え方から実践方法までの基礎知識—』ミネルヴァ書房，2013

・妹尾彰『NIE の20年』晩成書房，2004

・日本 NIE 学会『情報読解力を育てる NIE ハンドブック』明治図書，2008

（岡田了祐）

社会科教育の方法と評価

146 ユニバーサルデザイン

定義

ユニバーサルデザイン（Universal Design）とは，国籍，言語，文化，性別，年齢，障がいの有無などの差異に関係なく，誰でも参加・利用が可能になることを目指したデザインの在り方である。教育においては，全ての学習者に公平に学びを提供することが目指される。

ユニバーサルデザインが求められる背景

外国人や障がいのある児童生徒はもちろん，様々な理由により学びに参加しにくい学習者の存在が顕在化してきたことで，学級・教室内の多様性が，近年見直されている。この動きは，学校教育における社会科が持つ特質から，次の教育課題を際立たせることになる。

1つは，国家・社会の形成者の育成を担う目的から，社会科は既存の社会の価値観や文化様式への同化を促す側面がある点である。社会・文化的背景が異なる児童生徒からすれば，知識の習得，理解が困難なだけでなく，アイデンティティ形成にも影響が出てこよう。

2つは，社会科は複数の資料を比較したり，抽象化したり，推論をしたり，主張や異議申し立てのための理由と根拠を補強したりなど，社会を捉え働きかける力を育むために，様々な見方・考え方を働かせて思考する教科である。児童生徒の学習経験によって，これらの思考を直ちに実践することは難しい。

3つは，社会科の学習は，学校，学級・教室という，ある意味一つの現実の社会の中の人間関係や雰囲気の中で行われる点である。これは社会科に限ったことではないが，環境によって児童生徒の学習への参加は大きく左右される。

ユニバーサル"デザイン"の諸相

以上に挙げた課題に対して，どう"デザイン"をしていくかの重点が異なってくる。1つ目の社会科の同化を促す側面については，教科の本質・性格を多文化教育的な視点から見直すといった原理的な検討を経ることになる。2つ目については，例えば思考ツールを用いた具体的・実践的な指導方略の開発などが中心になろう。3つ目については，学級内での話し合いのルールづくりなど，各教科の指導の前提となる民主主義的環境の在り方をデザインすることになる。

これらのデザインの諸相はあくまで重点の置かれ方によるものであって，一体的に考えていくことが重要である。

〈参考文献〉

・松尾知明「日本における多文化教育の構築—教育のユニバーサルデザインに向けて—」『社会科教育研究』第116号，2012

・村田辰明『社会科授業のユニバーサルデザイン』東洋館出版社，2013

（後藤賢次郎）

社会科教育の方法と評価

定義

　学習心理学の三つの大きな潮流の一つである行動主義に基づき，米国の心理学者スキナーによって提唱された学習方法。問題を段階的に配置（プログラム）して学習者に提示することで，到達目標の実現を志向するもの。「ｅラーニング」などの基盤となった考え方。

5つの原則

　以下の5つは，プログラム学習の原則ではあるが，学習方法のいかんにかかわらず非常に重要な要素である。

①学習者による積極的反応の必要性

一斉形式による講義型授業に対する批判から生まれた学習方法のため，問題が出題され，学習者が「解答」という行為をしてはじめて次に進む。そのため常に学習者の積極性を必要とし，それが喚起・維持されるようにその他の原則も存在する。

②スモールステップの原則

難しすぎても簡単すぎてもやる気を喚起することは難しく，また急激に難しくなっては意欲がそがれる。よって，プログラムの難易度を，ほんの少しずつ緩やかに上げることで，漸進的に目標を達成するよう組織する。

③即時確認の必要性

学習者が問題に答えた直後に正誤が判明する。1問答えるごとにフィードバックをもらえることで，生徒の興味関心の維持・持続を狙っている。

④自己ペースによる学習

浮きこぼしや落ちこぼしを防止する意味でも，学習者それぞれがそれぞれのペースで学びを進める必要がある。

⑤学習者によるプログラムの検証

学習者がプログラム学習をどのように行ったかのデータを通じて，作成者へのフィードバックもなされ，プログラムの改良が図られていく。

デメリット

　細分化された問題による学習の繰り返しである以上，細分化可能なもの（知識や一定の技能）の習得には有効な学習方法の一つといえる。ただ，細分化によって，要素的な理解の積み重ねとなり，かならずしも全体の枠組の深い理解につながらないという問題もある。また，学習が個々で完結しており，学び合いといった営みも発生しない。いかなる学習方法を用いるかは目標の観点から最適なものとすべきであるから，資質育成を重視する社会科においては，その活用方法は慎重に吟味すべきだろう。

〈参考文献〉
・杉山尚子『行動分析学入門』集英社，2005
・吉野智富美『プログラム学習で学ぶ行動分析学ワークブック』学苑社，2016

（竹中伸夫）

148 問題解決学習

定義

問題解決学習とは，学習者自らが問題を発見し，追究し，解決する能力を育成することを目的とした学習理論である。

今日では，問題解決学習ではなく，問題解決的な学習という言葉を使用することが多くなっている。この背景には，問題解決学習では本来，「問題」を学習者の生活経験から生じるものに限定して捉えるのに対し，社会系教科の授業では，問題をそのように捉えるものばかりではないということがある。問題解決的な学習では，問題を社会問題としたり，教師から提示したりすることもある。

なお，初等教育では問題解決（的な）学習，中等教育では課題解決（的な）学習という言葉を使用することが多い。

理論＆実践

問題解決学習であれ，問題解決的な学習であれ，重要なことは，学習を能動的なものと捉えて，知識の暗記に見られる受動的なものを廃し，自ら問題を発見し解決していく能力の育成を目指している点である。そこで，問題解決学習では，正しい解決に至ることではなく，解決にたどり着くまでの過程に目を向けることになる。このような考え方は，1900年代初頭のアメリカにおいて，J・デューイ（John Dewey）が初めて教育実践に取り入れたとされている。

問題解決学習の過程は，例えば，問題把握，問題追究，問題解決の3段階で示すことができる。この過程をたどる中で，学習者は知識・技能を習得・活用したり，思考を働かせたり，他の人と協働的に学んだりして，最終的に，問題解決のアプローチ方法を身に付けることになる。

歴史的変遷

日本の社会科教育史を紐解けば，戦後まもなくは，問題解決学習が社会科の中心的な学習理論であったことがわかる。しかし，基礎学力低下等の理由から，当時の社会科は「はいまわる社会科」という批判を浴び，結果的に，社会科の初志である問題解決学習は衰退を余儀なくされる。代わって社会科の中心的な学習理論となったのが，系統学習である。

課題

問題解決学習か系統学習かという二者択一の議論が社会系教科ではこれまでなされてきた。しかし今日，両者は車の両輪と考えられている。両者を相補的に捉え，社会系教科の授業づくりを進めることが求められているのである。

〈参考文献〉
・谷川彰英『問題解決学習の理論と方法』明治図書，1993
・藤井千春『主体的・対話的で深い学び 問題解決学習入門』学芸みらい社，2018

（唐木清志）

社会科教育の方法と評価

149　シミュレーション・ゲーミング

定義

　シミュレーション・ゲーミング（SG）とは，仮想的に構築された現実世界に類似したシステムの中で，プレイヤーである学習者が何らかの教育的意図に基づいてゲームを行う行為のこと。教育方法としてのシミュレーションは多様に存在するものの，SGはゲームを通して行うシミュレーション全般を指す。

特質と動向

　SGを取り入れた実践は，社会構造の把握や社会的課題の解決，実践的な意思決定など，社会科教育において重要かつ困難な目標に対して，現実社会への参画によってではなく仮想的な社会における模擬体験によって達成を目指すことを特徴とする。福田（2017）は，社会科でSGを行う意義について，①高い動機付けとそれによる知識の定着，②日常では体験できない模擬体験，③活動による機能知の形成，④仲間と協力して問題解決する社会性の育成，の4点を挙げる。

　実践に際しては，社会系教科の教育目的に合致して設計されたゲームを活用する場合もあれば，既存の市販のコンピューターゲーム等を活用する場合もある。

　日本では，1970年代からSGの研究が注目され始め，1980年代から90年代にかけて地理教育の領域における研究や教材開発が盛んにおこなわれた。また同時期に，SGの教授学習機能の分析研究もなされるようになった。90年代後半以降は，地理教育のみならず，経済教育，環境教育，多文化教育などの領域でもSG教材の紹介や実践研究がおこなわれるようになった。2010年代以降は，歴史領域における研究や教材開発もみられるようになっている。

留意点と展望

　プレイヤーである学習者が体験するゲームはあくまでも仮想的な社会であり，現実とは異なる。そのため，SGではゲーム設計者が解釈・構築したシステムやモデルを理解するだけでなく，現実社会の事例と照らしてそのモデルの妥当性や代替可能性について批判的検討を行う作業（デブリーフィング）が欠かせない。この機能を意図的に組み込んだゲームも存在するものの，本来主体的にこの役目を担うべきなのは教師であろう。

　近年隆盛を極める多人数参加型のオンラインゲームやSNSによって，「仮想空間上の現実社会」が出現し，拡張を続けている。これらとSGとの関係についても，今後検討する必要があるだろう。

〈参考文献〉
・新井潔他『ゲーミングシミュレーション』日科技連出版社，1998
・福田正弘「社会科教育におけるゲーミングシミュレーションの研究」広島大学学位論文，2017

（大坂　遊）

社会科教育の方法と評価

150　ドラマ学習

定義

　ドラマ学習は，狭義には学習内容を脚本化し，劇として演じていく劇化学習を指す。一方で広義にはそうした固定化した劇だけではなく，他者を演じる行為を通して得られる視点や関係性そのものの受容それ自体に可能性を見出すことにも近年は注目がなされている。

歴史

　ドラマ学習を「劇」と捉えるとその歴史は古い。1947年版学習指導要領をもとにした初期社会科においても，単元例として「劇」にすることが見られる。また戦後期のこうした劇を学習に用いる展開は，さらに大正期の新教育や芸術自由教育運動の時期に，それまで大人のための余興として子どもが演じるものであった演劇を，むしろ演じる子どもたちの学習のために位置づける「学校劇」として昇華されてきた歴史とも繋がっている。

　一方，こうした劇の学習は文化祭や学芸会などを中心に発表するという形を取ることが多く，手間と時間がかかる大がかりなものであることが多く，1950年代になると系統学習の勃興の中で衰退していく。とくに科学主義的な社会科教育においては，劇という手法の中に埋め込まれる共感性や物語性自体が，「科学的な社会認識の形成」が目指される中で理論的にも忌諱される論調も目立った。

新たな展開

　近年こうした学習は，新たな展開が見られるようになっている。ここでは，「演じる」という行為の中に本質的に存在する「人は誰もが場の中で役割を持ち，その中で何かを為していること」ということに着目する流れである。授業の中で敢えて他者になってみることを重視し，それを通して，非日常的な対話や関係性を教室の中に作り出してみることである。

　ここにはポストモダニズムの流れを受けたドラマトゥルギーなどの詩学の発想，さらにヴィゴツキーを再解釈するホルツマン心理学など理論的後押しもある。

　かつての劇化学習よりも即興性が重んじられ，とくに脚本がなくてもよく，その場で「他者になって考え，対話する」ことが重視される。社会科はいかに学び手自身から距離のある社会を，自らの視点に取り込み，社会の見方や考え方を拡大深化させていくかである。即興的に当事者になってみようとするこうした学習の発想は重要であるだろう。

〈参考文献〉
・木村博一『日本社会科の成立理念とカリキュラム構造』風間書房，2006
・ホルツマン，L.／岸磨希子他訳『「知らない」のパフォーマンスが未来を創る—知識偏重社会への警鐘—』ナカニシヤ出版，2020

（南浦涼介）

151　討論学習

定義

　討論学習とは，主に社会的論争を教育内容として，それの解決を図るために討論を方法として組み込んだ学習のことである。なお，ディベート（debate）学習は，討論学習の1つの形態である。

討論における主張と反駁

　討論とは，民主主義社会において集団的な決定を行う際に必要不可欠な主張と反駁を意味している。主張は明確な根拠（groud）に基づいて結論（conclution）を述べなければならない。根拠は具体的な事実（date）に加えて，事実から結論を導出することを正当化するための一般化された理由付け（warrnt）が必要になる。さらには，理由付けを状況的に限定する要素として裏付け（warrant of backing）がある。

　一方，反駁（rebuttal）は，主張の根拠を批判的に検討する行為である。反駁は主張の構造に対して行わなければならない。つまり，結論を導出さる際のデータは妥当であるのか，あるいはデータと結論を結びつける根拠は妥当であるのかなどの検討である。反駁は，指導が必要である。指導がなければ，反駁は的を得ず，批判的検討は徹底されないからである。そのため，反駁は，主張を検討する際に，最も重要な行為である。なぜなら，批判によってこそ主張の妥当性が明らかになるからである。

社会科における討論学習の受容と意義

　討論学習は，意思決定，あるいは合理的意思決定を育成するための方法として研究が進められてきた。加えて，近年では，社会形成の社会科の方法原理として位置づけられてきた。社会形成の社会科においては，討論を方法原理として位置づけて，社会的論争を教育内容とする。その授業では，学習者が討論を行うことで政治的な決定に参加することができることを目標としている。例えば，原発の是非を教育内容として，その論争について討論するのである。その結果，学習者は政治的な決定に関わることができる，すなわち市民へと変容することとなる。

　このような討論学習の意義は，次の2点である。第1は，政治的決定に関与することである。現実の社会的論争に対して討論することで学習者であっても政治的な決定へと関与することが可能となる。第2は，市民として変容することである。学習者であっても市民へと変容する可能性を有することが重要であろう。

〈参考文献〉
・香西秀信『反論の技術―その意義と訓練方法―』明治図書，1995
・佐長健司編『社会科でディベートする子どもを育てる』明治図書，1997

（田本正一）

社会科教育の方法と評価

152 探究（探求）学習

定義

　探究／探求（inquiry）とは，広義には問題解決（problem-solving）や反省的思考（reflective thinking）と同じとされ，学習者の認知的不協和（困惑，混乱，懐疑）から始まり，問題の明確な定義づけの試み，問題を解決しうる仮説の設定，実験や観察による証拠の収集と仮説の吟味・検証，結論すなわち仮説の真偽の判断と修正に至るまでの一連の仮説演繹的な考察のことを指す。狭義には，学習者の学びが這い回らないように教師が積極的な支援・補助していく中での学習者による合理的な仮説演繹的考察のことを指し，この場合，問題解決と探究とは区別されることになる。すなわち，問題解決は，教師の介入を極力避けて学習者が自らの経験に依拠しながら自律的主体的に仮説演繹的に考察することを，探究は，専門家らの分析・思考の過程を意識して構造化された問いや教師による指導された討論（問答型のやりとり）を重視した授業下で学習者がやや他律的に，しかし学習者の生活経験からは得られにくい問いや視座をもって仮説演繹的に考察することを特に指すことになる。

歴史的経緯

　デューイの一連の著作などにも確認できるが，かつて探究と問題解決とは区別せずに用いられてきた。しかし米国で1950年代後半にデューイら進歩主義者の教育論が反知性的な学習を生み出していると批判を受け，学問的な思考過程や概念の教化するアプローチが重視されるようになると（教育の現代化／新社会科運動），こうしたアプローチの支持者たちは従来の学習者の自律性や主体性を過度に重視する学習と区別して，学問的かつ合理的な思考過程を重視するアプローチを探究学習，そこでの学習者の考察を探究と呼ぶようになった。

探究と探求の違い

　なお，探究と探求について一般的にはあまり区別なく用いられる傾向にある。しかし，あえて区別して用いる論者もいる。例えば山田（2011）は，探究は一つの個別事例・出来事についての解釈を究めるという意味で，探求は複数の事例から一般原理（普遍的理論）を追い求めるという意味で区別して用いることを提案している。

〈参考文献〉

・K. バートン＆ L. レヴスティク／渡部竜也他訳『コモン・グッドのための歴史教育』春風社，2015
・山田秀和『開かれた科学的社会認識形成をめざす歴史教育内容編成論の研究』風間書房，2011
・渡部竜也『社会科授業づくりの理論と方法』明治図書，2020

（渡部竜也）

社会科教育の方法と評価

153 プロジェクト法・PBL

定義

プロジェクト法とは，デューイ（Dewey）の進歩主義教育を思想的な母体とする，キルパトリック（Kilpatrick）による「プロジェクト・メソッド（project method）」を指す。また，PBL（project-based learning）とは，プロジェクト・メソッドをルーツとした学習戦略の用語である。これらは「プロジェクト学習」と総称される。

プロジェクト学習は，実社会に関する複雑な問題や問いなどを解決・検証していく学習である。戦後の初期社会科の学習原理である問題解決学習（problem-based learning）と類似する学習論である。

理論

伝統的な学習が，既存の知識や技能の獲得を目指すのに対して，プロジェクト学習は，問題が先にあり，それを解決するために必要な知識を学習する。その知識を活用して，問題を解決できたかを評価する。したがって，プロジェクト学習は一般的に次のように展開する。①テーマの設定，②解決すべき問題や問い・仮説の設定，③先行研究のレビュー，④必要な知識や情報，データの収集，⑤結果と考察，⑥成果物として仕上げる。

プロジェクト学習の特徴として，①や②のテーマ設定や問いの設定の段階から，生徒が主体的に行うこと，そして，①から⑥の学習の中で，何を学んだのか，どのように学んだのかというプロセスを意識させ，評価の対象とすることが挙げられる。それゆえ，学習者中心の学習環境のデザインが重要となる。

教科におけるプロジェクト学習

プロジェクト学習を行う最も典型的な場面は，総合的な探究の時間である。しかし，教科の学習においてもプロジェクト学習の理念を生かす必要がある。

例えば，高等学校の歴史領域では，各科目のまとめとして，生徒が自ら主題を設定して，歴史的な見方・考え方を働かせ，探究を行う学習が位置づけられている。生徒自身で探究を行うには，それまでの科目の学習において，生徒が問いを表現したり，資料に基づいて課題を追究する学習を経験しておく必要がある。教科の中で行うプロジェクト学習は，教科固有の学びを自覚することが求められる。

〈参考文献〉
・小原友行『初期社会科授業論の展開』風間書房，1998
・溝上慎一，成田秀夫編『アクティブラーニングとしてのPBLと探究的な学習』東信堂，2016
・田中智志，橋本美保『プロジェクト活動―知と生を結ぶ学び―』東京大学出版会，2012

（空　健太）

社会科教育の方法と評価

154　ジグソー法

定義

　グループ活動を用いることで主体的・能動的な学びを可能にしようとする教育方法の一つである。ジグソー法による授業は，典型的には以下のようなものになる。授業で取り組む問いについて，その答えを出すために必要だと考えられる取り組みを複数の部分に分け，各学習者がそのうちのどれかを分担する。同じものを分担している学習者でグループをつくり，取り組みを深める（エキスパート活動）。次に，違う部分を担当した学習者でグループをつくり，各自で行ったことをまとめて問いに対する答えを考える（ジグソー活動）。その後，各グループが答えを発表し，それを聞いた上で学習者はそれぞれ自分なりの最終的な答えをまとめる。グループを２種類つくり，学習課題への取り組みに際して，分担，統合と段階を明確に設定することがこの方法の特徴になる。

知識構成型ジグソー法の流行

　現在，日本の学校では，「知識構成型ジグソー法」と言われるような，知識に強調点をおいたジグソー法活用の説明が広く受け入れられている。「知識構成型ジグソー法」では，獲得してほしい知識をその構成要素になる知識に分解しておき，それを活動によって発見しつつ，統合していくプロセスを授業にする。そうすることで，授業の最終地点における理解の深化をある程度保証しつつ，各自が自ら発見した知識によってそれに近づくことができる。ただし，最終的に獲得する知識が各部分を統合することで初めて到達できる知識として設定されていない（持ち寄る知識が相互に不可欠な部品になっていない）場合，ジグソーの利点が発揮されないので注意が必要である。

社会科教育における検討課題

　社会科教育は知識を部品として組み合わせることだけでは解けない学習課題にも取り組んでいく。例えば，論争的な社会問題についての議論を試みる授業の場合，予め分割された知識の再統合だけでは十分でない。このような課題に主体的に取り組ませるには，互いの視点の提供が，新しい問題の発見や吟味，または合意や協力への接近に不可欠である状態を準備することが重要になる。

　ジグソー法は，学習の成功が子どもたちの相互依存に結び付けられるように授業をデザインすることを本質とする。しかし，その有効な活用は，安定した知識について部品の組み立て図が描けるものに限定されがちであることが今後の検討課題である。

〈参考文献〉
・友野清文「ジグソー法の背景と思想」『学苑　総合教育センター・国際学科特集』No.895，2015　　　（福井　駿）

社会科教育の方法と評価

155　熟議

定義

　熟議とは，「熟議民主主義」の考え方を背景に，価値多元社会の中で，多くの当事者が課題について，学習・熟慮し，互いの立場や果たすべき役割について理解を深めるとともに，解決策が洗練され，個々人が納得して自分の役割を果たすようになる，そのプロセスのことを指す。

熟議民主主義

　熟議民主主義は，これまでの自己利益中心の政治像の対案として提示された考え方である。政治を自己利益の追求・達成と見る政治像は，集合的なニードや目標に取り組むこと，およびその課題を共に実行する他者の存在を視野に入れない。これに対して，熟議民主主義とは，政治を「公的なものを創出する過程」と捉える。「公的なもの」とは，各自の私的な利益の追求ではなく，「集合的な問題・目標・理想・行動」のことを指す。「公的なものを創出する過程」において，民主主義は，「共通善（common good）」を議論することへと方向づけられる。その際，問題になるのが，「共通善」の中身になる。「熟議民主主義」では，単一の実体的な共通善の存在は否定される。そして，その「共通善」は，熟議によってその都度定義され，是正されていくものとされる。他方で，熟議は共通善を実現するのかといった問題も生じる。熟議の中に，自己利益を頑なに主張する人も

いるかもしれない。諸個人が集まっても必ずしも「共通善を志向」するような議論が成立するとは限らない。熟議には，熟議参加者の各自において，「当初の選好が他者の観点を考慮に入れるように変容する過程」としなければならなくなる。

「熟議民主主義」を基盤にした社会科

　吉村は，社会問題の解決に携わり，よりよい社会の形成に参画するのは，市民であり，市民は，基本的な権利を等しく有しており，それぞれが個として尊重されるべき存在であると主張する。このことは，自ら有する諸権利が尊重されるべきであるとともに，ともに社会を生きる存在である他者もまた，そのような権利を有していることを意味すると述べている。「熟議民主主義」を基盤に，「共通善を志向」する熟議を成立させるための前提条件の一つを述べていると論定できる。価値多元社会における社会科の方法原理として「熟議」は，社会形成（教育）やシティズンシップ（教育）を基礎づける考え方の一つと整理できる。

〈参考文献〉
・田村哲樹『熟議の理由　民主主義の政治理論』勁草書房，2008
・吉村功太郎「民主主義社会の主体的な担い手を育てる」唐木清志編『「公民的資質」とは何か』東洋館出版社，2016

（橋本康弘）

社会科教育の方法と評価

156 トゥールミン図式

定義

　トゥールミン図式とは，「議論のレイアウト（the layout of arguments)」ともよばれる論証モデルのことである。それによれば，データ（data）に基づいて，結論（claim）を主張する。さらには，それらを正当化する理由づけ（warrrant）があり，理由づけを支えるのが裏づけ（warrant of backing）である。ただし，この図式は日常の議論であるため正当化の程度は蓋然的である。そのため，限定詞（qualifier）などを加えて正当化の程度をより限定して考察することが可能である。

社会科教育研究における受容

　トゥールミン図式は，社会科教育研究においても広く受容されてきた。例えば，社会的な論争を教育内容とした価値判断を指導する社会科授業や意思決定を指導する社会科授業，さらには社会形成を原理とした社会科授業等において活用がなされている。活用の具体としては，一般的にトゥールミン図式によって教育内容を分析的に記述させることで授業構成の補助としたり，授業分析の補助としたりする。そうすることで，論理的思考力を強化することが期待される。あるいは，議論を容易に理解することを可能にすることなどが期待されてきた。

　このように社会科教育研究においては，様々な期待を背負いトゥールミン図式は受容されてきた。その背景としてトゥールミン図式は演繹的で普遍性を志向する論理学を基盤としていると考えられているからである。すなわち，トゥールミン図式は，普遍的な分析的議論を対象としているのである。そのため，それを活用することで前述した能力を高めることができると考えられている。

トゥールミン図式の受容に対する批判

　普遍的で分析的議論を対象とするという主張に対して批判を加えているのが佐長健司である。佐長によれば，トゥールミン自身は状況主義的な立場であり，トゥールミン図式についても分析的議論ではなく，実質的議論を重視しているという。それは議論自体が状況あるいは場に埋め込まれているからである。この立場であれば，普遍的な決定ではなく，状況との関係によって決定をせざるを得ない。このような解釈は，新たなトゥールミン図式のあり方を提示する可能性がある。

〈参考文献〉
・トゥールミン，S.／戸田山和久他訳『議論の技法―トゥールミンモデルの原点―』東京図書，2011
・佐長健司「『トゥールミン・モデル』の再解釈による社会科授業構成の状況論的転回」佐賀大学文化教育学部『研究論文集』第17集第2号，2013

　　　　　　　　　　　　　　　（田本正一）

社会科教育の方法と評価

185

157 思考ツール

定義

　思考ツールとは，学習活動における児童・生徒の思考を可視化するための道具である。一般的には，ワークシート上に特定の図形を描き，「気づいたこと／見つけたこと」を図形上に書き込んだり，位置づける活動を通して，児童・生徒の「考えていること」を整理したり，全体で共有する活動で用いられている。

　社会科では，社会的事象の現状把握や分析，社会問題に対する児童・生徒の意見の精緻化，可視化の際，「思考ツール」が用いられることが多い。以下の図は，思考ツールを活用した授業のワークシート（一部）である。

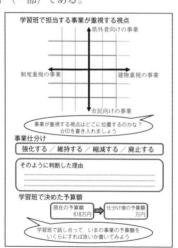

　図では，「県外／県民向けの事業」，「建物／制度重視の事業」の2つの視点から，T県で行われている事業の特徴を捉えさせる学習（四象限モデル）と，当該事業を「強化／維持／縮減／廃止」の判断を行い，「そのように判断した理由」を書かせる学習が想定されている。いずれも，「事実」の確定及び「判断／主張」と「理由」の可視化によって，生徒の思考の対象化と精緻化が目指されている。社会科では，「事実」や「解釈」，「価値」など様々な要素が複雑に絡み合う社会問題を扱うことが多い。思考ツールの活用はより生産的な議論と精緻な意見形成につながるといえよう。

課題

　ICT機器の発達で，ネット上の学習支援ツールの活用が容易となった。そこには，様々な思考ツール（ベン図，クラゲチャート，ピラミッドチャート，ボーンズなど）が存在し，これまで以上に気軽に使える環境が整いつつある。しかし，「考える場面」がなければ，「思考ツール」は使えない。まずは，「考える場面」と児童・生徒の学習状況に適した思考ツールを選択することが重要といえよう。

〈参考文献〉
・足立幸夫『議論の論理―民主主義と議論―』木鐸社，2004
・黒上晴夫，小島亜華里，泰山裕『シンキングツール―考えることを教えたい―』NPO法人学習創造フォーラム，2012

（井上奈穂）

158　絶対評価／相対評価

定義

　収集した学びの証拠をどのように解釈するか。準拠する枠組みによって，その判断は分かれる。絶対評価とは，評価情報を教育の目的と関連づけて解釈する方法であり，相対評価とは，特定の集団内における位置づけによって解釈する方法である。ともに利点と限界がある。

絶対評価の利点と限界

　絶対評価は，評価基準の取り方によって認定評価，目標に準拠した評価，個人内評価の三種類に分けられる。

　認定評価とは，評価者が個人的にもつ教育目標や基準に基づいて主観的に解釈する方法である。例えば，伝統芸能における免許皆伝や音楽での表現力といった教師の判断がそれに該当する。師匠が弟子を全人的に育てようとする際には効果的な評価方法である。しかし，評価者の権威の絶対性に依拠しているため，恣意的かつ独善的になる危険性がある。

　目標に準拠した評価とは，学力の中身を具体的な到達目標として設定し，それを基準として学習者の到達度を解釈する方法である。目標に到達できていない子には，その後の授業で到達するための手立てを用意することができる。目標に準拠した評価は，評価結果をもとに教師と子ども双方に省察性を加えることにより，指導と学習を改善することができる。一方で，知識や技能のように具体的で測定可能な目標に対しては有効であるが，思考や態度のような目標については，絶対的な到達点を定めることが難しいため，測定が困難であるとの限界も指摘されている。

　個人内評価とは，評価基準を子ども個人において，その子どもの継続的な成長や頑張りを横断的・縦断的に解釈する方法である。個人が持つ多様な側面を過去の能力と比較し，現時点でどのように進歩したのかを構造的，発達的に解釈することを目指す。

相対評価の利点と限界

　相対評価は，集団の中における個人の相対的な位置づけを表示するため，その判断に評価者の主観が入らないという利点がある。自己を客観視できる一方で，他の人たちとの関係において優劣が明らかになるため，排他的な競争を生む可能性がある。子どもの学びに寄与するためにどのような解釈枠組みを参照することが妥当なのかを教師は考える必要がある。

〈参考文献〉
・藤本将人「社会科における目標準拠評価の方法」『教育学研究紀要』第48巻第2部，2002
・田中耕治『教育評価』岩波書店，2008
　　　　　　　　　　　　（藤本将人）

159 到達度評価／個人内評価

到達度評価

到達度評価とは，教育活動の目標に照らし，子どもの学習状況の目標達成度や習得度の評価・測定を行おうとする評価法のことである。子どもの学習状況についての個人差，当該集団の中での位置を明らかにすることを目的とした相対評価に対する用語として用いられることが多く，絶対評価ともいわれる。到達度評価の主な実施手順は，①目標の具体化と表示し，②その目標群を代表する項目の抽出とテスト等の作成，③到達基準の設定，④テストや観察の実施と到達度の判定となる。学力の序列化につながりがちな相対評価に対し，目標達成度や習熟度を測定しようとする到達度評価は，児童・生徒一人ひとりの確かな学力保障につながりやすい。1970年代の「到達度評価運動」の理論的な支柱となった考え方でもある。この到達度評価には２つの前提が指摘されている。１つは，到達度の判定によって「目標を達成していない」児童・生徒がいた場合は，必ず，それを補う指導や処置が必要な点である。２つは，児童・生徒の到達度を測定できる客観的な測定基準の設定が技術的にいまだ難しいという点である。例えば，評価にルーブリックを用いても，間主観的な基準であり，技術的な問題をクリアしてはいない。「到達度評価」の実施においては，活用する評価法の特徴とその限界を考慮した上での実施が必要である。

個人内評価

個人内評価とは，対象となる児童・生徒の個人の学習状況を他者との比較や特定の目標・基準に基づかず，「その人」個人の学習状況や全体的な成長を評価する方法である。到達度評価がその基準を外部に求めるのに対し，個人内評価は，対象となる児童・生徒の内部の変化・成長を判定しようとする点に違いがある。観点別評価の項目の１つである「学びに向かう態度，人間性等」には個人内評価の側面も含まれており，「感性や思いやり」など評定に示しきれない児童・生徒の一人ひとりのよい点や可能性，進歩の状況について評価することが例として挙げられている。ここでいう評価とは，児童・生徒の学習改善や資質・能力の向上を目的とした「見取り」や「声かけ」のことであり，更なる判定ではない。客観的な基準の設定や評価の証拠集め以上に，教育の場に携わる者の教育的鑑識眼が重要となる。

「到達度評価」の限界と「個人内評価」の特性を踏まえた使い分けが不可欠である。

〈参考文献〉
・橋本重治『到達度評価の研究―その方法と技術―』図書文化，1981

（井上奈穂）

社会科教育の方法と評価

160　診断的評価／形成的評価／総括的評価

定義

おもに評価の目的と実施時期の違いによって区別される評価の概念。

指導前や指導の過程で，学習者の状況を診断的に評価し，その後の指導の前提とするものを診断的評価，指導の過程で学習者の学習状況や目標の達成状況を確認し，学力形成に利用するものを形成的評価，指導終了時に学習の全体的な成果をまとめるものが総括的評価とされる。

歴史

アメリカのシカゴ大学のブルーム（Bloom, B. S.）らは，すべての学習者が到達目標を習得するよう指導する完全習得学習（mastery learning）理論を展開するなかで，診断的評価，形成的評価，総括的評価を提唱している。指導過程の節目で，到達目標を習得するまでに段階的に習得する学習目標と関連させて学習状況を確認することで，つまずきの早期発見・回復が可能となる。

なお形成的評価と総括的評価の用語はシカゴ大学のスクリヴァン（Scriven, M.）がカリキュラム評価において用いたのが最初であり，ブルームらが教授・学習過程における評価に適用したとされる。

2017（平成29）・2018（平成30）年の学習指導要領の改訂を受け，2019（平成31）年1月に中央教育審議会初等中等教育分科会教育課程部会より公表された「児童生徒の学習評価のあり方について（報告）」においては，学習評価を児童生徒の学習改善と教師の指導改善につながるものととらえ「指導と評価の一体化を図るためには，児童生徒一人一人の学習の成立を促すための評価という視点を一層重視する」ことが示されており，「形成的評価」が強調されている。

課題

形成的評価に注目が集まる一方で，「形成的評価の結果を積み上げれば総括的評価となる」といった総括的評価を軽視したような論調も見られる。田中（2020）は「学力の基本性を主たる対象とする形成的評価と学力の基本性のみならず発展性（活用力や総合力）を対象とする総括的評価とは区別されるべきであり，この発展的な様相を把握する評価方法（概念地図法，比喩的説明法，パフォーマンス評価法，ポートフォリオ評価法など）が開発される必要がある」と述べ，「目標に準拠した評価」の課題にも応える「真正の評価」論を紹介している。

〈参考文献〉
・B.S. ブルーム ,J.T. ヘスティングス ,G.F. マドゥス／梶田叡一，渋谷憲一，藤田恵璽訳『教育評価法ハンドブック』第一法規出版，1973
・田中耕治編集代表『資質・能力の育成と新しい学習評価』ぎょうせい，2020

（田口紘子）

161 評価規準／評価基準

定義

評価規準は，「何を評価するのか」という評価の観点の具体を示すものである。評価基準は，「（評価の観点の）達成度はどの程度か」を解釈・判断する拠り所となるものである。2001年以降，「集団に準拠した評価（相対評価）」から「目標に準拠した評価（絶対評価）」へと評価観が転換し，評価方法の原理が捉え直され，評価規準・基準を適切に捉えることが一層重要になっている。

歴史的背景

第二次世界大戦後，人間の発達に対する意図的・計画的な働きかけである教育活動の成果を判断する方法を規定する概念として，「測定（measurement）」と区別された「評価（evaluation）」が登場した。戦後日本の評価観は，これらの二つの考えが融合し相対評価が行われることとなったが，1970年代に登場した到達度評価の考え方を経て，目標に準拠した評価が行われるようになった。

理論＆実践

目標に準拠した評価を進めるには，まず，目標を学習状況で表現した評価規準を設定する。そして，その実現を目指した学習指導が行われ，評価規準を基に学習の状況を見取り，児童生徒にフィードバックし学習の改善を促すと共に，教師の指導の在り方や授業の設計，カリキュラムの修正を行う。このような PDCA サイクルを確立させた「指導と評価の一体化」が目指される。例えば，調べ学習をさせ，発表させたとしても，何をどのように評価するのかが明確でなければ，調べて発表したという形式的な活動に留まってしまう。

達成度を判断するための評価基準の設定は，学習指導要領下では「十分満足できる」状況（A），「おおむね満足できる」状況（B），「努力を要する」状況（C）で判断することとなっている。

課題

評価は，評定のために指導後に行われるものであるという認識が根強い。その認識を転換し，指導と評価の一体的な計画を作成し，学習や指導の改善のために評価を活用することが求められる。

また，「十分満足できる」状況（A）とは，生徒が実現している学習の状況が質的な高まりや深まりをもっていると判断される場合である。教師独自の取り組みに留まらず，学校全体や教科内での議論に基づいた共通認識が重要である。

〈参考文献〉
・国立教育政策研究所教育課程研究センター『「指導と評価の一体化」のための学習評価に関する参考資料』東洋館出版社，2020，2021
・田中耕治『教育評価』岩波書店，2008

（空　健太）

社会科教育の方法と評価

162 観点別評価

定義

学習評価において，育成を目指す資質・能力の要素ごとの評価。制度的には，指導要録の「各教科の学習の記録」にある観点別学習状況の評価のこと。

指導要録における位置づけの変化

指導要録の「各教科の学習の記録」は，分析的な観点別学習状況（1970年代まで所見）と総合評価の評定が記録される。かつての評定は相対評価で，学習評価の基本とされていた。到達度評価の観点別学習状況は従属的な位置づけであったが，1989年版指導要領に基づく指導要録で重視されるようになった。さらに1998年版指導要領からは，到達度評価である「目標に準拠した評価」が全面的に採り入れられ，現在は観点別評価が学習評価の中心である。評定は，観点別学習状況の評価を総括的に捉えたものとされる。

指導要録に示された観点

2008・2009年版指導要領に基づく指導要録の観点は，「関心・意欲・態度」，「思考・判断・表現」，「技能」，「知識・理解」の四観点であった。2017・2018年版指導要領では，育成を目指す資質・能力が「知識及び技能」，「思考力，判断力，表現力等」，「学びに向かう力，人間性等」の三つの柱で示されたのに伴い，指導要録の観点は「知識・技能」，「思考・判断・表現」，「主体的に学習に取り組む態度」の三観点となった。

社会科学習の段階と観点

社会科学習の階層レベルを，①社会を知る，②社会が分かる，③社会に関わる，以上の三段階で捉え，先の三観点と併せて幾つか検討してみる。

「知識」は，①では個別の知識・情報，②は様々な知識が結び付いた知識・「理解」，③は生きて働く知識・知恵となる。「思考」は知識を結び付けて考察し分かることで，②に関わる。ただし，①で情報を知る際も，見方をデータ等と結び付け思考している。「判断」は主に③の段階で，「態度」は全段階で必要である。以上，各観点は三段階の全てに関わる。

観点別評価の方法

各観点の評価は，上述に拠れば，それぞれ学習活動全体に基づき行うことになる。実際の評価では，社会科学習で思考した内容を命題化すれば知識・「理解」となるなど，観点の区別が難しいこともある。一般に「知識・技能」は学習した内容としてペーパーテストで，「思考・判断・表現」は学習する方法として諸活動より評価することが多い。

〈参考文献〉
・田中耕治『教育評価』岩波書店，2008
・梶田叡一『教育評価〔第2版補訂2版〕』有斐閣，2010

（土肥大次郎）

社会科教育の方法と評価

163　指導と評価の一体化

定義

　教育活動では，計画，実践，評価という一連の活動の繰り返しの中で，子どものよりよい成長を目指した指導が展開される。評価の結果を踏まえ，指導を改善し，さらに新しい指導の成果を評価し，指導に生かすことを「指導と評価の一体化」という。この考えは，1998年版学習指導要領に示された「目標に準拠した評価の一層の重視の方針」を受けて，普通教育における学習評価の基本的なとらえとして位置付けられたものである。2017年版学習指導要領においても，「単元や題材などの内容や時間のまとまりを見通しながら評価の場面や方法を工夫して，学習の過程や成果を評価し，指導の改善や学習意欲の向上を図り，資質・能力の育成に生かすようにする」とあり，この「指導と評価の一体化」の考え方を大きく反映したものとなっている。

課題

　「指導と評価の一体化」は，学習評価の中心的な考え方であるが，その実行において，様々な難しさが挙げられる。

　1つが，「指導と評価の一体化」の想定するスパンの捉え方である。つまり，①単元の評価規準の設定から評価の総括までの流れ，②評価結果を生徒の学習改善や教師の指導改善に生かすまでの流れである。①は，教育課程全体における教科の学習状況を総括的に捉える「評定の

ための評価」であり，いわゆる学籍簿の「指導に関する記録」に記入される公的な児童・生徒の学習の記録である。②は，日々の授業の中での生徒の学習改善や教師の授業改善につなげる「学習改善のための評価」である。授業を50分／45分の単位でとらえるのではなく，「内容のまとまり」に基づく単元として計画し，単元全体を俯瞰し，授業者の目指すゴール，子どもの姿を見据えながら，授業の中での見取りやフィードバックを通して，学習改善に生かす考え方である。「指導と評価の一体化」というと②が想定されがちであるが，実際の場面では①と②の峻別は難しい。想定している期間によって，とらえるべき学習状況やその活用の目的は異なる。日々の教育活動の中で，この違いを意識することが必要である。

　2つは，「指導と評価の一体化」という理念と評価のための技術のすり合わせの難しさである。膨大な評価資料を効率的に処理するために，教育活動における「子どもの姿」を数値化・記号化して記録せざるを得ないことが多い。便利な反面，技術的な処理のみで学習状況を捉えようとする危険性がある。目標と教育活動の文脈及び数値化・記号化した資料と実際の「子どもの姿」を常に検討し，信頼性のあるデータに基づく，妥当性のある評価を行う必要がある。　　（井上奈穂）

社会科教育の方法と評価

164　評定

定義

　評定とは，予め設定した基準に基づき，子どもたちの学習活動に対して，等級に分ける，順位や序列を付ける，得点を与えるなどし，分類，弁別，判定する，価値決定の行為である。この特性から管理目的で使用されることが多い。

分析評定と総合評定

　学校教育の主要な評定は，指導要録の「各教科の学習の記録」である。その多くは，学習状況を観点によって分析的に捉える分析評定と総括的に捉える総合評定から成る。これらの関係は，指導要録の改訂に伴って変化している。

　最初の指導要録（1948年版）では，観点別の五段階相対評価（分析評定）のみで，教科としての総合評定は行われなかった。主観的であった戦前の考査（総合評定）への反省からである。

　しかし，次の改訂（1955年版）で，教科別の五段階相対評価の「評定」欄（総合評定）は復活した。この時期，指導要録の証明機能が重視され，一教科一評定の総合評定が選抜資料として有用性を認められたためである。また，複数の観点に特徴がある場合に「○×」を付ける，個人内評価の「所見」欄（分析評定）も，補助的ではあるが設けられた。

　「所見」欄は，その後，「観点別学習状況」欄に再編され，絶対評価となり（1980年版），「評定」欄よりも前面に出された（1991年版）。この時期，「指導と評価の一体化」の強調により，指導に生きる評価が希求されたためである。それにより，指導要録内に絶対評価に基づく分析評定と相対評価に基づく総合評定が共存するという歪みが生じたが，その後，「評定」欄に目標準拠評価が採用され（2001年版），問題は解消された。

評定の位置づけの再考

　「評定」欄，「観点別学習状況」欄，学期末や各単元の評価活動が入れ子構造であることを意識し，評定を評価の一部に位置づけ，その後の学習活動や指導に活かそうとすることが重要となる。評定自体のもつ，簡潔且つ明快に教科の学力を示すことができる特性も，例えば，子どもの得意・不得意教科を把握し，その後の支援に活かすことを可能とする。

社会科における評定に際して

　社会科で評定を行う際，社会科の目標や3つの観点を明確化しておくことが求められる。それに加えて，目標と3つの観点の関係づけについても，意識的に考えておくことが重要である。

〈参考文献〉
・天野正輝『教育評価史研究』東信堂，1993
・田中耕治『学力と評価の"今"を読みとく』日本標準，2004

（岡田了祐）

165　パフォーマンス評価

定義

　パフォーマンス（performance）とは，「完全に（per-）」と「形作られたもの（formance）」から成る言葉であり，一般にはイベントなどで行われる音楽演奏や舞台，劇などを指す言葉である。パフォーマンスには，目的があり，目的の達成のために多様な能力や技能が活用されている。パフォーマンス評価とは，対象となる能力や技能を実際の活動の文脈を踏まえた中で活用させ，その結果・様子を総合的に評価しようとするものである。

　このパフォーマンス評価は，1980年代のアメリカで起こったスタンダード運動批判，特に，画一的に実施される標準テストの批判から出てきた考え方である。いわゆる伝統的な客観テストでは，断片的な知識や技能の有無しか評価することができず，児童・生徒の持つ学習成果の総合性を捉えることはできないという批判から生まれたものである。そのため，「総合的な学習の時間」など，教科の垣根を越えて学校全体で取り組みプロジェクト型で行う「広義」のパフォーマンス評価と，各教科で設定されている「内容のまとまり」を前提とした「狭義」のパフォーマンス評価に分けることができる。

　社会科においては，「狭義」のパフォーマンス評価が行われることが多い。例えば，「なぜ世界各地では，人々の生活に多様な特色がみられるのか，また，な

ぜそれは変容するのか」（中学校社会科の地理的分野，内容B　世界の様々な地域(1)）のような「単元を貫く問い」が設定され，その問いもしくは，問いに対応する課題に対する児童・生徒の取り組みがパフォーマンス評価の対象となる。児童・生徒は，単元を通して，必要な「知識・技能」を獲得し，自らの「思考力・判断力・表現力等」を駆使し，課題解決のための考察・構想を行う。パフォーマンス評価を行う場合，課題に対する児童・生徒の作品（解説文やレポートのように，1つにまとめられることが多い）と，単元全体との関係を整理し，単元全体と授業を照らしながら評価を行う必要がある。

「社会科」との関係

　現実社会につながる課題は，言語力や計算力など，従来の「社会科」の範囲を超えた資質・能力が欠かせない。「社会科」として，そのような生徒の作品をどのように評価するのか。従来の「社会科」の枠をはみ出してしまうパフォーマンス評価の観点と「社会科」の守備範囲をどう整理するかが，今後の課題といえる。

〈参考文献〉
・国立教育政策研究所教育課程研究センター『「指導と評価の一体化」のための学習評価に関する参考資料　中学校　社会』東洋館出版社，2020　　（井上奈穂）

166　ルーブリック評価

定義

　ルーブリックとは，学習状況を判定するための規準・基準を記した表のことであり，この表を用いて評価することを「ルーブリック評価」という。ルーブリックには，学習の達成度を示す程度の尺度とそれぞれのレベルに対応するパフォーマンスの特徴を示した記述語（評価規準）で構成されている。主に，パフォーマンス評価やポートフォリオ評価のように，総合的な資質・能力を必要とする生徒の成果物等の全体性を評価する場合に用いられる。

　具体的に，小学校6年生を対象にとした単元「憲法と私たちの暮らし」を例に説明しよう。本単元では，「水道料金を支払えない人に水道を止めてもよいか」という問いに対し，憲法に規定されている「生存権」の意義，地方公共団体の役割を踏まえながら，自分なりの判断とその理由を表現するという課題が設定されている。表は，その児童の回答を評価す

るためのルーブリックである。表にあるように，いくつかの規準からなる「評価の観点」と尺度を表す基準が設定されており，どのような回答が当てはまるかを記した記述語が示されている。ルーブリック評価では，論作文や社会への提言など，その全体を評価する評価法とされているが，規準や基準の設定・判定の段階で，当該集団に準拠せざるを得ず，間主観的な判定とならざるを得ない。そのため，記述語だけでは，評価者間の共有が難しく，「アンカーとなる作品」が設定されることも多い。また，課題の前に設定していたルーブックは実際の回答に合わないことも多く，その場合は回答に合わせ，再検討をする必要がある。そのため，「評価する」ことだけを目的とするのではなく，児童・生徒の思考過程の把握や教材や指導法の改善の視点が得られるなど評価以外の側面にも目を向ける必要がある。

（井上奈穂）

表　単元「憲法とわたしたちの暮らし」のルーブリック

	評価の観点	アンカーとなる作品
段階1	水道料金を支払えない人の立場，水道局の立場の両方を踏まえることができ，生存権という言葉も使うことができている。	方法）国に助けてもらうが少しは自分で払う 理由）水道局の人もお金に困らないし，国の税金にかまってばかりだと，国も負担が多いので，自分で払ってもらうと両方助かるから
段階2	水道料金を支払えない人の立場，水道局の立場，生存権の使用のいずれかを踏まえた理由となっている。	方法）少し税金を使ってその水を補う 理由）税金のお金を使うことで支払う人が払うお金が少なくなるから
段階3	水道料金を支払えない人の立場，水道局の立場，生存権という言葉のどれも踏まえることができていない。	方法）借金をさせる 理由）ずっと払えないのだったら，借金をして払わせることができるかもしれないから

（益井翔平他「概念の習得活用を目指す小学校社会科授業」『鳴門教育大学実践紀要』第15号，2016より筆者作成）

167 ポートフォリオ評価

定義

　ポートフォリオ（portfolio）とは，紙ばさみや書類入れなど，「書類を運ぶためのケース」のことであり，個々の書類ではなく，全体を1つのものとして扱う。教育活動においては，児童・生徒の学習状況の記録や学習の過程での成果物・作品を計画的にまとめる活動を通して，自らの学習の在り方の振り返りや自己評価を行うこと，または，学習者の学習活動と教師自身の教育活動を照らし合わせ，振り返り，評価することを「ポートフォリオ評価」という。西岡は，ポーフォリオについて6つの原則を挙げている。①ポートフォリオづくりは子どもと教師の共同作業である。②子どもと教師が具体的な作品を蓄積する。③蓄積した作品を一定の系統性に従い並び替えたり取捨選択したりして整理する。④ポートフォリオづくりの過程では，検討会を設定する。⑤検討会は学習の始まり，途中，締めくくりの段階で行う。⑥ポートフォリオ評価法は長期的で継続性がある。

　このポートフォリオの評価は，作成の期間や所有権の所在により，その性格が大きく変わる。期間としては，学校のカリキュラム全体を対象とすることもあれば，特定の領域，もしくは，「内容のまとまり」に対応させた1つの課題も考えられる。また，所有権とは，作品の決定権や作品を評価する決定権を誰が持つのかという点であり，教師が持つ場合（基準準拠型ポートフォリオ），教師と子どもの双方が持つ場合（基準創出型ポートフォリオ），子どもが持つ場合（最良作品集ポートフォリオ）がある。

社会科との関係

　ポートフォリオを評価に用いることで，積み重ねられた学習の履歴の検討や活用が可能となり，学習全体を見渡したり，自身の学習を振り返ることができる。社会科は，「理解」，「説明」，「探求」，「意思決定」など多様な授業形態の組み合わせから成る単元が多く，単元全体の把握が難しい。社会科の評価に「ポートフォリオ」を用いることにより，単元全体における学習状況が把握しやすくなるといえよう。また，課題に対する児童・生徒の作品だけでなく，一枚ポートフォリオ評価（OPPA：One Page Portfolio Assessment）のように，学習者が一枚の用紙に学習前・中・後の履歴を記録する方法も提案されている。これらを社会科に取り入れることで，より単元を意識した評価に近づくといえよう。

〈参考文献〉

・西岡加奈恵『教科と総合に生かすポートフォリオ評価法―新たな評価基準の創出に向けて―』図書文化，2003

・堀哲夫『新訂　一枚ポートフォリオ評価』東洋館出版社，2019　　（井上奈穂）

168　科学的管理法

定義

　科学的管理法とは，フレデリック・W・テイラーが1911年に著した経営書『科学的管理法』にて提唱した労働者管理の方法論である。科学的管理法は，現代経営学の基礎の一つとされている。

時代背景

　20世紀初頭のアメリカでは，労使双方に不信感が渦巻いており，そのことによって生産が非効率であったとされている。典型は，労働者の「怠業」問題であった。労働者が懸命になって仕事をすれば，それが仲間の仕事を侵食し，職を得られる者まで失業するかもしれない。労働者側としては，仲間を救済する意味から努力して出来高を増す必要はないと考える一方，経営者側からみると，生産が適正に行われないという不満があった。

　組織を効率的に動かすには労使双方が納得するような「何か」が必要であり，その「何か」とは労使のいずれの側から見ても公平な「一日の仕事高」，つまり「客観性」であった。テイラーは，客観的な基準である「一日の公平な仕事高」の決定に「科学の思考形式」を導入した最初の人である。

　テイラーがつくり上げた科学的管理法の中核となる概念は「タスク」である。文化人類学者が研究対象となる人々と一緒に暮らしながらその生態を調べるように，テイラーは労働者たちの傍に身を置きその様子を実直に観察した。集めた要素動作の中から無駄なものを排除し，残された必要な要素を統合することで今までのやり方と違った改善された仕事のやり方をつくり上げた。次に動作の一つひとつにどれだけ時間がかかるかを測定し，標準作業時間を作る。このように一日の勤務時間の中でなすべき仕事の量を決め，これを彼はタスクと呼ぶこととした。この仕事量こそは，労使双方に全く公平であり，いかなる恣意も含まれていないとテイラーは考えた。

意義

　テイラーにより「目標設定，目標達成の指揮指導，結果の測定評価」というマネジメント・プロセスの概念が初めて確立された。このことは後に労働者の選択と訓練という考え方を生み，さらに発展して適正テストなどの研究につながっていくこととなる。

〈参考文献〉

・上野一郎『マネジメント思想の発展系譜―テイラーから現代まで―』日本能率協会，1976
・フレデリック・W・テイラー／有賀裕子訳『新訳　科学的管理法―マネジメントの原点―』ダイヤモンド社，2009

（藤本将人）

169　真正な評価

定義

　人々は日々，社会生活を送っている。それぞれの社会の構成員として過ごす中において，人々は様々な問題に出会い，解決し，社会を発展させている。

　「真正な評価（authentic assessment）」とは，大人が社会生活を過ごす中で解決が求められるような，現実世界の課題を模写した「本物の」評価課題に取り組むことを求める評価の方法である。

　大人が日常的に行っている実践と近似した課題に取り組ませ，その過程で児童・生徒が示す活動や作品が評価対象となる。収集された学びの証拠資料は，ルーブリック（学びの質を段階的に示した規準・基準）を用いて評価する。

理論

　社会科教育を取り巻く「真正な評価」の理論には2つの系統が確認できる。1つは，ニューマン（F.M.Newmann）を代表とする「学校外での価値」を重視し，共同体構築または共通善への貢献にねらいを置こうとする論であり，もう1つは，ウィギンズ（G.Wiggins）を代表とする「学科（教科）する」ことを重視し，専門職集団との結びつきにねらいを置こうとする論である。現実生活の課題を模写する「本物の」あり方には，現在，公共圏を重視する前者と専門家のようにふるまうことを重視する後者の二系統が確認できる。

実践

　「真正な評価」を取り入れると，社会科授業がどのように変わり得るのか。アメリカ合衆国ミシガン州の社会科評価プロジェクトの事例では，現実世界の社会論争問題である「帽子問題」が取り上げられ，帽子着用に関する男女間の扱いを「多様性」や「表現の自由」といった価値で分析させている。帽子着用に関する自らの考えがどの程度社会にとって有効なのかを「市民参加」の過程を通して実社会の中で検証させ，市民としての行動力を育成・評価しようとしている。

　自分の学びが現実の社会生活の中でいかに効果的に使えるか。「真正な評価」はそれを問うている。

〈参考文献〉

・藤本将人「市民性教育におけるオーセンティック（Authentic）概念の特質」『社会科研究』第61号，2004

・F.M. ニューマン／渡部竜也，堀田諭訳『真正の学び／学力』春風社，2017

・石井英真『現代アメリカにおける学力形成論の展開〔再増補版〕』東信堂，2020

・田中耕治編集代表『資質・能力の育成と新しい学習評価』ぎょうせい，2020

（藤本将人）

170　自己調整学習

定義

　自己調整学習とは，メタ認知，動機づけ，行動において，自らの学習過程に能動的に関与して進められる学習である。

自己調整学習の理論

　自己調整学習では，力動的である「個人」「行動」「環境」の３つが相互に作用して，規定し合う関係が想定されている。そして，学習を「予見（学習の目標設定や計画立案）」「遂行コントロール（学習の遂行とそのモニタリング）」「自己省察（学習の振り返りと結果の原因分析）」の３つの段階で構成される循環的な過程として捉える。こうした一連の過程の質を高めていくことによって，より自律的で深い学習が実現されていく。

自己調整学習の社会科への影響

　自己調整学習は社会科における評価を変える可能性をもつ。従来，社会科では，主に，授業の目標と裏表の関係で評価規準が設定され，それをもとに教師による学習の評価が行われていた。そこに自己調整学習を入れ込むことは，学習者の自己評価を促すことであり，それは授業から学習者に評価の軸を移すことにもなる。このような評価の転換により，より個に即したフィードバックが可能となる。加えて，評価の観点についても，認知的なものに加えて，情意的なものもこれまで以上に意識されることが見込まれる。その際，関心や意欲の強弱を測れば済む話

ではなく，それらの根底にある，信念の状況（課題価値，感情的要因，自己効力感，帰属要因と目標志向性，学習観など）の評価までいかなければ，その意味は乏しくなる。

　また，評価の転換とも連動して，自己調整学習は，社会科における学びやその考え方を変える可能性ももつ。自己調整学習を行うためには，学習者が一定程度の自由裁量権を有している必要があることから，それを入れ込むことで，学習活動の自由度は，より高められることとなるだろう。また，学習者が自己調整学習のサイクルを回す中で，学習者自身やそれに寄りそう教師は，学習の結果のみならず，その過程の重要性に気づくといったように，学びに対する考え方を変革するということも期待できる。

〈参考文献〉

・伊藤崇達『自己調整学習の成立過程─学習方略と動機づけの役割─』北大路書房，2009

・西岡加名恵・石井英真・田中耕治『新しい教育評価入門─人を育てる評価のために─』有斐閣，2015

・ディル・H・シャンク，バリー・J・ジマーマン／塚野州一編訳／伊藤崇達，中谷素之，秋場大輔訳『自己調整学習の実践』北大路書房，2007

（岡田了祐）

171　反省的実践家

定義

　反省的実践家とは，アメリカ哲学者のドナルド・A・ショーンが提唱した概念であり，専門的知識や科学的技術を合理的に活用して社会問題の解決を目指す「技術的熟達者」とは異なる専門家像のことである。反省的実践家は，科学的・学問的知識を有する権威者としてではなく，クライアントが抱える複雑な問題の解決のために自分自身の知識の不確実性を認識した上で，他者と共に対話（探究）を続けていく「協働する共同体」の構成員として捉えられている。

反省的実践家が有する思考の傾向

　反省的実践家は，「行為の中の省察（reflection in action）」という思考の傾向を持つ存在である。この「行為の中の省察（reflection in action）」とは，自身の知識や技術，これまでの経験では解決できない問題に直面し，戸惑いや不安が生じた際に，その解決を目指すために行われる思考活動のことである。その際には，直面する困難な状況に変化をもたらすための行動がとられる。このような現状を改善し，変革するための思考活動が，「行為の中の省察（reflection in action）」であり，問題解決後の自己の行為を評価し，教訓化する振り返りとしての「行為後の省察（reflection on action）」とは異なるものと捉えられている。

歴史的背景

　反省的実践家という新たな専門家像が注目されるようになった背景には，技術的熟達者としての専門家への信頼の揺らぎがある。現代社会が抱える諸問題は，複雑で価値が対立・葛藤することによって生じることが多いため，従来までの厳密に細分化された専門的な知識や技術では解決が困難となっている。このような状況において，従来までの専門家像が問い直されている。

課題

　反省的実践家としての教師育成に関する課題として，自己の教育実践に対する省察を可能にする環境の整備を挙げることができる。この課題を克服するためには，既存の教員研修プログラムの効果や有効性について，特に主体的に省察する教師の思考プロセスに着目した検証が必要となる。学び続ける教師の資質育成を目指す教員養成のあり方が問われている。

〈参考文献〉
・ドナルド・A・ショーン『専門家の知恵　反省的実践家は行為しながら考える』ゆみる出版，2001
・ドナルド・A・ショーン『省察的実践とは何か』，鳳書房，2007
・梅津正美編著『協働・対話による社会科授業の創造』東信堂，2019

（井上昌善）

社会科教師の教育と研究

172 観察による徒弟制

定義

　教師をめざす学生（教師志望学生）は，大学の教育学部や教職課程で専門的に学ぶ以前に，教師の仕事を経験的に知っている。多くの人々は，幼稚園から高等学校の長期間にわたって，教師と接した経験（被教育体験）をもっており，その過程で教師の仕事を観察し，教えることや教科等についてのイメージを形成している。ローティ（Lortie,D.C）は「生徒であることは教師の見習いをしているようなものだ」と指摘した。教師志望学生が教師になっていく過程には，被教育体験の影響が確認でき，ローティはそれを「観察による徒弟制（apprenticeship of observation）」と説明した。

教師教育における受容

　観察による徒弟制は，ローティが1975年に出版した『学校教師―社会学的研究―』で提唱した。アメリカにおいて，教師の専門職化を議論する中で注目された。教師志望学生や教師が，被教育体験の中で身につけてきた教育へのイメージは強固であるが，教師教育でそれを克服していくことが目指された。

　ローティは，生徒は「観客」として教師を見ることはできるが，舞台袖から（同僚教師として）教師を見ることはできないという。つまり，教師の行動を観察することはできても，その教育的な意図を知ることはない。生徒は，教育学の視点（目的と手段の関係性）で分析的にみることはないという。また，恩師が強固なモデルになり，大学を卒業して教師になっても，無意識に引き継いでしまうとも指摘した。

　社会科教育の場合，教師が解説をおこなう歴史授業を受けて面白いと感じてきた学生は，探究的な授業の価値を感じにくい。また，大学で新しい教育の方法を学んでも，学校現場に出ると自らが高等学校までに受けた授業のスタイルに戻っていくということである。スレイカー（Slekar,T.D）は，恩師のような社会科授業をしたくないと思っても，新しい信念を確立することには困難さを伴うことを指摘した。教師教育では学生や教師の教育に対するイメージを受け止めたうえで，それを学生や教師自身が再構築していくことを支援することが求められる。

〈参考文献〉

Lortie,D,C.*Schoolteacher:A sociological study*. Chicago: University of Chicago Press,1975.

Slekar,,T,D.Epistemological entanglements : Preservice elementary school teachers' "apprenticeship of observation" and the teaching of history. *Theory & Research in Social Education*, 1999, 26. 4

（渡邉　巧）

社会科教師の教育と研究

201

173　洗い流し

定義

　洗い流しとは，教師志望の学生が教育実習や入職後の現職経験を積むにつれ，在学中に形成した進歩主義的な教育観とは反対の，旧来の伝統的・保守的な教育観に変化あるいは回帰する現象を指す。

理論的背景

　洗い流しの概念を紹介した Zeichner & Tabachnick（1981）は，教師志望学生の教育に関する信念や態度を調査した先行研究を分析し，教育実習や入職後の経験が学生の進歩主義的な教育観を後退させているという傾向を確認した。その上で，彼らは「大学教育で進歩主義的になった教育観が現場経験で洗い流される」という通説に対し，それを否定するような2つの大胆な仮説を提示した。

　第1の仮説は，そもそも大学教育は学生の教育観にほとんど影響しえないというもの。学生は中等教育までに伝統的な教育観を確立し，入学後も強固に持ち続ける。在学中は教員によく見られたいために表面的には進歩主義的教育観を支持してみせるものの，その必要性が無くなると捨て去ってしまうのではないか。

　第2の仮説は，大学教育は学生の伝統的な教育観の強化に寄与しているというもの。たとえば，一方で様々な指導法を試みることの重要性を強調しつつ，他方で学校の慣習に早く溶け込むようにと暗に示唆する指導をした場合は，結果的に学生は前者が"建前"で後者が"本音"だととらえてしまう。このような大学教育のあり方は，学校の現実を正当化する役割を果たしてしまうのではないか。

研究の発展と教師教育への示唆

　Zeichner らの仮説は，その後の様々な研究で検証されている。たとえば，米国歴史教育の研究は，教育実習生が伝統的な講義スタイルに後退する要因とし，K-12から大学にいたるまで伝統的な指導方法・内容の授業を長期に経験する影響を示唆する。日本でも，社会科教師志望学生を対象とした研究で類似の傾向が確認されており，これらは，学生の伝統的な教育や教科のイメージを変容させることが困難な営みであると示している。

　Zeichner らは，進歩的な教師を育成したいのなら，まず大学教育の関係者が自身の取り組みを省察せよと指摘する。大学の教師教育者の役割と責任が改めて問われている。

〈参考文献〉
・Zeichner,K.M.,& Tabachnick,B.R.. *Are the effects of university teacher education'washed out'by school experience?*. Journal of teacher education,32(3), 1981
・大坂遊『大学生の社会科観・授業構成力の形成過程とその要因』広島大学学位論文，2017　　　　（大坂　遊）

社会科教師の教育と研究

174 成人教育

定義

　最も広義の定義によれば，成人教育とは自己の所属する社会によって成人（大人）とみなされる人々を対象として行われるあらゆる教育的営みを指す。この定義に従えば，「学校」とよばれる機関で行われる教育だけでなく，公民館やカルチャーセンターといった生涯学習関連施設で行われる教育や，企業や病院などの組織内で行われる教育，そして，NPOや専門職団体が提供する教育なども成人教育の範疇となる。

成人教育（論）の展開

　歴史的に成人教育の守備範囲が拡張していった背景には，「生涯学習」や「生涯発達」という考え方の確立・浸透がある。社会的な潮流として，急激に変化する社会においては，学習は生涯にわたるプロセスでなければならないという考えが広がった。また，心理学の立場から，人間は生まれてからたえず「発達」していき，それぞれの発達の時期や個人の経験・ニーズによって直面する課題や学習のあり方が異なるという知見や思想が提起された。これらから，「大人に対する教育」は「子どもに対する教育」とは異なる論理で行われるべき，という考え方が生まれた。これは，「成人教育学（アンドラゴジー）」として，マルカム・ノールズが提起して以降，数多くの批判を通して理論的に発展してきた。

　成人教育は，学習者である成人の関心，経験，文脈を重視する点で共通する。成人教育と関係が深い理論として，D. コルブなどの経験学習論，J. レイヴとE. ウェンガーなどの状況的学習論，P. センゲなどの組織学習論などがある。

社会科教師教育への活用と留意点

　一般的な成人教育が重視する「大人ならではの自発的で経験的な学び」に基づく社会科教師教育の設計では，以下の点に注意したい。

　第一に，資格証明主義や専門職主義の隆興により，教師教育のかなりの部分が強制的な参加をともなうものとなりつつある点。教員養成カリキュラムや官製研修が「充実」を続ける中で，いかに社会科教師（志望者）に自発的な学びを保障できるか検討する余地があるだろう。

　第二に，経験を軸とした学習は，学校教育における文化・規範の無批判的な受容や肯定へと結びつきやすい点。成人教育としての社会科教師教育には，経験を軸としながらも，教科目標，教育制度，学校文化を問い直す視点を組み込みたい。

〈参考文献〉
・赤尾勝己編『生涯学習理論を学ぶ人のために』世界思想社，2004
・マルカム・ノールズ／堀薫夫・三輪建二監訳『成人教育の現代的実践』鳳書房，2002
　　　　　　　　　　　　（大坂　遊）

社会科教師の教育と研究

175　教師教育者

定義

　教師教育者とは，教職の全ての段階で教師を支援し，よき教師教育実践を提示するとともに，教師の専門性開発につながる研究成果を発信する存在のこと。日本の文脈では，大学の教員養成課程の担当者，教育実習の指導教員，教育センター・教育委員会等の指導主事，学校内の研修担当者，企業や組合・民間教育研究団体の指導者等が含まれる。

　歴史的に見て，教師教育が大学等に勤務する研究職ではなく，師範学校等の専門職養成者によって担われ（徐々に後者から前者へ移行し）てきた欧州では，教師教育者の研究能力と学術的地位の向上が要請されるようになった。このことが「教師教育者」の存在について，研究が進展する契機ともなった。

役割

　リューネンバーグ（M.Lunenberg,M）らによると，教師教育者の役割は，大きく以下の6つに大別されるという。①学術知に基づいて教師を教育する「教師の教師」，②教師に関する研究に従事し，成果を発表する「研究者」，③教師の学習過程を支援する「コーチ」，④教師の養成や成長をデザインする「カリキュラム開発者」，⑤教師をめざす学生が教師に就いてよいかを最終判定する「ゲートキーパー」，⑥教師と大学・地域・学校等の連携を支援する「ブローカー」。

　教師教育者にはこれらの役割を一体的に担うことが期待されているが，当事者にはそのようなアイデンティティが欠落するところに課題がある。

専門性と論点争点

　「教師の教師」には，次元を異にする複数の専門性が想定されている。第1次資質とは，子どもに対して「教える」知識と能力のことである。第2次能力とは，教師に対して「教え方を教える」知識と能力のことである。後者には，大人の学習特性に関する成人教育論や学校の組織・管理に関する知見が含まれる。

　教師教育者の位置づけをめぐっては，対立する2つの見方がある。1つは，教師教育者は，教師の行為や教師が置かれた状況・制度を対象化して説明することに努め，そのあり方を分析・提案する言説生産者を志向するべきという立場である。もう1つは，教師教育者は，教師の営みをモデル化して実践し，自らの行為の意味を説明できることが望ましく，同型性の原則に基づいて「教師に教えてほしいように教師教育を行う」専門職養成者を志向するべきという立場である。両者の調停が，実践的な課題となる。

〈参考文献〉
・ミーケル・ルーネンベルク他『専門職としての教師教育者』玉川大学出版部，2017

（草原和博）

社会科教師の教育と研究

176 アクション・リサーチ

定義

　アクション・リサーチとは，アメリカの社会心理学者学者のK・レヴィンによって，マイノリティとマジョリティ等の集団相互関係を改善することを目指す社会実践のための研究として提唱された概念である。アクション・リサーチでは，「計画→実施→評価」という循環モデルに基づいて，現状を把握し，変化に向けた計画を立て行動することによって，結果を評価するというプロセスを繰り返す。それによって，集団相互の関係を改善することを目指すものであり，多様な研究領域に普及している。

日本の教育研究への普及

　アクション・リサーチは，①実践＝研究と捉え社会の改善を目指すものと②主に教室における実践の改善を目指すものというように，2つの系譜がある。特に，日本の教育研究では，後者の意味でアクション・リサーチが捉えられることが多く，教育実践の振り返りを通して教師個人の行動・態度の変容を促すことが教師の成長につながると考えられている。一方で，このような捉え方に対しては，既存の社会秩序やイデオロギーの中で実践の向上を目指すものにとどまっていることから，現状の社会変革を目指すというアクション・リサーチ本来の目的とは異なるものであるという批判もある。

成立条件

　アクション・リサーチの成立条件としては，「批判的」「省察」「協働」を挙げることができる。「批判的」とは，教育実践を形作っている枠組みを検証し，よりよいものへと再構成する態度のことである。「省察」とは，「批判的」に実践について考察することである。「協働」とは，実践者を実践研究に巻き込み，実践の改善に取り組むことである。これら3つの視点に基づいて，教育実践の意味を明らかにすることが重要となる。

課題

　先述した「批判的」「省察」「協働」の捉え方によって，アクション・リサーチの内実は，その場所で行われている教育実践の改善を目指すのか，教育実践の改善を通して社会的制度などの変革を目指すのかというようにレベルが変わってくる。このようなアクション・リサーチのレベルの違いを自覚して，教育実践の意味を探究することができる教師集団の形成が課題となる。

〈参考文献〉
・K・レヴィン『社会的葛藤の解決―グループ・ダイナミックス論文集―』創元社，1954
・細川英雄，三代純平編『実践研究は何をめざすか』ココ出版，2014

（井上昌善）

社会科教師の教育と研究

177 デザインベースド・リサーチ

定義

　教育実践の複雑な文脈を前提に，問題の発見と分析，理論に基づく介入のデザインと実践，実践から得られたエビデンスを生かしたデザインの洗練と学習理論の構築を志向する研究ジャンル（マッケニー・リーブス，2021）。大学の研究者と現場の実践家が協力体制を構築し，上述したプロセスを継続的・反復的に行うことが多い。デザインされた介入は，大きなスケールにおいて実践されることが目指される。よって，①介入の汎用性を高めることはもちろん，②その介入の裏にあるデザイン原則を明示することや，③介入をデザインするナラティブを共有することを通して，各々の文脈に合わせた介入のリデザインを支援する。

理論的背景

　デザイン研究は，デューイのプラグマティズムの系譜上に位置づく。具体的には，問題を解決するために理論に基づき介入をデザインする教育工学，また学びを測定し理論化を図る学習科学にその知的基盤をおく。しかし，デザイン研究は，教育実践の複雑な文脈を「学習生態系」としてそのまま受け止めるため，「仮説―検証」を目指して学習生態系を過度に単純化をする一部の教育工学と学習科学の研究とは区分する必要がある。

日本の「開発研究」との接続

　既存の社会科の理論と実践の限界を示しその改善を試みる「開発研究」は，デザイン研究と重なる部分が多い。しかしながら，上述したデザイン研究は，これまでの日本の「開発研究」が持つ課題を指摘する。1つは，カリキュラム開発とその提示にとどまり，教室におけるその実践や学びの理論化が十分に行われてこなかったこと，2つは，どこでも活用できる理想のカリキュラムを提示するために，カリキュラムが実践される文脈を意図的に捨象してきたこと，3つは，文脈に合わせたカリキュラムのリデザインに必要なデザイン原則やナラティブが明示されてこなかったことである。

　開発研究の成果をより多くの実践家が活用できるようにするためには，デザイン研究が有する文脈性と実証性を補い，またデザイン原則やナラティブをも研究の射程に入れる必要がある。

〈参考文献〉
・スーザン・マッケニー，トーマス・C・リーブス／鈴木克明監訳『教育デザイン研究の理論と実践』北大路書房，2021
・Rubin, B. C., Freedman, E. B., & Kim, J. (Eds.). (2019). *Design research in social studies education: Critical lessons from an emerging field*. New York, Routledge.

（金　鍾成）

社会科教師の教育と研究

178 レッスン・スタディ

定義

　レッスン・スタディ（lesson study）とは，より効果的で質の高い授業の創造や専門職としての教師の力量形成を目的に，学校現場の授業実践を分析・研究の対象とし，同僚の教師たち（外部の教師や教育委員会関係者も含めることもある）が協働で行う授業に関する協議会である。レッスン・スタディは，日本の教師の専門家文化であった授業研究が海外で翻訳されたことで注目を集めた。

社会科におけるレッスン・スタディ

　社会科におけるレッスン・スタディは，次のように深化の段階を整理できる。

　第1段階は，指導技術の検討である。ここでは，「子どもの学習成果」と「授業で提示された学習内容」の一致点や齟齬を発見することが目指される。具体的には，発問，情報提示，話法などの適切さを分析することが行われる。

　第2段階は，授業構成（目標・内容・方法の一貫性）の検討である。「授業で提示された学習内容」と「授業計画で期待する学習成果」の一致点や齟齬を発見することを目指す。具体的には，授業・学習内容とその組織化の適切さを分析することが行われる。

　第3段階は，教科観の検討である。「授業計画で期待する学習成果」と「対象に関して成立し得る知識・判断・技能・態度等」の一致点や齟齬を発見する

ことを目指す。具体的には，社会科の教科としての本質に関する授業者の考え方の適切さを分析することが行われる。

　一般的には，第1段階を検討することに力点が置かれる傾向にあるが，第2段階，そして，第3段階まで検討してこそ，社会科教育としてのレッスン・スタディは，真に意味のあるものとしていくことが可能となるだろう。

今後の展望

　今後の社会科におけるレッスン・スタディの向かうべき方向性として，（教師の）教科観，授業構成，指導技術といった教師の側からのみでなく，子どもの側からも社会科授業を捉え直していくということが重要となるだろう。これまでの社会科におけるレッスン・スタディの流れを踏まえるのであれば，例えば，子どもの学習観や社会的レリバンスを対象とした研究が挙げられる。また，社会科の射程をより広く捉えた際には，例えば，子どもの学びの活動や経験の意味を対象とした研究が考えられる。

〈参考文献〉
・棚橋健治『社会科の授業診断―よい授業に潜む危うさ研究―』明治図書，2007
・日本教育方法学会『日本の授業研究―Lesson Study in Japan―上巻　授業研究の歴史と教師教育』学文社，2009

（岡田了祐）

社会科教師の教育と研究

179 セルフスタディ

定義

　セルフスタディは，専門職の実務家が行う研究（practitioner research）の一種であり，自己の実践を基盤とした研究および専門性開発の方法論である。専門職としての自己と，自身の実践とを切り離さず一体のものとしてとらえる点で，アクション・リサーチ等の他の類似する研究方法論とは一線を画すとされる。

歴史と展開

　セルフスタディは，教師教育者が教師志望者に対する自身の指導を理解しようとした研究に端を発する。その後，アメリカ教育研究協会（AERA）内にセルフスタディ専門部会（SIG）が組織された。このSIGが1996年から独自にセルフスタディ専門の学術会議を開催し，機関誌を発行するようになって以降，世界的に認知されるようになった。近年では，教師や看護師など，教師教育者以外の専門職が行うセルフスタディも見られる。

　教師教育者のセルフスタディで取り組まれるテーマは多岐にわたる。普遍的なテーマとして，教師教育者のアイデンティティや専門性の発展，教師教育プログラムの変革，教師教育の方法や協働などがある。なお，社会科教育の領域では，社会正義や社会変革のための教育，民主的な市民生活のあり方に焦点を当てたセルフスタディなど，教科の根幹に関わるテーマが扱われる点に特徴がある。

方法論的特質

　セルフスタディの方法論的特質とし，①自己に焦点を当てた探究が出発点であり核となること，②探究はパートナーであるクリティカルフレンドと協働的に行われること，③透明性のある体系的な研究プロセスを採用すること，④自身の実践の改善と同時により大きなコミュニティや文化の発展に寄与する成果を提示すること，⑤得られた知見は一般化され広く公開されること，等が概ね合意される。自身の実践の改善のみならず，所属する組織や社会の変革を志向する点で，社会科教師教育との親和性も高いといえる。

日本への導入と展望

　日本では2010年代後半から徐々にセルフスタディの認知が広がり，実践が試みられつつある。日本の教師教育者にとって，セルフスタディがどのような意味を持ち，どう受容されていくのか，検討していく必要があるだろう。

〈参考文献〉
・ジョン・ロックラン監修・原著／武田信子監修・解説他編『J. ロックランに学ぶ教師教育とセルフスタディ』学文社，2019
・Crowe, A. R. (Ed.). (2010). *Advancing social studies education through self-study methodology.* Springer Science & Business Media.

（大坂　遊）

社会科教師の教育と研究

180　ライフストーリー

定義

　ライフストーリーとは，ある人物が自分の生について語った人生の物語のことである。ライフストーリーをはじめ，教師の人生の来歴に着目した研究は，教師の力量形成や教科観を明らかにしてきた。

人生の来歴に着目した研究

　ライフストーリーと似た語には，ライフヒストリーやライフコースがある。ライフヒストリー研究では，客観性が重視され，当事者の語り以外の個人に関する資料も用いられる。ライフコース研究は，個人時間（加齢），社会時間（周期），歴史時間（時代）を同時に扱い，特定の世代や集団の人生の軌跡を明らかにするところに特色がある。これらに対して，ライフストーリー研究は，ナラティブ，すなわち，人生についての語りに特化した研究として位置づけられる。これらの研究は，社会学や心理学で発展してきた。

教師のライフストーリー研究の展開

　アイヴァー・グッドソン＆パット・サイクス（2006）は，「教師の成長，およびカリキュラムの進展を理解し，それをうまく結びつけるためにもっとも必要なことは，教師が重要だと考えていることをよく知るということである」と論じている。こうした方法として，1980年代に欧米で教師のライフヒストリー研究が行われるようになった。日本でも教師のライフコース研究が1980年代後半から行わ

れ，社会科の研究領域においても，主に2000年以降から教師のライフストーリーに着目して力量形成や教科観の特徴を明らかにする研究がなされてきた。

社会科での研究成果と今後の可能性

　これまでの研究では，社会科教師の力量形成で鍵になる点として，教科へのアイデンティティの持ち方，同僚との出会い，子どもとの出会い，省察をする習慣などがあげられてきた。今後の研究では，他の教科には見られない社会科に固有な力量形成の特徴を一層解明していくことが求められるだろう。ライフストーリーは，語りを拓き，当事者の視点から教科の言説を社会的に構築する可能性を秘めている。教師のライフストーリーは，力量形成の特徴を解明するだけでなく，教科文化や教科教育史を捉え直す側面や，教員養成・教員研修の方法としての側面も有しており，今後はこれらの点からも研究を進めていくことが考えられる。

〈参考文献〉

・アイヴァー・グッドソン＆パット・サイクス／高井良健一，山田浩之，藤井泰，白松賢訳『ライフヒストリーの教育学』昭和堂，2006

・村井大介「ライフストーリーにみる社会科教師の力量形成」『社会科教育論叢』第51集，2021

　　　　　　　　　　　　　　　（村井大介）

181 メンタリング

定義

　メンタリングとは，一般的には専門職の力量形成のための方法論の１つであり，経験を積んだ専門家であるメンターが，新参の専門家であるメンティを支援する行為や制度を指す。その目的や具体的方法は多様であるものの，①メンターとメンティによる１対１を基本とすること，②時間をかけて継続的に行われること，③結果より過程を重視して行われること，等の特徴を有する点で概ね一致をみる。

教師教育における導入

　メンタリングは，現実に専門家が直面する複雑で流動的な状況の中で，問題を再構成する学びを促すために考案された。徒弟的な学びをとり入れつつも，専門職としての自律性や相互作用的な学びが志向される。教師教育におけるメンタリングの目的は，大きく２つに分けられる。

　第１に職場環境への適応支援である。入職期の教師は，授業実践，子どもや保護者との関係づくり，多様な業務への対応や管理職との関わり方など，専門職として様々な困難に直面する。そのため，各国で初任期教師向けのメンタリングプログラムが整備されている。日本では初任者研修における指導教員が，制度的にメンターとしての役割を期待されている。

　第２に専門性開発支援である。長いキャリアの中で教師としての専門性を高め続けるには，自己の教育のあり方の絶え間ない振り返りと捉え直し＝省察（reflection）が必要であるという認識が国際的に広がっている。省察にはそれを促す他者の存在が重要であるという考えから，学校種や教科に応じた様々なメンタリングプログラムが開発・実践されている。例えば，石川（2018）のように，授業計画書を活用した社会科（日本史）教師ならではのメンタリングのあり方を開発・実践した取り組みも存在する。

課題

　メンタリングが初任者研修や教育実習などの公的制度に埋め込まれた場合，メンター＝指導者＝評価者となり，「支配－被支配」の権力構造が発生し，支援や省察という本来の目的が損なわれかねない。学校組織全体でメンティを支える環境を整備するなどの対策が必要である。

　また，メンターには一般的な教師とは異なる教師教育者としての適性や能力が求められる点が看過されがちである。メンターとしての適性を判断する指標や，メンタリングの能力開発研修のあり方を検討することが求められる。

〈参考文献〉
・稲垣忠彦，久冨善之編『日本の教師文化』東京大学出版会，1994
・石川照子「社会科教師教育のためのメンタリングの方法論の開発」『社会科研究』第89号，2018
　　　　　　　　　　　　　（大坂　遊）

社会科教師の教育と研究

182 PCK

定義

　学問について詳細な知識を有していても，必ずしも優れた教師とは限らない。教室での教授には，経験に基づいた専門職としての教師の資質がある。

　専門職としての教師の知識や思考の研究に大きな影響を与えたのが，ショーマン（Shulman）が提唱したPCK（Pedagogical Content Knowledge）である。PCKとは，教科内容に関する知識と教育方法に関する知識の特殊な融合物と定義される。つまり，教師特有の，教科の概念と教授上のアイディアを架橋するものである。一種の暗黙知としても捉えられる。

PCK研究の展開

　PCK論の登場以降，各教科領域におけるPCKが探究されるとともに，PCKの概念も拡張され続けている。例えば，その動態的な特徴を踏まえ，PCKg（Pedagogical Content Knowing）のように，環境的な文脈や学習者の特徴を含めるような提案がなされたり，教師の感情や学習者に対するケアもPCKに含める提起がなされたりもしている。

　PCKを成文化し，確立する方向の研究も行われたが，文脈依存的な知であるとともに，教師の持つ教科観も影響するため，教師教育研究，特に教員養成の場面での研究が主となっている。

社会科教育学におけるPCK研究の課題

　教科教育研究としてのPCKの研究は，理科や数学に比べて停滞している。その理由として，社会科の教授過程が複雑であり，教科内容自体に教授的知識が含まれ，両知識を区分することが難しいことにあるとされる。

　社会科教育においても，教授における複雑性をある程度捨象できる場面で，例えば，ICTの活用や，授業中の子どもの感情に配慮した教師の知のあり方など，PCKを活用した研究が求められる。

〈参考文献〉
・八田幸恵「リー・ショーマンにおける教師の知識と学習過程に関する理論の展開」『教育方法学研究』第35巻，2010
・Shulman, Lee S. "Those who understand: Knowledge growth in teaching." *Educational researcher* 15(2), 1986
・Shulman, Lee. "Knowledge and teaching: Foundations of the new reform." *Harvard educational review* 57(1), 1987
・志村喬「PCK（Pedagogical Content Knowledge）論の教科教育学的考察—社会科・地理教育の視座から—」『上越教育大学紀要』第37巻第1号，2017

（空　健太）

183 ALACT

定義

ALACTとは，オランダの教育学者，フレッド・コルトハーヘン（F.A.J.Korthagen）が提起した教師の省察モデルのこと。Aは「行為（Action）」，Lは「行為の振り返り（Looking back on the action）」，Aは「本質的な諸相への気付き（Awareness of essential aspects）」，Cは「行為の選択肢の拡大（Creating alternative methods of action）」，Tは「新たな試み（Trial）」を意味する。

省察支援の実際

最初のAを行った後のLでは，自らの行為に対して，以下の問いが発することが想定されている。①私（子ども）は何を考えていたのか，②私（子ども）はどう感じたのか，③私（子ども）は何をしたかったのか，④私（子ども）は何をしたのか。

Lを通して自らの実践志向や癖をメタ認知した上で，Aとして実践上の課題に気づく。Cに至ると同僚や教師教育者と協働して状況に即した解決策を見出す。そしてTでは実際にその解決策を実行に移し，次のAへと接続させていく。

教師の成長においてカギとなるのは，LとAの局面である。教育学者によって提起された壮大で学術的に理論に頼るのではなく，当該の教師にとって意味ある課題と解決策を見出し，それを言語化・理論化していくことに価値を求める。すなわち，大文字のTheoryではなく，小文字のtheoryを重視し，ALACTの循環を通してtheoryにそなわる意義や汎用性を高めていくところに本モデルの特質がある。

さらにこのプロセスは，教師に対して自己のアイデンティティ（私は何者か）やミッション（私を駆り立てるものは何か）に対する深い省察—コア・リフレクション—を求める。例えば，社会科教師であれば，市民社会に必須な教養の伝達者になりたいのか，民主的価値の追究者をめざすのか，それとも社会的不正義に対する異議申立者でありたいのか…などの自己省察に基づいて，次の行為を構想することが期待されている。

意義

ALACTモデルは，教師の専門職性を，獲得した理論や知識を上手に実践の場で活用できる「技術的熟達者」から，実践の省察を通してよりよい知識や方略を追究できる「反省的実践家」へ転換を図ったこと，またそれを実現する手続きを定式化したところに意義がある。

〈参考文献〉

・フレッド・コルトハーヘン『教師教育学—理論と実践をつなぐリアリスティック・アプローチ—』学文社，2012

（草原和博）

社会科教師の教育と研究

184 社会科教育学

系譜

　研究史から見ると，社会科教育学は大きく2つの系譜をたどって深化してきた。第1に，教科は単なる研究フィールドに過ぎず，諸学問がそれぞれの関心と視点に応じて調査・研究できる学際領域とみなす立場である。第2に，教科指導の目的，内容，方法等の分析を通して教科の特性や存在意義を解明する自立した学問領域とみなす立場である。本稿では，主に後者の系譜をたどる。

展開1：1960年代から

　社会科教育学の第1期は，社会認識形成の論理を解明し，授業の改善に資する研究体系として確立されてきた。キーワードは論理。社会を分かり・分からせるために，どのような教科指導のカリキュラムや授業が実施されるべきかを提起するために，国内外の優れたGood Practiceの分析が進められた。これらの成果群から，あるべき社会科教育を提起する原理的・規範的研究が発展した。

　これに並行して，あるべき授業実践の「論理」を実現する方法論の研究も胎動した。政策準拠の授業とは一線を画する革新的な授業モデルを開発し，研究成果として発表するもので，実践家が研究を牽引していく体制が構築された。これを契機に開発的・実践的研究が進展した。

展開2：1990年代から

　社会科教育学の第2期は，社会認識形成を媒介する主体を究明する研究体系が確立されてきた。キーワードは主体。カリキュラムや授業という客体物を考察するだけでなく，それをデザインしている教師の意思決定に，またそこに参加している子どもの学びに着目し，そのプロセスを描き出そうとする研究の台頭である。社会科教育学は，カリキュラムや授業をつくるだけでなく，教師教育の改善を通じて，また子どもの学び支援を通して教育の質向上に寄与するという構図が生まれた。これらの成果群は，実証的・経験的研究の潮流を形づくった。

展開3：2010年代から

　社会科教育学の第3期は，社会認識形成が行われている状況を解明し，社会変革を牽引する研究体系が台頭しつつある。キーワードは状況。教師は決して自立的に教えている訳でもないし，子どもも主体的に学んでいる訳でもない。規範や権力作用がうごめく地域の社会的・文化的状況に埋め込まれて意思決定や学びを再生産している。そこで社会科教育学には，状況に内在する非民主性を暴き出し，実践を通してコミュニティの社会正義を実現していく動きもみられる。

〈参考文献〉

・草原和博他編『社会科教育学研究法ハンドブック』明治図書，2015

（草原和博）

社会科教師の教育と研究

定義

　教育科学研究会は日本の民間教育研究団体。略称は教科研。「教育の現場（学校や園，家庭や地域）で起こっている現実を見すえながら，子どもの未来と教育のあり方について，教職員，保護者，指導者，学生，研究者などが共に考えあい，実践・研究しあう団体」（同会HP）として，研究とともに運動を進めている。

　社会科については，社会についての科学的な認識を子どもに育てる教科とする考え方の系統学習論の立場から教育と科学を結合させることを目指し，昭和20年代後半からの社会科の本質をめぐる論争において問題解決学習論と対峙した。

沿革

　結成は第二次世界大戦前の1937年。唯物論研究者，社会主義者，自由主義者などの教育改革論を掲げ，政府の教育政策に批判的な立場をとった。弾圧などで戦時中に解散となったが，終戦後の1952年に再建された。1954年以降，各教科の内容の系統に関心を強め，1963年に教科研社会科部会が発足した。

活動

　再建時の綱領案では，活動の柱として4点書かれている。機関誌『教育』の刊行，日常の研究活動の組織化による現場の実践的経験の一般化と交流，研究集会の開催，教育科学運動実験学校の設置である。現在でも，機関誌『教育』ならびに教育書の刊行，部会や地域教科研による実践研究の交流と蓄積，全国レベルの研究集会の開催を主な活動としている。

　再建時の会の基本的な考え方は，教育とは日本社会改造につらなる地域社会の問題を把握し，解決できる人間を育成することであり，そのために問題解決に必要な人類の文化遺産である科学の系統を子供の経験の発展と有機的に結びつける教育を行うというものであった。このような考え方に基づき，生産，平和と言った社会的課題を扱う教育の研究を行った。

　1963年に社会科部会が発足すると，科学主義的な「教育の現代化」の考え方を受け，社会科学の概念や法則を系統的に学ぶ教育を構想した。「地理教育の系統試案」や自然史に始まる人間の歴史を学んでから日本史や世界史を学ぶという歴史教育構想を発表し，それらに基づいて小・中・高一貫の体系的な社会科教育プランを発表して，大きな反響を呼んだ。

〈参考文献〉
・教育科学研究会社会科部会『社会科教育の理論』麦書房，1966
・教育科学研究会社会科部会『小学校社会科の授業』国土社，1966
・教育科学研究会・社会認識と教育部会編『社会認識を育てる　社会科の創造』国土社，1991

（棚橋健治）

社会科教師の教育と研究

186 社会科の初志をつらぬく会

社会科の初志をつらぬく会とは

発足当初の初期社会科の経験主義教育の理念，その完成形態とみなしている1951年版小学校学習指導要領社会科編の考え方を守り，発展させようと活動している民間教育団体である。

社会科の初志をつらぬく会発足の経緯

1958年10月の小・中学校学習指導要領改訂を前にした7月，初期社会科の学習指導要領の作成に関わった長坂端午，重松鷹泰，上田薫，大野連太郎の四氏は，改訂の度に社会科誕生の精神が弱められていくことを憂いて「わたくしたちの主張」を発表するとともに会の結成を呼びかけた。この呼びかけに応じた人々が，8月に伊豆熱川に参集して社会科の初志をつらぬく会（以下，初志の会）が発足した。それ以来，毎年8月に全国集会を開催し，機関誌『考える子ども』を隔月に発行して，会員や誌友に頒布している。

初志の会の立場と「動的相対主義」

初志の会の立場は「子どもたちの切実な問題解決を核心とする学習指導によってこそ新しい社会を創造する力を持つ人間が育つ」という綱領の一節に端的に表されている。その基本的理念として位置付いているのが，上田薫が提唱した次のような「動的相対主義」の考え方である。

知識や科学の体系は，絶対普遍的なものとして存在するのではなく，動的に変化してやまないものであり，さらには，その知識が正しいかどうかを判断する真理の基準も固定しては存在しない。したがって，知識が真であるかどうかではなく，真理に向けての限りない追究の過程こそが実在することになる。絶え間ない追究の過程において，主体の中で有機的に統一されて具体的に生きて働くことができるような形で習得された知識だけが，その時点でのみ真となる。

「動的相対主義」に立脚するとき，系統的な知識を子どもの実態と関わりなしに教えようとする系統学習は，注入主義として斥けられる。同様に，知的判断力や具体的な状況を考慮せずに教えようとする徳目主義の道徳教育も否定される。尚，1951年版小学校学習指導要領社会科編の考え方が「動的相対主義」であったのかについては再考がなされている。

「個を育てる教師のつどい」として

初志の会は，1987年から「個を育てる教師のつどい」の別称を用いている。近年は，社会科の枠にとらわれない問題解決学習の実践研究が進められている。

〈参考文献〉
・社会科の初志をつらぬく会『問題解決学習の展開—社会科20年の歩み—』明治図書，1970
・木村博一「社会科問題解決学習の成立と変質」全国社会科教育学会『社会科研究』第50号，1999　　（木村博一）

社会科教師の教育と研究

215

187　日本生活教育連盟

日本生活教育連盟とは

　問題解決学習による生活教育を志向する民間教育団体。1948年にコア・カリキュラム連盟として発足し，1953年に日本生活教育連盟に改称した。1949年に機関誌『カリキュラム』を創刊し，1966年に『生活教育』と改題した。

コア・カリキュラム連盟の研究と実践

　発足から1950年にかけては，コア・カリキュラムの編成を主張した。社会生活を切り開く主体的な人間の育成をめざし，社会的な生活問題を解決する学習を展開する中心課程（コア），それに必要な基礎的知識・能力の習得をめざす周辺課程から成る。「明石プラン」「福沢プラン」等が代表的なカリキュラムである。

　その後，コア・カリキュラムに対する連盟内外からの批判を受け，連盟の理論を再検討し，「歴史的課題に立つカリキュラム」の編成をめざした。1951年3月，梅根悟が日本社会の現代的課題に迫りうるカリキュラム構造として「三層四領域論」（三層は「生活実践課程」「生活拡充課程（研究・問題解決）」「基礎課程」，四領域は「表現」「社会」「経済（自然）」「健康」から成る）を提案し，後に連盟公認の理論とされた。社会問題の解決に取り組ませて子どもの意識変革をめざす問題解決学習の実践研究が進められ，「用心溜」「西陣織」「水害と市政」等の著名な単元が生み出された。

日本生活教育連盟の研究と実践

　改称後の1955年6月には，「社会科指導計画」を発表した。9個の「日本社会の基本問題」をスコープとし，子どもの社会意識の発達や問題解決能力の発達等をシークェンスとして構成した幼稚園から中学校に至るカリキュラムである。

　1958〜1963年には，科学的社会認識の基礎を「生産労働」に求めた「学習内容の順次性」の追求の試みを各地で展開した。その背景には，社会問題の解決に取り組ませるためには，問題の原因となっている社会構造の科学的認識が必要であるという反省がある。上越教師の会，香川県社会科教育研究会，日本生活教育連盟社会科部会の実践が，この時期の代表的な取り組みである。こうして日本生活教育連盟の社会科教育の主張は，社会問題の解決から現代社会の科学的認識の育成へと大きな転換を遂げるに至った。

　その後，科学的社会認識への行き過ぎへの反省等から，地域や子どもの生活現実に根ざした社会科，民主的人格の育成をめざす社会科が展開された。若狭藏之助の実践は，その代表的な例である。

〈参考文献〉
・上田薫編集代表『社会科教育史資料』全4巻，東京法令出版，1977
・若狭藏之助『問いかけ学ぶ子どもたち』あゆみ出版，1984　　　（木村博一）

188 歴史教育者協議会

定義

歴史教育者協議会（略称・歴教協）は1949年に誕生した民間教育研究団体であり，『歴史地理教育』の刊行をはじめ，歴史教育・社会科教育の実践と研究，地域の歴史の掘りおこしに取り組んできた。

設立の趣意

1949年7月14日の設立趣意書では，「私たち歴史教育に関心をもつものは，過去においてあやまった歴史教育が軍国主義やファッシズムの最大の支柱の一一とされていた事実を痛切に反省し，正しい歴史教育を確立し発展させることが私たちの緊急の重大使命であることを深く自覚する。」と論じ，「一，歴史教育は，げんみつに歴史学に立脚し，正しい教育理論にのみ依拠すべきものであって，学問的教育的真理以外の何ものからも独立していなければならない。」「二，歴史教育は，すべての国民が社会や国家の主人としてそれを発展させてゆくべき権利と責任とをもっているところにおいてのみ，かつ，その歴史創造の実践に役立つものとしてのみ発展することができたという歴史的事実と理論にかんがみ，民主主義的実践的立場と目的こそが正しい歴史教育の根本の立場と目標である。」「三，歴史教育は国家主義と相容れないと同時に，祖国のない世界主義とも相容れないのであって，国家の自主独立が真の国際主義の前提であるという歴史的事実と理論に

かんがみ，正しい歴史教育は正当な国民的自信と国際的精神を鼓舞するものでなくてはならない。」の3つを掲げている。

2011年に一般社団法人となったが，その際の定款第3条にも「国民の歴史意識の形成，発展に寄与することを目的」とすることが明記されている。

活動の状況

歴史教育者協議会のWebページ（https://www.rekkyo.org/）の情報（最終確認2021年7月）によると，2019年までに71回の全国大会を開催し，1954年8月創刊の『歴史地理教育』は2020年12月までに918号まで刊行している。また，全国に支部組織をもち，1600ほどの会員と2000を超える『歴史地理教育』の読者がおり，幼稚園から大学までの教員をはじめ，歴史教育に関心をもつ市民が参加している。これまでの歴史教育者協議会の歴史教育・社会科教育の実践は，創刊から1990年までに刊行された『歴史地理教育』の論文等を選定した『歴史地理教育 実践選集』（全37巻）や，各支部の刊行物にも掲載されている。

〈参考文献〉

・歴史教育者協議会『地域に根ざす歴史教育の創造』明治図書，1979
・歴史教育者協議会編『歴史教育五〇年のあゆみと課題』未来社，1997

（村井大介）

189　全国社会科教育学会

定義

　全国社会科教育学会は，日本学術会議登録団体。略称は全社学。英語名はJapanese Educational Research Association for the Social Studies（略称JERASS）。社会科教育に関する科学的研究をなし，社会科教育学研究ならびに社会科教育実践の発展に資すことを目的とする学会。構成員は，大学等の研究者，小・中・高校の教育実践・研究者，大学院生，教育行政や教育産業関係者など幅広い。事務局は，広島大学にある。

沿革

　1951年，広島大学で開催された教育指導者講習会（IFEL）の参加者全員の意志で結成された西日本社会科教育研究会として発足し，組織の拡大に伴い日本社会科教育研究会と改称し，1986年，全国社会科教育学会に改称した。

　IFELとは，第二次世界大戦終戦後，連合国軍総司令部の主導の下に実施された教育指導者の大規模な研修会である。戦後教育のリーダーを養成するとともに，教員養成が戦前の師範学校から戦後の新制大学へと移ったことにより，その担当者となる大学教員の研修ともなった。社会科教育については，広島大学と東京教育大学で開催された。

活動

　主な活動は，全国研究大会の開催と機関誌『社会科研究』『社会科教育論叢』の刊行である。『社会科研究』は審査付の学術雑誌として高い評価を受けている。刊行図書も数多い。また，機関誌や研究大会により会員の研究発表の場となるだけではなく，様々なプロジェクトを実施して，学会自体が積極的に会員の研究促進の役割を果たしている。

　社会のあらゆる領域で進んでいる国際化は，本学会の活動にも及んでいる。アジア・太平洋地域に拠点を置く社会科教育の学術研究団体を構成員とする国際社会科教育学会　（International Social Studies Education Research Association／略称 ISSA）の立ち上げで主導的な役割を果たし，加盟学会が国際的な研究と実践活動を通して，社会科教育の発展と学会相互の交流と連携を図ることを積極的に推し進めている。ISSAとの共同刊行物として，英文ジャーナル"Journal of Social Studies in Asia"を発行している。また，韓国社会教科教育学会（KASE）と研究交流を行っており，両国で交互に研究集会を開催している。

〈参考文献〉

・全国社会科教育学会編『新社会科授業づくりハンドブック　小学校編・中学校編』明治図書，2015

・全国社会科教育学会『社会科教育学研究ハンドブック』明治図書，2001

（棚橋健治）

190　日本社会科教育学会

定義

　日本社会科教育学会とは，大学および幼稚園・小学校・中学校・高等学校等における社会科教育に関する研究を進め，会員相互の連絡を図ることを目的とした，日本における社会科教育に関する学術研究団体である。

　設立年月日は1952年２月16日，会員数は1,050名余り（2021年４月），学会誌『社会科教育研究』を年３回刊行，全国研究大会を年１回開催している。

体制＆組織

　学会役員は，会長，副会長，会員数に応じて定数を決定する地区評議員，会長推薦評議員，会計監査，会務分担を司る幹事，顧問から構成される。会長は会長・副会長・地区及び会長推薦評議員による選挙で，地区評議員は会員による選挙でそれぞれ選出される。歴代の会長は，以下の通りである。佐藤保太郎，長坂端午，尾崎乕四郎，野上弥文，中村藤樹，市原権三郎，藤本光，大森照夫，菊池光秋，朝倉隆太郎，梶哲夫，佐藤照雄，佐島群巳，篠原昭雄，高山次嘉，中川浩一，市川博，二谷貞夫，三浦軍三，谷川彰英，工藤文三，江口勇治，坂井俊樹，森茂岳雄，井田仁康（2021年度まで）。

　また，複数の委員会を設けて，会務を遂行している。具体的には，事務局の他に，常時設置される常設委員会（学会誌編集委員会・研究推進委員会・国際交流委員会・出版委員会），特定の会務を特定の時期に行う特定委員会（会長等選考委員会・学会賞選定委員会），さらに，学会が取り組むべき重要な課題に対応するために，適宜設置される課題別委員会（震災対応特別委員会・ダイバーシティ委員会等）が設けられている。

学会の特徴

　第１に，理論研究と実践研究の双方の充実を図っている点である。会員には，大学の研究者，大学院生，学校教員等の様々な立場の方が含まれるため，多様なニーズに対応することが求められている。

　第２に，先駆的な研究の展開を推進している点である。目の前の教育課題を解決するだけでなく，10年先，20年先の社会科教育の理論研究及び実践研究をリードできるような社会的に意義ある研究を推奨している。

　第３に，研究成果の社会的発信を重視している点である。学会誌の刊行，全国研究大会の開催，研究会の開催，図書の刊行は，その具体的な取り組みである。

〈参考文献〉
・日本社会科教育学会編『新版　社会科教育事典』ぎょうせい，2012
・日本社会科教育学会編『社会科教育と災害・防災学習—東日本大震災に社会科はどう向き合うのか—』明石書店，2018

（唐木清志）

社会科教師の教育と研究

191 アメリカの社会系教科教育

アメリカの学校教育の特徴

アメリカの学校教育には諸外国にはあまり見られない幾つかの特徴がある。1つ目が地方分権主義，すなわち連邦政府ではなく州に教育の基本的な決定権があり，さらにカリキュラムは学区や学校単位での作成が重視されてきたことである。そしてこれと関わる2つ目の特徴が実用主義，すなわち地域社会の形成に貢献できる有意な市民を育成するための中心的な場として学校が位置づけられ，その実現に向けて様々な学校カリキュラムや教授戦略・戦術が開発されて実行されてきたことである。そして3つ目の特徴が，学校現場や地域社会への貢献を強く意識した教育学が発展してきたこと，すなわち大学機関も積極的にカリキュラムの在り方をめぐる議論やカリキュラム教材の開発に取り組んできたことである。

アメリカではプロテスタント系移民が多く，彼らは聖書を学ぶなどの目的のためにかなり早い時期から地域共同体に学校を作ってきた。その運営は地域の教会や共同体によってなされることが多く，また一方で，自ら生計を立てる力を養い，地域共同体を築くのに貢献できる力を養う実用的な教育こそ価値があるという思想を生み出していった。前述のアメリカの学校教育の特徴は，こうした風土が生み出したものである。19世紀後半には，伝統的なカリキュラムに君臨してきたラテン語，歴史，地理，古典文学などの存在に疑問を投げかける動きが顕著になり，教科カリキュラムの再編・統廃合の動きを生じさせることになる。こうした中で社会科（social studies）が登場する。

社会科教育の登場

当初，社会系教科目の普通教育向けの公的カリキュラム開発の中心には全米歴史学会（AHA）があった。AHAの提案は，欧州史，英国史，合衆国史の政治・軍事を中心とする国家史から形成される歴史科カリキュラムを軸とするもので，これを通じて国民のアイデンティティ形成を図る一方，憲法・司法・政府等の諸機能についてのまとまった情報を提供する教科目として公民科を補助的に設置した。こうしたAHAの提案に一部教師らは不満を持ち，「社会科学をそれ自体として教授するのではなく，現実の問題，論争点あるいは状況をそれらが生活の中で生じるそのままの姿で，その政治的・経済的・社会的諸側面から研究できるようにする」ことをめざす地歴公を統合した新カリキュラムの開発に取り組むことになった。こうした構想は1916年の全米教育協会（NEA）中等教育改編審議会社会科委員会報告として結実した。これが公的カリキュラムとしての社会科の始まりとされている。

同報告は社会科の目標を①社会生活の理解，②社会の成員としての責任感，③

世界の社会科教育の研究と実践

社会的効用の増進に参加する知性と意志の育成にあるとした。そしてその実現に向けて最終の12学年に「民主主義社会の諸問題」という時事的な社会問題学習の教育課程を総括として，8または9学年にコミュニティ・シビックスと呼ばれる地域参加型の公民課程を中間まとめとして（これは当時多くの生徒が8～9学年で学校教育を修了していたための対応でもあった）設置し，そしてその他の各学年は，主に歴史や地理から構成され，地域の問題や国家規模の問題を研究・考察するのに必要となる知識や技能を教授するための基礎課程と位置づけられた。

NCSS の誕生

学区・学校単位でカリキュラムを策定することを重視するアメリカでは AHA や NEA の提案が必ずしも全米の全ての学校に影響を与えるわけではない。実際，しばらくは NEA 報告に影響を受けた学校，AHA の提案に影響を受けた学校，そして独自のカリキュラム案を目指した学校がそれぞれ3分の1ずつあったと言われている。そしてこうした社会科カリキュラムをめぐる思想や方向性の対立は，新たな研究分野を生み出すことになり，1921年に全米社会科教育協議会（NCSS）が誕生することになる。よくこの学会はNEA の系譜の教師や研究者や進歩主義協会（PEA）に所属するデューイ派が多く参加したとされるが，AHA の幹部も参加しており，PEA 解散後は社会科について広く議論する場として存在感を示すようになる。

スタンダード化時代をむかえて

冒頭で述べたアメリカの学校教育の特徴であるが，80年代以降，全米学力標準やハイ・ステークスと呼ばれる統一テストの登場で急速に解体しつつある。これは80年代にアメリカの経済力が低下する中で，学問的基礎力の低下が国力を弱体化させている，日本のように国家が国民の学力形成に責任を持つべきだという議論が起きたことが原因である。特に，歴史より公民，学問領域の個性より統合，標準化より地域文脈への適応を重視してきた社会科は学力低下の元凶と位置づけられることが多く，保守化も相まって学校での社会科の時間数は初等を中心に激減し，歴史教育への転換も進められた。

一方で NCSS は独自の学力標準を発表して対抗したり，全米学力標準を生かしつつもそこに社会科で培ってきた考え方を加える試みを実施したりしている。ミシガン州など，NCSS の学力標準と全米学力標準を抱き合わせて社会科の考えを守ろうとする州も少なからずある。

〈参考文献〉

・J．ヘニグ／青木栄一監訳『アメリカ教育例外主義の終焉』東信堂，2021
・渡部竜也編訳『世界初　市民性教育の国家規模カリキュラム』春風社，2016
・森分孝治『アメリカ社会科教育成立史研究』風間書房，1994
・斉藤仁一朗『米国社会科成立期におけるシティズンシップ教育の変容』風間書房，2021

（渡部竜也）

多文化主義とカナダらしさの両立を模索し続けるカナダ

カナダは，強い地域的特性に配慮し，連邦結成時から教育（主に学校教育）に関しては州政府がその権限を一任されている。社会系教科目も，低学年の段階から地理科，歴史科といった，社会諸科学の学問中心型の科目を重視する州もあれば，総合的な社会科を重視する州もある。加えて，先住民学習やシティズンシップ教育など，よりテーマを焦点化した独自科目を設置する州も多く，興味深い。

そもそもカナダにおける社会科は，1920年代にアメリカより「輸入」されたものである。特に，「協同，コミュニケーション，民主主義的意思決定スキルを促進させる意図を持った集団学習に焦点をあてた活動志向の」カリキュラムであった（Clark, P., 2004）。

正式に導入され始めた1930年代から40年代は，アメリカの進歩主義教育の影響を多分に受けつつ，各州・準州が独自にカリキュラムや内容を開発して取り入れていた（Clark, P., 2004）。ただ，実質的には，著名なアメリカの進歩主義教育者による講演会がカナダの教員に対して開かれたり，教員養成課程においてアメリカのテキストを使用した授業が展開されたりと，「アメリカ製」の社会科を「カナダ流」に試みようとしたものであった（Mann, J., 1978）。

ところが1950年代になると，進歩主義教育に対する懸念や批判が盛んに提起された世界的潮流もあり，カナダでも，系統主義的な教育重視の風潮が高まったことで，ほとんどの州において学問中心型の教科として改編されることとなった。

しかしその一方で，「カナダ流」ではない，「カナダの社会科」の模索が始まることとなる。その大きな契機の一つとして挙げられるのは，1960年代に高まったナショナル・アイデンティティへの関心であろう。児玉（2003）は，汎カナダという意味でのシティズンシップを形作っていこうとする動きがこの時期の特徴であると述べている。そのきっかけとして大きいのは，カナダ連邦結成100周年という節目を迎える時期であったことが挙げられる。そうした気運の中で，カナダの独自性やアイデンティティの希薄さ，知識不足の問題を浮き彫りにし，「カナダの社会科」を開発すべしという風潮に火をつけたのが，Hodgetts, A.B.（1968）である。同書では，カナダの歴史，社会科，Civics等の授業，生徒，教師などを調査した結果，カナダに関することについて際立って無知であること，さらに悪いことには，どちらにしてもカナダは学習する価値がないと感じられているということを明らかにした。このような報告がなされたことで，カナダについての研究や学習を促進すべきであるという認識

が，国内の教育者や研究者たちに広く，深刻に受け止められるようになった。結果，学校教育におけるカナダに関する知識を重視させることとなり，それまでの「アメリカ製」の社会科からの完全なる脱却を，一層促すことにもなったと言える。その後，Hodgetts が同書において提案したカナディアン・スタディーズ財団が1970年に設立され，カナディアン・スタディーズの開発・促進が始められた。

それが1980年代には，社会的な公正を図ることへと重点が移る。1982年にカナダの憲法と言える『権利及び自由に関するカナダ憲章（Canadian Charter of Rights and Freedoms)』が制定されたことで，本憲章が掲げる多文化主義や民主主義を実現するための諸価値を共有させることが重視されたからである。

そして，1990年代後半になると再び，シティズンシップの育成を強調した教育改革が盛んに展開されることとなった。イギリスをはじめとする先進諸国の潮流も相俟って，Civics を新設して必修化したオンタリオ州をはじめ，多くの州で，改めてシティズンシップの育成を中核に掲げた到達目標や学習内容，教科目への改訂が顕著に見られるようになり，近年でも，その方向性が踏襲されている。

ただし系統主義へと転換した1950年代以降，実質的にカナダ全体の大勢を占めてきたのは，学問中心型の教育である。特に1990年代は，新自由主義への傾倒によって，経済的な自立や成功を成し得る人材の育成が重視された時期であり，シ

ティズンシップの育成を掲げながらも，実質的には，経済的に生産的な訓練が重視されてしまったといった現実もある。

このように，カナダの社会系教科教育は，多様性と共生するカナディアン・シティズンシップの育成を目指して，時代の潮流や社会的要請という現実との間で，葛藤と試行錯誤をし続けているのである。

〈参考文献〉
・Clark, P. The Historical Context of Social Studies in English Canada. In Sears, A. and Wright, I. (eds.). *Challenges & Prospects for Canadian Social Studies*. Pacific Educational Press. 2004
・Mann, J. *Progressive Education and the Depression in British Columbia*. Master's Thesis, University of British Columbia. 1978
・児玉奈々「多文化社会における公教育の比較教育学的研究―日加『国民国家』公教育体制と多文化問題―」早稲田大学大学院教育学研究科博士後期課程教育基礎学専攻学位請求論文，2003
・Hodgetts, A. B. *What Culture? What Heritage? A Study of Civic Education in Canada*. OISE Press, 1968
・坪田益美「カナダにおけるシティズンシップ教育の動向―『社会的結束』の重視に着目して―」『カナダ研究年報』第33号，2013

（坪田益美）

定義

イギリスの社会系教科教育は多様である。イングランド，スコットランド，ウェールズ，北アイルランドの４地域では，各々が教育の独自性を持つことから，個別のカリキュラムが組まれ，固有の学びが成立している。そのため，ここでは人口の大部分を占めているイングランドを事例に，その制度と実態を整理する。

制度的側面

イギリスでは，1988年にナショナルカリキュラムが作成され，その際に設定された社会系教科目は歴史と地理の２科目であった。その後，バーナード・クリックが議長をつとめたシティズンシップ諮問委員会が1998年に発表した「シティズンシップのための教育と学校における民主主義教育（通称，クリック・レポート）」を受け，2002年に新教科としてシティズンシップが成立した。

教育課程は，５歳から16歳までの子どもを４つの Key Stage に分け，学年を設定している。KS1が１・２年生（５～７歳），KS2が３から６年生（７～11歳），KS3が７から９年生（11～14歳），KS4が10から11年生（14～16歳）である。歴史と地理は KS1から KS3で学ばれ，シティズンシップは KS3と KS4で学ぶことが必修とされている。

ナショナル・カリキュラムは，政府から付託を受けた行政機関である資格・カリキュラム開発機関（QDCA）が開発し，各教科の到達目標と，それに沿った指導内容を示す学習プログラムを示す。しかし，その内容はあくまでも概念的なものであり，配当時間の設定もない。そのため，具体的な授業は各 KS に合わせて，各学校・教師が自立的にデザインする。その際，検定教科書のようなものは無く，数多く出版されているテキストの中から，授業を担当する教師が校長と教科の責任者と共に選択する。また，授業はテキストに加えて担当者が様々な資料やデジタル教材，ウェブサイトを用いて作成するため，教師の裁量は比較的高い。しかし，実質的には，1992年に設立された各学校での教育水準を調査する教育水準局（The Office for Standards in Education, Children's Services and Skills）の評価，及び学校外部の試験団体が行う中等教育修了一般資格(General Certificate of Secondary Education) 試験において一定の成績を収める必要性から，一定程度縛られた授業を行う場合も多い。そのため，中長期の授業内容を計画するためのガイドラインとして，子ども・学校・家庭省から Scheme of Works と National frameworks が提供されている。

社会系カリキュラムの特色

社会系カリキュラムは，歴史，地理，シティズンシップがある。関連科目とし

て PSHE や，Humanity，演劇などをベースとした Drama で歴史の人物になるなど，他でも様々な授業が見られる。

　紙幅の関係から詳説は出来ないが，例えば歴史は，ナショナル・カリキュラムの改訂も関わり，その意義と概念が度々見直されてきた。例えば，竹中（2010）はナショナル・カリキュラムの分析を通して「イギリスの歴史教育は何らかの歴史的事実に関する認識を育成するのではなく，歴史は解釈であるとの前提に立ち，歴史を分析的に把握する際の枠組みの発達と方法知（スキル）の獲得に特化している」と指摘する。これは，伊東（2012）の指摘にも繋がる。氏は歴史が second-order concepts の重要性を捉えるものや，教師主導の授業から子ども主導への転換などを経て，従来の時系列理解や変化と継続，歴史解釈などに加え，新たに文化・民族・宗教的多様性と歴史的重要性が示されたことを強調する。その際，学ぶべき歴史的知識がさらに削減されたことを指摘する。

　地理は，志村（2010）や伊藤（2012，2014）が詳しい。地理は教科における探究のあり方が議論されている。これは，地理的技能に対する考え方や，テーマ学習の内容・方法の選択原理などに示される。地理教育は，教科シティズンシップ成立後，一部でその2領域を横断的に扱う実践や，その可能性に関する研究が行われていたが，近年は学問をベースにした専門家集団により構築された知識の重要性が再検討され，記述的で説明的な知識や，地理的思考に下支えられた関係的な推論を行うスキル，オルタナティブな社会を検討するといった，パワフル・ナレッジの議論が進んでいる。

　シティズンシップは，戸田（2000），北山（2014），川口（2017）が詳しい。本教科は若者の政治的無関心や投票率の低下等を背景にし，2002年から必修化された。「社会的・道徳的責任」「共同体への関わり」「政治的リテラシー」が3本の柱となり，「概念」「価値と志向性」「スキルと素質」「知識と理解」の4つが重要要素として成立した。実社会で見られる政治的イシューや社会問題，多文化社会における包摂と排除，若者社会にみられる薬物やキャリアに関する内容など，様々なテーマが設定された。しかし，その内容的な難しさ，及び新規領域として当該教科を担当する教員の養成が不十分であったことから，授業は他教科とのコラボや1日を使って行う「シティズンシップの日」のような場合もあり，学校ごとに多様な形態が見られた。

〈参考文献〉
・竹中伸夫『現代イギリス歴史教育内容編成論研究』風間書房，2012
・志村喬『現代イギリス地理教育の展開』風間書房，2010
・北山夕華『英国のシティズンシップ教育』早稲田大学出版部，2014
・川口広美『イギリス中等学校のシティズンシップ教育』風間書房，2017

（田中　伸）

ドイツの教育を巡る現状

　ドイツでは州の「文化高権」のもと，各州が広範な教育権限を有しており，州で教育制度や学校体系が異なるため，各州文部大臣常設会議（KMK）において各州の教育政策・制度を調整し，連邦としての一定の方向性が維持されてきた。

　ドイツでは TIMSS1995や PISA2000 といった国際学力調査で明らかとなった学力不振が教育に大きな影響を及ぼした。中等段階の基幹学校，実科学校，ギムナジウムという三分岐型学校制度が階層的不平等の要因であるとし，多くの州で基幹学校と実科学校の教育課程を備えた新制学校が新設され，「ギムナジウム＋1種」の二分岐型（総合制学校並存の場合も）の学校制度の再編が模索されている。

　1997年のコンスタンツ決議が学校教育の質保証という学力政策の起点となり，KMK による2003～04年の言語系・理数系教科における国家共通の教育スタンダードの決議がそれを推進する方途である。現在では全州の学習指導要領の各教科でコンピテンシーとその到達度を設定することで質保証と効果の検証を図る教育改革が展開されている。例えば，テューリンゲン州での2008年から2019年に3次にわたって策定されてきた就学前教育から後期中等教育に至る一貫した教育計画が教育改革を具現化した事例である。

教育改革以降の社会系教科教育

　ドイツの社会系教科教育は初等段階から中等段階を通して実施される。社会系教科は，各州で教科が独自に設定されるだけでなく，中等段階では同じ州でも学校種で異なる教科が設定されることも多く，概括することはできないが，政治教育を通した民主主義社会における成熟した市民の育成という目標を共有する。教育改革は社会系教科教育にもコンピテンシー志向という全州共通の方向性をもたらした。とはいえ，各州の社会系教科の学習指導要領をみると，各教科間で依拠するコンピテンシー・モデルが異なり，同一教科でも州間で相違するため，社会系教科のコンピテンシーは百花繚乱の様相を呈している。こうした中でテューリンゲン州の社会系教科教育は一貫した教育計画に基づき，体系的で累積的なコンピテンシーの育成を試みている。

テューリンゲン州の社会系教科教育

　初等段階の一般的な社会系教科は事実教授（Sachunterricht）であるが，テューリンゲン州では郷土・事実科 (Heimat- und Sachkunde) という統合教科となっている。初等段階の全教科共通の事象・方法・自己・社会コンピテンシーと並行して，理科と社会領域に及ぶ生物と生活空間，自然と技術，空間と時間，個人と社会という4つの展望ごとに教科固有のコンピテンシーが設定される。

中等段階のギムナジウムでは社会系教科は，地理科，歴史科，ゾチアルクンデ，経済と法からなる。地理科では空間的な方向性コンピテンシーの育成，歴史科では自主的な歴史的思考の育成と促進，ゾチアルクンデでは政治領域に取り組むための教科特有のコンピテンシーの獲得，経済と法では社会・政治・生態・法的次元を私的・経済的レベルで理解するために存在条件に取り組む認識・能力・技能・態度・考え方の育成が目標とされる。

全教科に共通する社会科学のコンピテンシーが事象・方法・自己・社会コンピテンシーで，地理科，経済と法では教科固有のコンピテンシーも同様である。歴史科では歴史的問いコンピテンシー・歴史的方法コンピテンシー・歴史的な概念と構造コンピテンシー・歴史的方向性コンピテンシー，ゾチアルクンデでは政治的判断コンピテンシー，方法コンピテンシー，政治的行為コンピテンシーが教科固有のコンピテンシーとして設定される。

初等・中等段階の全社会系教科では評価規準が示され，初等段階では学習成果と学習過程に関する評価規準，中等段階では学習成果，学習過程，表現に関する評価規準が設定されるとともに，上級学年ではアビトゥア（大学入学資格試験）を意識した要求レベルが示される。

テューリンゲン州の社会系教科では教育計画に基づき，就学前〜後期中等教育を貫くコンピテンシーの累積的な育成と，各教科固有の目標とコンピテンシーを並置することで教科の固有性を重視したコンピテンシーの育成もめざしている。

ドイツの社会系教科教育の展望

現在のドイツの社会系教科教育はドイツの教育改革の動向と切り離して考えることはできない。全州の全学校種での社会系教科教育はコンピテンシー志向となることで，質保証と効果の検証を可能にする評価規準の可視化も学習指導要領レベルでは確かに実現されている。一方では現在でも，社会系各教科固有のコンピテンシーについては，どのコンピテンシー・モデルに依拠すべきか，どのようなコンピテンシー領域とすべきかといったコンピテンシーの理論的検討に関する多様な議論が存在する。さらに，学校現場では教科特有の知識と関連せず，専門的知識とコンピテンシーが分断されているといった実践上の問題も指摘される。

ドイツ社会系教科の学習指導要領はコンピテンシー志向への転換を図る日本の学習指導要領に多くの示唆を与えるものである。その一方で，ドイツの社会系教科教育において真にコンピテンシー志向が実現されているかどうかは，教育改革の動向を見極め，学校現場の実際の授業で慎重に検討する必要があるといえる。

〈参考文献〉
・原田信之編著『カリキュラム・マネジメントと授業の質保証―各国の事例の比較から―』北大路書房，2018
・服部一秀『現代ドイツ社会系教科課程改革研究―社会科の境界画定―』風間書房，2009

（宇都宮明子）

フランスの社会系教科

　フランスの教育課程は，学習指導要領（programmes）によって規定される。社会科系教科としては，小学校（5年制）1～3年では世界に問いを持つ，道徳・市民，4，5年では歴史，地理，道徳・市民がおかれている。中学校（4年制）では歴史，地理，道徳・市民が必修である。高校（3年制）では普通・技術・職業高校の必修教科としては歴史・地理と道徳・市民，普通・技術高校の必修教科としては哲学，普通高校の選択教科としては経済・社会科学，歴史・地理・地政学・政治科学がある。なお，小学校4年生から中学4年生までは「芸術史」という領域の学習もある。

小・中学校における社会系教科教育

　小学校1～3年では，「世界に問いを持つ」という日本でいう生活科に近い教科からスタートする。「時間」「空間」「生物，物体」の3分野にわかれている。

　時間に関しては「両親の時代」「祖父母の時代」など後の歴史学習につながる内容もある。空間に関しては，「東西南北」「地図」「風景」「町」など後の地理学習につながる内容もある。

　小学4年生からは歴史・地理がはじまる。小学校で2年間，中学校で4年間かけて「歴史・地理」を学習する。

　フランスの初等中等教育はコンピテンシー（知識・技能・能力・態度をもとに，ある社会的文脈において問題を解決する力）が重視されているところがある。歴史・地理で習得すべきコンピテンシーの大枠は小学校・コレージュで共通であるが，以下のとおりである。

- ・時間軸に位置付ける：歴史的指標をつくる。
- ・空間軸に位置付ける：地理的指標をつくる。
- ・学習，選択した作業について思考し，正当化する。
- ・デジタルの世界から情報を得る。
- ・資料を理解する。
- ・歴史・地理の様々な言語体系を実践する。
- ・協力し，助け合う。

歴史教育であれば，教科書には文章，新聞記事，絵，手紙，写真，データ（グラフ），などが掲載されており，「資料集」としての役割が強い。フランスの歴史・地理教育はいずれも，学問を生徒の年齢相応にやさしくしたものとして行われているところがある。

　授業も課題を出して「資料から読み取れることも使用して，自分の考えを文章化する」という形式で行われる。

　資料をもとに，小学校では1行程度の文章を書くことにはじまる。徐々に書く分量は長くなるが，中学校修了試験（DNB：Diplôme national du brevet）では「知識と資料を生かして」20行程度の

文章を書くことが要求される。DNBの試験時間は，歴史，地理，道徳・市民で合計２時間である。出題形式は資料をもとにするものと短文によるものである。地理の前者の例をあげると「2014年のEU内の高速鉄道網」を示す地図と「ヨーロッパ内の輸送の役割」を示す文書から，「高速鉄道網の発達は，どうして共有されたヨーロッパ空間の意識を高めるのかを20行程度で論述せよ。」，歴史の後者の例をあげると「第一次大戦中の市民と兵士の極端な暴力について，20行程度で論述せよ。」などである。

「道徳・市民」科に関しては，学習指導要領は以下の３つの教育目標をあげている。

　　・他者を尊重する。
　　・共和国の価値を獲得し共有する。
　　・市民的教養を構築する。

つづいて「感受性」「権利と規則」「判断」「かかわり」の４つの分野のコンピテンシーが掲げられている。

フランスの道徳・市民教育は共和国の価値（自由，平等，人権の尊重など）についての教育である。自由から他者の自由を尊重するという日常道徳とも連なる。法律などの規則について学び，自分の判断をし，社会と関わることを学習する。

DNBにおいて道徳・市民科は「道徳・市民に関するコンピテンシーを動員させる。」ことが出題される。中学校の校則についての出題例としては，「校則の意義を中学校の新入学生に説明しなさい。」という問題がある。知識などをも

とにある文脈の問題を解決する力が求められる。

高校における社会系教科教育

高校では３年間かけて「歴史・地理」を学習する。各学年の授業であつかう範囲は決まっている。歴史では1930年以降を高校３年生の一年間で学習するという「現代史重視」の配分である。

高校卒業前に受験するバカロレア試験（2021年から制度変更があるが要求される学力は大きく変わらない）では，「作文」と「資料分析」の出題形式である。出題例をあげると作文は「1949年以降の中国と世界」「マーストリヒト条約以降のヨーロッパの統治」という短文のみの出題，資料分析は「ユダヤ人虐殺に関する歴史家と記憶」に関する複数の資料を示されて論述を書く出題である。断片的な知識で対応することは不可能である。「問題提起（problématique）」を含めて論理的な長文の論述が書くことが課せられる。高度な文章力および分析・統合能力が求められる。哲学では「我々は未来に責任を負っているのか」などの出題である。高校では授業中にも同様の課題を出して，生徒の作文を教師が添削するということがよく行われる。

〈参考文献〉
・大津尚志「フランスにおける社会科系教科の教員養成と研究動向」『社会科教育研究』第141号，2020
・坂本尚志『バカロレア幸福論』星海社，2018

（大津尚志）

社会科の科目

　韓国の社会科は，表のように日本より分科的な傾向が強い。倫理・道徳科が社会科とは別の教科となっていること，中・高学校社会科で歴史が独立科目として設定されていることが特徴である。

表　2015年教育課程の社会科教科目

共通教育課程	初	3～6年	・社会：一般社会領域＋地理領域＋歴史領域（地域史→韓国史）
	中	1～3年	・社会：社会科目（一般社会領域，地理領域）＋歴史科目（世界史領域→韓国史領域）
	高	共通科目	・統合社会（一般社会，地理，倫理），韓国史
選択中心教育課程	高	一般選択科目	・韓国地理，世界地理 ・世界史，東アジア史 ・経済，政治と法，社会・文化
		進路選択科目	・旅行地理 ・社会問題探求

社会科教育研究の動向

　韓国の社会科教育研究は国家教育課程の変遷と密接な関連を持って展開している。日本の学習指導要領のような性格をもつ国家教育課程が，教育内容と方法を規定する。教育課程の思潮が変わると，重視される教授学習方法も変化する。紙面の関係で，最近の動向だけを説明しておく。第7次教育課程期（1997－2007）では，構成主義の教育理論が取り入れられ，学習者中心の教育課程が強調された。社会科教育研究でも構成主義的観点を取り入れた研究が活発になり，コンピューターとインターネットなどを活用した媒体活用方案の研究も展開された。その外にも新たに授業分析，授業批評，授業評価，授業コンサルティング，教師の教授内容知識（PCK）などに関する研究も登場しており，従来の争点学習，問題解決学習，探究学習，討論学習，思考力学習などに関する研究も多様な形で展開された。そのような研究傾向は，現在までも続いている。

　韓国の社会科教育研究は外国，特にアメリカの教育思潮と教授学習理論などの影響をうけて展開されてきたことも，重要な特徴である。韓国の社会科はアメリカの経験主義の社会科を受容して始まった。導入の初期には，一部の理論家たちがアメリカや日本の本を翻訳して，問題解決学習を中心とする教授学習方法を紹介した。1980年代の後半からは，アメリカと日本に留学した研究者たちが多様な社会科授業理論と方法を紹介しており，韓国の大学で社会科教育を専攻した研究者たちも外国文献を活用して研究を展開することが多かった。例えば，価値探究学習，意思決定学習，問題解決学習，争点学習，ディベート学習，協同学習，シミュレーション，STS授業などの教授学習モデル，認知的徒弟理論（cognitive apprenticeship），認知的柔軟性理論（cognitive flexibility theory），問題中心

世界の社会科教育の研究と実践

学習（Problem-based learning），状況学習理論（situated learning）などの学習理論を紹介して，授業に適用しようとする研究が現れている。質的研究の方法論を導入して韓国の社会科授業を分析したり，アイズナー（Eisner）の教育批評の理論を活用して授業批評の研究を試みたり，ショーマン（Shulman）などの教師知識に関する研究成果を用いて社会科授業の現状を理解しようとしたり，教師の授業専門性を向上しようとする研究なども行われている。

韓国の社会科教育研究に影響を及ぼした多様な社会的な要因の中で特に重要なものは，民主化，世界化，情報化である。まず，民主化が社会科教育研究に本格的な影響を及ぼすようになったのは，1990年代からである。1990年代以後の研究では意思決定能力の伸長，社会的論争問題，批判的思考力の涵養，参与学習，人権学習などのように市民的資質の涵養を目指す研究成果が多く登場する。世界化の影響を受けた社会科教育研究は，国際理解教育，グローバル教育，多文化教育の順に展開された。情報化社会の影響が社会科教育研究に本格的に現れたのは，コンピューターとインターネットが広く普及される1990年代の半ばからである。2000年代の初めからはICTを活用した探究学習，討論学習，問題解決学習などの実践方法と効果，情報活用能力とメディア・リテラシーの育成方法などの研究が展開されており，最近にはデジタル教科書を活用した授業に対する質的研究，ス

マートフォンのGPSを活用した地理学習モデルの開発などの研究も現れている。

課題

韓国の社会科教育研究は，1990年代の以後から研究主題と方法などが多様になり，研究の量と質が共に大きく発展してきたが，克服すべき課題も少なくない。

第1，外国の理論に頼ることから，韓国の教育状況を反映した独自的な理論の開発と実践への転換が求められる。第2，文献研究の比重を減らすと共に，研究方法論の改善と訓練を通して研究の全般的な質を高める必要がある。第3，他の教科とは異なる社会科の特性を反映した研究が求められる。第4，最近，教師の授業専門性の伸長を目的に行われている授業評価や授業コンサルティングの研究は，授業の標準化と画一化を招き，授業専門性の伸長という本来の効果を挙げ難いと思われる。教師の反省的実践の能力を高める方向へ研究が転換すべきである。

〈参考文献〉
・전숙자「社会科教育研究論文分析」『社会科教育学研究』(4)，2000
・이혁규「社会科教室授業研究의 動向과 課題」『社会科学教育研究』第4号，2001
・김영석「韓国社会科質的研究의 類型과 特徴」『社会科教育』50(4)，2011
・권오현「韓国の社会科授業方法論の特質と課題」『教育実践学としての社会科授業研究の探究』風間書房，2015

（権　五鉉）

197　中国の社会系教科教育

定義

　中華人民共和国建立後，社会系教科の教科名・内容は大きく変容してきた。2016年から2021年現在まで，実行されている教科は次の通りである。

　小学校：道徳と法治

　中学校：道徳と法治，歴史，地理

　高　校：思想政治，歴史，地理

　なお，上海市の中3と高3で別に「社会」も開設され，浙江省を始め若干の地域の中学校で総合的な社会科「歴史と社会」が設置されているところもある。

　「道徳と法治」と「思想政治」は「思政」，「政治」または「徳育」とも総称されてきたことがあるが，道徳，政治，経済，法律と哲学などの知識及び執政党の政治思想や施策の方針など幅広い内容の総合的教科で，日本の公民分野に近い。小学校の「道徳と法治」は，歴史と地理も含んでいるので，日本の小学校の社会科と道徳科を合わせたものともいえる。

社会系教科の変遷—公民分野を中心に—

　公民分野は，1949年の中華人民共和国建立初期，中等教育機関に設置された「時事政策」「中国革命常識」という教科名に典型的に表れているように，社会主義的イデオロギー教育を施す教科として編成された。その後，「政治」と総称され，小学校高学年でも設けられ，教育理念・目標・内容構成は変化してきたが，1978年の改革開放政策まではその基本的性格は変わらなかった。1978年以降，教科の総合化も含め，公民分野の教科名・内容が大きく変貌してきた。

　1980年代，小学校は「政治」を廃止し，「五愛」（祖国，人民，労働，科学，社会主義を愛する）を基本内容として，公徳教育，社会常識教育と政治常識教育を図る「思想品徳」に改編した。中学校の「思想政治」は「公民」に改称されたこともあった。

　1990年代，小学校は教育と生活との結合と，社会的実践力の形成を重視して歴史と地理を統合した「社会」を新設した。中学校は「公民」から「思想政治」という名称に戻ったが公民教育の内容は残った。小中高校とも「公民の品徳教育とマルクス主義常識教育及び社会科学常識教育を施す」という任務が明確にされ，教科の性格は政治性より道徳性が重視されるようになった。

　21世紀初期，総合性，多様性，選択性が導入した教育課程改革が行われ，小学校1〜2年の「思想品徳」と「自然」は「品徳と生活」に，3〜6年の「思想品徳」と「社会」は「品徳と社会」に再編された。内容構成は，社会環境，社会活動，社会関係の三要素から，個人，家庭，学校，地域社会，国家，世界に関するモラルと社会的知識・技能に再編されると共に，"徳目主義"から"生活主義"に転換された。中学校の「思想政治」は

「思想品徳」に変わり，心理，道徳，法律，国情の四領域の構成となった。なお，小中校の教科書は検定制が導入され，多様な教科書が発行されるようになった。高校の「思想政治」は生活との関連が重視されるようになり，必修科目は経済生活，政治生活，文化生活，生活と哲学という四領域に分けられた。

2016年，「法による治国の推進」という国策に応じて，小中校の公民分野は「道徳と法治」に改名され，法関係の内容を大量に取り入れた教科書に再編された。高校は法教育の充実の他に，政治的アイデンティティ，科学精神，法治意識，公共参加を「思想政治」のキー・コンピテンシーとして取り上げ，主体的，探求的な学習が提唱されるようになった。だが，思想の統一性が再び強調されるようになり，国語科と歴史科と共に教科書の国定化が再び図られることとなった。

理論＆実践

公民分野はマルクス主義と為政者の思想に基づくことが求められるが，次の教育理論・思想は21世紀後の公民分野の教育の変革に大きな影響を与えた。

〈生活徳育論〉道徳教育研究者魯潔及び弟子らが提唱した生活徳育論は，子どもの生活から遊離した知識や価値観の注入を重する道徳教育を批判して，道徳教育は現実生活に立脚し，子どもの発達段階の特徴と成長中の課題に基づいて開放的な教育目標と内容で構成し，自己の生活を反省させよりよい生活を生成できるようにするべきと主張し，2001年の課程基準と国定教科書の作成等によって現場に影響を与えた。特に「品徳」と「社会」との統合に理論的根拠を与え，教科の性格を道徳教育の教科として定めた。

〈公民教育論〉1990年代から公民教育を提唱する声が大きくなり，従来の「政治」の在り方を問題として，公民の基本権利と義務を前提とする「合理性」を普遍的な理念として推進しようとする公民教育の重要性を指摘し，「政治」の代わりに「公民」を開設することを強く提唱した。高峡と沈暁敏はアメリカと日本の社会科の研究を踏まえ，社会的認識力や社会参加力の形成を重んずる公民教育を求め，総合的な性格の濃い教科書を編纂し，問題解決学習の実践を推進した。

今後の課題

政治的思想の統一を図る教科書の国定化において，地域と個に応じて開放的，主体的な学習をどのように実現していくか，公民教育の理念の実現の可能性をどのように見出し，開花させていくか，また，法治教育の充実を図るために改名された小学校の「道徳と法治」に歴史と地理をどう位置づけ生かしていくか等々が，研究者と実践者の挑戦課題である。

〈参考文献〉
・沈暁敏「中国における公民教育課程の変容と現状」『社会科教育論叢』第49集，2015
・韓震『思想品徳与思想政治課教学論』高等教育出版社，2008

（沈　暁敏）

世界の社会科教育の研究と実践

198　シンガポールの社会系教科教育

教育改革と教育体系

シンガポールの学校教育は，1980年代以降，能力主義を推しながら，2000年代には，TSLN（Thinking School, Learning Nation），TLLM（Teach Less,Learn More）の教育改革を進めた。TSLN は，2000年版カリキュラム全般の教育思想に影響を与え，国家の生き残りと先進性の維持が意図され，「国民教育」などの重点項目を示した。2005年のTLLM は，学習の質の改善が目指され，教師に「なぜ，教えるのかを考える」「教え方を再考する」などを求めた。2010年の「カリキュラム2015」では，教育課程の編成に向けて21世紀型コンピテンシーの育成が意図された。その内容には，中核となる価値として，自他尊重，責任，誠実，ケア，克服力，協調性が示された。その外には，社会的・情動的コンピテンシーとして，自己の気づき，自己の管理，社会的な気づき，関係の管理，責任のある意思決定などが，その周りには，市民リテラシー，グローバル意識・クロスカルチャーのスキル，批判的・独創的思考力，情報コミュニケーションのスキルが示された。

これらの改革によってシンガポールの学校教育は，国際的に高い学力調査の結果を示すに至った。国際学力調査のPISA 調査2015年では全分野で1位，続く2018年では全分野で2位となった。

また，TIMSS 調査2019年では，小中の算数数学・理科の全てで1位となった。他方で，学力による早期からの振り分け（ストリーミング）を廃止するための初等学校卒業試験や中学校改革が進められ，多くの児童生徒の将来への過度のストレスに対する緩和策が練られてきている。

教育体系は，まず幼児教育（幼稚園・保育園），初等教育（6年間）と積み重なる。中等教育（4〜5年間）は，一貫6年コース GCE-A（のうちの4年間），急行コース4年間 GCE-O，普通（探究）コース GCE-N(A)4年間，普通（技術）コース GCE-N(T)4年間に振り分けられる。中等教育以降は，ジュニアカレッジ GCE-A（2〜3年），専門教育（2〜3年），技能教育（2〜3年）となり，GCE-A と専門教育から大学へと進む。なお，中等教育進学後は，生徒の能力や進路希望の変化に応じて，異なる学校や学年段階に柔軟に変更できる体制がとられている。

「国民教育」の役割

シンガポールの学校教育では，二言語政策（共通語の英語と，北京語・マレー語・タミル語などの民族母語）がとられ，多様な民族による国民の調和と結束が図られている。そして，そのための「国民教育」を掲げている。

「国民教育」は，学校行事・記念日や学習旅行などの参加・活動学習と，公民

世界の社会科教育の研究と実践

道徳・社会科・地理科・歴史科などを通じて，国家への忠誠を必然的に植え付け，国民統合を図る重要な手段となっている。その内容は，1997年に「帰属」「調和」「能力・公正」「生き残り」「防衛」「未来」などから説明され，教科シラバスの理念・目標から細部の学習内容や価値態度へと具体的に反映されている。また，2007年には，次のステージ「グローバルな未来に向けた教育～シンガポールへの心の持ち方と根付きの強化～」が掲げられ，"Head, Heart, Hands"が示された。Head は，学習に積極的になること。知ることよりも課題を考え，国家が直面している課題や国民であることへの意味を深く理解する。Heart は，国のストーリーに感情を持つこと。愛国心とは，国への感謝や正しい理解を示し，深い帰属意識を持つ。Hands は，社会に還元する機会を持つこと。国の未来に貢献，創造し，様々な分野でリードする役割を持つ。

社会系教科の体系

2020年版小学校社会科（第1学年から第6学年）の目的では，知識を持ち，関わり，参加できる市民としての児童生徒を中心に，批判的思考，省察，見方の適用，活動的な責任感，質の高い意思決定，共感などの資質・能力が求められ，現実世界の諸問題を通した探究と，真の学習経験によることが示されている。

中等教育をみると，急行・普通（探究）コースでは，中学校低学年（Lower）において2021年版の地理と歴史科が必修となるが，中学校高学年（Upper）では，社会科必修と，地理か歴史の選択となる。また普通（技術）コースでは，中学校低学年・高学年ともに4年間の2020年版の社会科のみが必修となる。各教科シラバスは，「カリキュラム2015」の21世紀型コンピテンシーの意図の基に編成され，とくに社会科は，小学校社会科の目的と同じく，「国民教育」を土台に国家的な課題を中心に取り上げながら，大まかな一貫性が保たれている。

〈参考文献〉
・吉田剛「シンガポール中学校低学年地理科シラバスにおけるナショナルシティズンシップ育成」『社会系教科教育学研究』第22号，2010
・吉田剛「ナショナルシティズンシップ育成のためのシンガポール小学校社会科の構成原理」『公民教育研究』第18号，2011
・吉田剛「シンガポール小学校社会科教科書にみる人物の取り上げ方－ナショナルシティズンシップ育成のために－」『社会科教育研究』118号，2013
・Ministry of Education; Moulding the future of our nation（https://www.moe.gov.sg/）（2021年7月25日最終確認）

（吉田　剛）

199　フィリピンの社会系教科教育

定義

　フィリピンの社会系教科教育としては，フィリピンのK-12（幼稚園から12学年）までの公教育で実施されている社会科（Araling Panlipunan）が相当する。

多民族・多文化国家としてのフィリピン

　フィリピンは東南アジアに位置し，7000以上の島から構成する島国である。170以上の言語があり（公用語は英語とフィリピン語），100以上の少数民族が併存する。多民族・多宗教・多言語文化やアイデンティティを有している。

　フィリピンの社会・文化的背景として強い影響を及ぼしたのが，スペイン・米国・日本による3回の植民地支配である。スペイン統治下ではキリスト教の流入が起こった他，米国植民地時代には，「親愛なる同化」政策のもとで，英語の普及と普通教育の導入が行われた。英語教育や教科書内容を通して，実質的に新しい米国の国家アイデンティティが植え付けられていった。しかし，その一方で，南部ミンダナオは，スペイン統治の影響を限定的にしか受けなかったゆえに，スペイン支配以前に流入したイスラム教の影響を強く受けている。このような近代以前からの地域的多様性と近代以降の宗教の流入により，多様かつ複雑なアイデンティティが併存するようになった。これゆえ，「国家アイデンティティをいかに形成するか」はフィリピンにとって重要な課題であった。

フィリピンの社会科教育の変遷

　フィリピンの市民性教育の特色としては，フィリピンの各地域のもつ伝統的な価値とユネスコの普遍的価値の融合や統合があげられてきた（長濱，2014）。それは，多民族・多文化国家としてのフィリピンをどのように統合するか，という課題に起因している。

　戦後，独立を果たした後も米国の影響は続き，公用語としての英語や，アメリカンデモクラシーを重視した公教育制度も継続された。だが，その後1986年までのマルコス政権下では，自国の経済開発を優先し，開発優先政策をとった。国益を重視するフィリピン人らしさを育てるべく，社会科も変容を要請されている。具体的には，社会科をフィリピン語で教えるようにという文部大臣指令が出され，経済開発と社会発展に貢献できる人材としての国民育成がめざされたのである。だが，こうした上からの一元的な愛国心教育はうまくいかず，1986年のピープルパワー革命で失脚した。

　それ以降は国家として，「多様性の中の統一」を重視し，マイノリティの保護を取り込み，内発的な国民意識を重視する傾向になる。同時に，経済開発から人間開発へと価値を変容させ，以前より連携していたユネスコの普遍的価値を国家統合の重点とするようになった。社会科

世界の社会科教育の研究と実践

は，こうしたフィリピン人としての価値を教える統合教科マカバヤンの中核教科として実施されてきた。

しかし，2012年より新たな展開を見せた。Kto12教育の導入である。それまで公教育の範囲でなかった幼児教育1年間も公教育となり，初等6年—中等4年体制から初等6年—中等6年体制となった。この背景としては，すべての子どもへの教育機会の保障や教育の質を向上するという国内的な意義と共に，ASEANの一員としての内発的発展をめざしているためとされる（平田，2017）。

2016年版カリキュラム「社会科」

新しいKto12制度にあわせて，2016年にカリキュラムガイド「社会科」が出された。社会科はK（就学前教育）から12年生（中等後期教育）で実施されるが，11年・12年は現代課題に関する選択科目として設定されている。カリキュラムガイドは，Kから10年生すべてで一貫されたガイドとして示される。目標としては「地域・国・グローバルな世界に参画するフィリピン人としてのアイデンティティと役割を有する若者を育成すること」としている。

カリキュラムは，テーマ・スキルとそれを統合した学習スタンダードとして描かれる。テーマには，全米社会科協議会（NCSS）が提唱するナショナル・スタンダードに影響を受けたことが明記され，実際にスタンダードに記載された「1．人・社会・環境」…「4．権利・責任・シティズンシップ」など7つが設定され

る。スキルには「調査」「データ分析と解釈」「倫理項目への配慮」など6つがある。それらのテーマやスキルを組み合わせ，さらにシークエンスとして，同心円拡大法が取られ整理されている。

Kから3年までは自己・家族・地域，4〜6年はフィリピン国内の地理や歴史を学び，7年生がアジア，8〜10年生が世界的なものを学ぶようにされている。

特徴としては，従来のような国内および世界とは異なり，改革の背景にもある「アジア」が強調されるようになったこと。また，米国のナショナル・スタンダードや海外の歴史的思考概念が直に導入されている点を挙げることができるだろう。植民地時代から続くアメリカの教育政策との強い親和性と共に，国内と世界的視点の融合という特質をここにも見ることができる。今後，新たに入ったアジア人としての側面をどのように取り込んでいくだろうか。注目される。

〈参考文献〉
・阿久澤麻里子『フィリピンの人権教育』解放出版会，2002
・長濱博文『フィリピンの価値教育—グローバル社会に対応する全人・統合アプローチ』九州大学出版会，2014
・平田利文編『アセアン共同体の市民性教育』東信堂，2017

（川口広美）

世界の社会科教育の研究と実践

定義

　オーストラリアの社会系教科教育は，オーストラリアの社会科教育 HASS（Humanities and Social Sciences）と，グローバル教育であり，それぞれ日本の社会科と総合学習にあたると言ってよい。

　オーストラリアでは，これまで各州にカリキュラムがあり，社会科の呼称も州ごとに異なっていて授業も各教員の裁量に任されていた。しかし，MCEETYA（The Ministerial Council on Education, Employment, Training and Youth Affairs）から2008年に発表された新たな国家教育指針のメルボルン宣言により，すべての若者を，成功した学習者・自信に満ちた創造的な個人・活動的で知識ある市民として育成することを目標として，ACARA（The Australian Curriculum, Assessment and Reporting Authority）はナショナル・カリキュラムを作成した。

　こうして，誕生したのが，現在のオーストラリアの新社会科 HASS である。

　新社会科 HASS は，汎用的能力（general capability）とグローバルなシティズンシップ育成を目指している。

　また，クロスカリキュラムを含み，先住民のアボリジニやトレス海峡諸島民の歴史と文化・アジアとオーストラリアとの関わり・サステナビリティを優先的に学ぶ領域がある。

　オーストラリアは，近年，先住民や移民に寛容な政策をとっており，オーストラリア社会の多様性の理解だけでなく，民主主義社会の多様性の中の統一が，教育にも反映して目指されている。

理論＆実践

　酒井（2018）は，ナショナル・カリキュラムがよく浸透しているクイーンズランド州の HASS の小学校3・4年生対象「コミュニティへの参加」の単元「ルールや食習慣のジレンマを通して民主的な決定について考える公民授業」のワークシートを分析した。その結果，異文化理解が，内容だけでなく問題解決のためのスキルとして位置づけられており，エンパシーに着目することで異文化理解のための3つの要素（①文化の認識・尊敬，②他者との相互作用，③責任感を持つ）を組織化していることを明らかにしている。オーストラリアの新社会科 HASS は，社会的見方・考え方だけでなく，同時に資質・能力を重視し，グローバル化をキーワードとする2017年版学習指導要領が実施されているわが国のコンピテンシーベースの社会科の授業設計を考える上でも多くの示唆を与える。

　最近のオーストラリアの学校現場の実践やリソース授業の例としては，小5の歴史の授業で，1901年の連邦化を題材に当時の各植民地（ニューサウスウエールズやビクトリアなど）の立場で，連邦化に賛成か反対かを図書館などで探究的に

238

調べる授業や，小6で複雑な選挙制度のしくみを学ぶ授業（AEC:Australian Electoral Commission，オーストラリア選挙管理委員会）など市民性育成のための授業が行われている。

一方，以前のオーストラリアの多文化の受容の時代の社会科教育の研究では，山本（1991）が，オーストラリアが白豪主義と決別し多民族国家への道を歩んだ1970年代以降の多文化教育を，社会科教育の視点から個の確立と多文化の受容をキーワードに分析している。

また，オーストラリアは，気候変動などの環境問題，ESDの学習や，アフリカやアジアとの交流学習などグローバル教育にも関心が高い。ESD教育は，永田（2011）や酒井（2015）の研究，グローバル教育は，開発教育の視点から1990年代のグローバル教育の理論と実践を考察した木村（2014）やTudball et al.（2011）のグローバル教育の実践事例集を考察した酒井（2019）の研究がある。

課題

オーストラリアは，2019年のアリススプリングス宣言により社会の変化に対応してメルボルン宣言をさらに継承，発展させ，多文化共生，コミュニティの一員，主権者教育，などを重視している。また，コロナ禍の中でも，〈社会正義〉，〈民主主義〉，〈平和〉，〈サステナビリティ〉の4つの概念を重視した批判的探究による開かれた視点からのグローバル教育に取り組んでいる。今後も，オーストラリア

の市民性を育成する社会系教科教育に注目し，比較研究していくことが，グローバルな視野から，わが国の資質・能力とシティズンシップ育成を同時に目指す社会科教育を考えることにもなる。

〈参考文献〉

・木村裕『オーストラリアのグローバル教育の理論と実践』東信堂，2014

・酒井喜八郎「オーストラリアの環境教育—ESDとシティズンシップ教育の視点から—」『地理教育研究』No.16，2015

・酒井喜八郎「オーストラリアの新社会科HASSの動向と特質—ナショナル・カリキュラムとクイーンズランド州の事例の分析から—」『教育方法学研究』No.43，2018

・酒井喜八郎「オーストラリアの地理教育，グローバル教育，EfS教育を考える—シティズンシップ教育の視点から—」『南九州大学研究報告』No.49，2019

・永田成文「系統地理を基盤とした市民性を育成する地理教育の授業構成『社会科研究』No.75，2011

・山本友和「オーストラリアの社会科カリキュラムにおける多文化教育の視点」『上越教育大学研究紀要』Vol.10，No.2，1991

・Libby Tudball & Lindy Stirling, *Bright Sparks Leading Lights: Snapshots of Global Education in Australia*, World Vision Australia，2011

（酒井喜八郎）

世界の社会科教育の研究と実践

巻末資料

　戦後，平和で民主的な社会の実現に向けてスタートした社会科は，学会・行政機関・学校現場を中心にその教科の本質，制度設計，実践をめぐって議論されてきた。この巻末資料では，文部科学省（旧文部省）によって示されてきた全10版の学習指導要領（初版〜第９次改訂）を取り上げ，１教科としての「社会科」（社会系教科及び科目）に焦点化し，教科構造と各改訂のポイントを整理した。

　巻末資料の編集にあたって，文部科学省が発行した「学習指導要領」および「学習指導要領解説」，「指導書（第３次〜第６次改訂の間，小・中学校を対象に発行）」，学術研究書や民間の教育図書出版社が発行した「解説書」などを収集した（〈主要文献リスト〉を参照）。そして，それらを参照しつつ，改訂ごとに【教科構造図】【改訂の趣旨】【主な改訂のポイント】【キーワードリンク】にまとめた。

　【教科構造図】は，改訂ごとの設置科目，単位時間（高等学校については標準単位数），分野配当時間などをまとめたものである（凡例は，以下の通り）。また，学習指導要領全般に関わる改訂の経緯などを【改訂の趣旨】として，社会系教科に関わる事項を【主な改訂のポイント】として，それぞれまとめた。【キーワードリンク】では，本書で取り上げた社会科重要用語との対応を示した。

凡例　・公共（太枠）……必修科目
　　　・140（破線囲い）／（35）（丸かっこ）……単位時間，分野配当時間
　　　・〔２〕（角かっこ）……高等学校の標準単位数

〈主要文献リスト〉
・片上宗二『日本社会科成立史研究』風間書房，1993
・木村博一『日本社会科の成立理念とカリキュラム構造』風間書房，2006
・谷口和也「第２章第２節 地理歴史科教育の歴史」社会認識教育学会編『地理歴史科教育』学術図書出版社，pp.12-21，1996
・中平一義・茨木智志・志村喬編『初等社会科教育研究』風間書房，2019
・原田智仁『社会科教育のフロンティア』保育出版社，2010
・水原克敏・髙田文子・遠藤宏美・八木美保子『新訂 学習指導要領は国民形成の設計書』東北大学出版会，2018
・宮崎猛・吉田和義『社会科教育の創造 新訂版』教育出版，2019

（河原洸亮・両角遼平）

1947（昭和22）年版【初版】

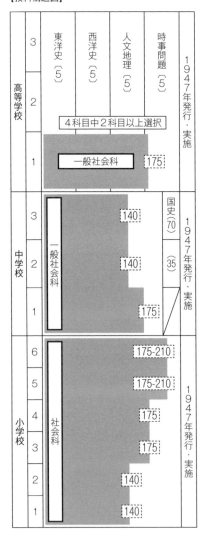

【初版の趣旨】

　日本における最初の学習指導要領として発行され，教師にとっての手引書や参考書といった性格を持つことから「試案」とされた。一般編では「いまわが国の教育はこれまでとちがった方向にむかって進んでいる。…（中略）…下の方からみんなの力で，いろいろと，作りあげて行くようになって来たということである」[1]と戦前と戦後の教育観の違いを示した。また，日本国憲法や教育基本法を踏まえて「われわれは児童を愛し，社会を愛し，国を愛しそしてりっぱな国民をそだてあげて，世界の文化の発展につくそうとする望みを胸において，あらんかぎりの努力をささげなくてはならない」[2]と民主主義に基づく新たな学校教育の方針が示された。

【主な初版のポイント】

　初版と第1次改訂の学習指導要領で示された社会科は，知識・技能・態度を総合的に育成する「初期社会科」といわれた。

　小学校の社会科編では「社会科の任務は，青少年に社会生活を理解させ，その進展に力を致す態度や能力を養成することである。…（中略）…社会生活を理解するには，その社会生活の中にあるいろいろな種類の相互依存の関係を理解することが，最もたいせつである」[3]と示された。戦前の社会系教科との違いについては「社会科はいわゆる学問の系統によらず，青少年の現実生活の問題を中心として，青少年の社会的経験を広め，また深めようとするものである。したがってそれは，

従来の教科の寄せ集めや総合ではない。それゆえに，いままでの修身・公民・地理・歴史の教授のすがたは，もはや社会科の中には見られなくなるのである」[4]と示された。巻末には「作業単元の例」として第1学年の「ままごと遊び」第3学年の「船と港の生活」第5学年の「ラジオの放送」が示された[5]。例えば，「ままごと遊び」では「家事遊び」「やおやの遊び」「配給所の遊び」「トラック・リヤカー・荷車等の乗物遊び」が示された[6]。

中学校・高等学校の社会科編では「総合にあたっては，次のような原則がその基準となっている。（一）学校内外の生徒の日常生活はつねに問題を解決して行く活動にほかならない。（二）学校は生徒にとって問題を解決するために必要な経験を与えて，生徒の発達を助けてやらなくてはならない。生徒がある一つの社会的な問題を解決する…（中略）…ための最善の方法は，生徒が持っている知識や経験を，その教科的区画にとらわれないで，何れの教科で取り扱われたことがらにせよ，社会生活に関するものであれば，すべてこれをとり集めて，必要に応じて使うということである」[7]と示された。各学年の単元として「要旨」「目標」「教材の排列」「学習活動の例」が示された[8]。例えば，第9学年の単元「個人は，共同生活にうまく適合していくにはどうしたらよいであろうか」の目標には，「生徒が，個人は共同生活に進んで参加してその性格と人格とを発展させるものであること，また，社会の発展と進歩とは，各個人の協力にまたなくてはならないということを理解して，自身の仕事や責任を，共同社会や集団の一員として自覚し，自分の義務を果たす態度を養うようにさせること」が示された[9]。

長年，初版は研究者の間で「翻訳社会科」や「無国籍の社会科」といった否定的な評価がなされてきた。木村博一は「一言で要約するには難しい複雑な『カリキュラム構造』を内包していた」[10]と再評価した。

【キーワードリンク】

・経験主義／進歩主義
・問題解決
・戦前の地理教育
・戦前の歴史教育
・戦前の公民教育.
・戦前の社会科
・ヴァージニア・プラン
・初期社会科
・コア・カリキュラム
・社会機能法

【註】

1）文部省『学習指導要領一般編（試案）』日本書籍，p.1，1947
2）同上書，p.2
3）文部省『学習指導要領社会科編Ⅰ（試案）』東京書籍，p.1，1947
4）同上書，p.3
5）詳しくは同上書，pp.138-176を参照
6）同上書，pp.140-142
7）文部省『学習指導要領社会科編Ⅱ（試案）』教育図書，p.1，1947
8）詳しくは同上書，pp.19-285を参照
9）同上書，pp.204-206
10）木村博一『日本社会科の成立理念とカリキュラム構造』風間書房，p.558，2006

（大野木俊文）

1951（昭和26）年版【第１次改訂】

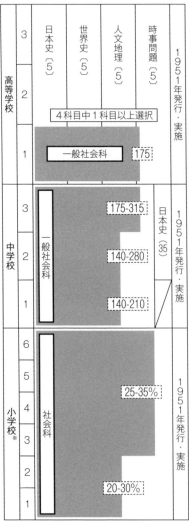

※小学校は「理科」と「社会」で教育課程全体を占める時数割合が目安として示された。

【改訂の趣旨】

　朝鮮戦争の勃発や講和条約の成立といった出来事の中，初版の理念を踏襲する形で作成された。一般編では「根本的な考え方については変っていないが，その内容は，昭和22年度のものに比べて，だいぶ変っている…（中略）…内容の変ったのは，(1)その後の研究や調査によって新たな事項を加えたため，(2)昭和22年度のものに当然載せるべきであったが，時日の関係で載せられなかったもの，たとえば高等学校の教育課程を載せたため，(3)文部省より発行された他の書物に既に詳細に書かれてあるから，ある章はきわめて簡単にしたためである」[1]と示された。

【主な改訂のポイント】

　初版と同じく「試案」とされた。小学校は改訂までの間に社会科の性格や目標の整理，単元構成や学習指導法の補足説明がなされていたため，時数の代わりに％で示すなど小規模の改訂に留まった。一方，中学校・高等学校は「国史」が「日本史」，「東洋史」と「西洋史」が「世界史」にそれぞれ変わり，時数も増減するなど大規模な改訂となった。

　小学校の社会科編では，改訂のポイントとして「第一に，社会科の目標を以前のものよりいっそう明確にしたことである。第二に，各学年の単元の基底例を検討して，その学年の児童の発達にいっそうふさわしいものにするために，若干の加除と配置換えを行なったことである。第三に，各単元の基底例の主眼を明確に示唆し，その主眼に基づいて，さら

に具体的な指導の観点を示したことである。第四に，社会科における評価の観点を示したことである」[2]の４点が示された。社会科の目標としては「社会機能が，相互にどんな関係をもっているか，それらの諸機能はどんなふうに営まれ，人間生活にとってどんな意味をもっているかについて理解させ，社会的な協同活動に積極的に参加する態度や能力を養う」[3]ことなどが示された。社会科における道徳教育の観点としては「豊かで重厚な人間性を育てること…（中略）…統一のある生活態度を形成すること…（中略）…上の観点を根底として，清新で明るい社会生活を営む態度を養うこと…（中略）…創造的な問題解決に必要な力を養うこと」[4]の４点が示された。初版では各学年の「問題」が示されていたのに対して，第１次改訂では各学年の「単元の基底の例」が示された。例えば，第５学年の「産業の発達と現代の生活」では「生活に必要な主要物資の生産」「手工業から機械生産へ」「商業の発達と消費生活」の３つが示された[5]。巻末には，付録として「単元の基底の主眼」と「単元例」が示された。例えば，第５学年では「日常生活に必須な主要物資が，わが国でどのように生産され，どのように使われているかについて学習させることが主眼である。したがって主要産業の分布・生産方法の発達・輸送方法の発達・現在の需給状況と将来の問題などが学習の内容としてとりあげられるであろう」[6]と示された。

中学校・高等学校の社会科編では，改訂のポイントとして「人間関係をおもな学習対象とする社会科では，ややもするとその内容の取扱方において，他教科と重複を起しがちで

ある。…（中略）…今回の改訂に際しては，この欠点をできるだけ除くことにした。それには，第一に社会科の一般目標並びにこれをさらに具体化した各単元の目標の達成を目ざして内容およびその取扱方を厳選し，いたずらに材料の関連性をもって内容の範囲を広げないことにした」[7]と示された。

研究者の間でも様々な評価が見られるが，梅根悟は「戦後日本の社会科の一つの完成形態を示すものである」[8]と評価した。

【キーワードリンク】

・経験主義／進歩主義
・公民的資質・市民的資質
・問題解決
・初期社会科
・地域社会科教育計画
・コア・カリキュラム
・同心円的拡大法

【註】

1) 文部省「まえがき」『小学校学習指導要領一般編（試案）』明治図書，1951
2) 文部省「まえがき」『小学校学習指導要領社会科編（試案）』日本書籍，1951
3) 同上書，p.5
4) 同上書，pp.6-8
5) 同上書，pp.19-20
6) 同上書，p.59
7) 文部省『中学校・高等学校学習指導要領社会科編Ｉ中等社会科とその指導法（試案）』明治図書，pp.16-17，1951
8) 梅根悟「社会科十年のあゆみ」梅根悟・岡津守彦編『社会科教育のあゆみ』小学館，p.19，1959

（大野木俊文）

1955年（昭和30）年版【第2次改訂】

【教科構造図】

| | 高等学校 | 社会(3)—5 | 日本史(3)—5 | 人文地理(3)—5 | 時事問題(3)—5 | 1956年発行・実施 |

（高等学校：1〜3学年／社会（3）—5、日本史（3）—5、人文地理（3）—5、時事問題（3）—5、1956年発行・実施）

（中学校：1〜3学年／社会科、地理的分野・歴史的分野・政治的・経済的・社会的分野、175-315、140-280、140-210、1956年発行・実施）

（小学校※：1〜6学年／社会科、25-35%、20-30%、1955年発行・実施）

※小学校は「理科」と「社会」で教育課程全体を占める時数割合が目安として示された。

【改訂の趣旨】

　本改訂は、「全教科ではなく、社会科だけの改訂という例外であり、他教科より一足早く『試案』という語句が削除された」[1]。文部省は、1951年版に対して「小、中、高等学校を通じての社会科教育の実情に対する各種の批判が高まるに至った」[2]ため、本改訂は、「在来の学習指導要領の不備な点、実情にそぐわなかった点を検討是正するという趣旨で行われたものである」[3]と説明した。

【主な改訂のポイント】

　小学校の改訂の要点は、「1．目標、特にその学習内容の点で、小、中学校の一貫性をはかるように留意したこと。2．道徳的指導、あるいは地理、歴史、政治、経済、社会等の分野についての学習が各学年を通して系統的に、またその学年の発達段階に即して行われるよう、各学年に基本目標とこれを裏づける具体目標とを設定し、在来の学年目標をいちだんと具体化するようにつとめたこと。3．今回の改訂の趣旨およびこれまでの経験にかんがみ、学年の主題、学習の領域案（これまでの単元の基底例に代わる）に新たなくふうを加えたこと。4．このような改訂を通して、第6学年の修了までには、中学校における地誌的学習の基礎やわが国の各時代の様子の理解が従来以上に児童の身につくように配慮したこと」[4]の4点である。

　中学校の改訂の要点は、「1．小学校との関連をいっそう緊密にし、義務教育一貫の立場から、目標や内容の示し方にじゅうぶんの

連絡を保つようにした。2．内容は，必要な事項についてはさらに充実させるとともに，全体としては，思い切って精選して，中学校生徒の発達段階に応じたわかりやすいものにした。3．従来は「一般社会」と「日本史」との指導計画を別個に立ててもよいことになっていたのを，社会科の指導計画を一本化し，日本史も社会科の指導計画の中に織りこんで計画するようにした。4．従来のような学年別の単元組織を示すことなく，地理的分野，歴史的分野，政治・経済・社会的分野に分けて示し，各学校において，いろいろの指導計画が立てられるように幅をもたせた。5．道徳教育については，…（中略）…社会科においては，それぞれの学習内容に即して，道徳的な理解や判断力の育成が無理なく行われるように留意した」[5]の5点である。

高等学校の改訂の要点は，「1．従来の高等学校社会科の目標は，中学校のものと比較したときの特色や，中学校のそれとの一貫した関連について明確を欠く点があったので，これらの点について明確にするように努めた。2．社会科の目標を達成するために，従来は，「一般社会」・「日本史」・「世界史」・「人文地理」・「時事問題」の5科目が設けられていたが，その内容を再組織して今後は，「社会」・「日本史」・「世界史」・「人文地理」の4科目を置くことにした。3．従来の社会科では，第1学年で「一般社会」を必修させ，第2学年以降において，「日本史」・「世界史」・「人文地理」・「時事問題」の科目のうち，少なくともいずれか1科目を選択必修させることになっていたが，「社会」を含めた3科目をすべての生徒に履修させることにした。この際，

各科目の履修学年は指定しない。4．従来の社会科の各科目の単位数は，それぞれ5単位となっていたが，各科目の単位数をそれぞれ，3～5単位とした」[6]の4点である。

森分孝治は，本改訂について，「学力低下論に一部対抗し一部妥協し，その目標を社会的判断力の直接的育成に代えて，その基礎となる『社会生活の理解』へと後退させた。…（中略）…問題解決の社会科学習で子どもが習得するであろう知識を系統的に習得させようとするものであった」[7]と評価した。

【キーワードリンク】

・問題解決

・経験主義／進歩主義

・勝田・梅根論争

・うれうべき教科書の問題

・「地理的分野」「歴史的分野」「公民的分野」

【註】

1）宮崎猛・吉田和義『社会科教育の創造新訂版―基礎・理論・実践―』教育出版，p.7，2019

2）文部省「まえがき」『小学校学習指導要領社会科編　改訂版』1955

3）同上

4）前掲書2），「まえがき」

5）文部省「まえがき」『中学校学習指導要領社会科編　改訂版』1955

6）文部省「まえがき」『高等学校学習指導要領　社会編31年度改訂版』1956

7）森分孝治「『今，社会科とは何か』をなぜ問うか」『社会科教育』375号，明治図書，p.129，1993

（両角遼平）

1958年（昭和33）年版【第３次改訂】

【教科構造図】

高等学校	3	倫理・社会（2）	政治・経済（2）	日本史（3）	世界史A（3）・B（4）	地理A（3）・B（4）	1960年告示・1963年実施
	2						
	1						
中学校	3	社会科	政治的・経済的・社会的分野 [140]			道徳（35）	1958年告示・1962年実施
	2		歴史的分野 [175]				
	1		地理的分野 [140]				
小学校	6	社会科	[140]			道徳（35）	1958年告示・1961年実施
	5						
	4		[105]				
	3						
	2		[70]				
	1		[68]			（34）	

【改訂の趣旨】

本改訂は、「GHQ廃止後、日本が初めて独自に実施した全面改訂」[1]であり、「指導要領から『試案』の文字が消滅し、学校教育課程の国家基準としての法的拘束力をもつ」[2]とされた。本改訂における重点項目は、「(1)道徳教育の徹底、(2)基礎学力の充実、(3)科学技術教育の向上、(4)職業的陶冶の強化」[3]であった。

【主な改訂のポイント】

社会科の改訂は、「教育基本法の精神に基づき、国民としての正しい自覚をもち、しかも個性豊かな文化の創造と民主的な国家・社会の建設に努め、国際社会において真に尊敬と信頼を受けるに足りる日本人の育成を目ざすことを基本方針」[4]としていた。

小学校の改訂の要点は「各学年とも内容を精選、整理して、発展的、効果的な学習ができるように配慮し、特に中学校との一貫性を考え、第６学年までに日本の地理・歴史等についての基礎的な理解や概観的なはあく、国土に対する愛情や国民的自覚の基礎などを養えるようにした。また、道徳教育における社会科の役割を明確にし、道徳の時間の指導との密接な関連を図った」[5]ことが示された。

中学校の改訂の要点は「第１学年では地理的分野、第２学年では歴史的分野、第３学年では政治・経済・社会的分野について学習させることを原則とした。そして、各分野の学習を通して民主主義精神の育成を徹底するとともに、広く目を開いて世界におけるわが国

の立場を正しく理解させ，国民としての自覚を高めることに留意した」[6]ことが示された。

　高等学校の改訂の要点は「(1)…（前略）…目標，内容などについて，児童・生徒の発達に即して，小・中・高等学校の社会科の間の関連を密にし，その間のむだな重複を省き，間げきを埋めて，発展的，系統的な学習ができるようにした。(2)従前の高等学校社会科は「社会」「日本史」「世界史」「人文地理」の4科目から構成されていたが，これを改めて「倫理・社会」「政治・経済」「日本史」「世界史A」「世界史B」「地理A」「地理B」の7科目から構成することとした。(3)道徳教育は，教育活動のすべてを通じて行うものとし，これをいっそう充実強化するための一助として，社会科の1科目として「倫理・社会」をおいた。(4)生徒の能力，適性，進路に応じて教育を行うため，世界史および地理については，それぞれA，Bの2科目を設け，そのいずれかを履修させるようにした。(5)…（前略）…従前には「社会」を含めた3科目をすべての生徒に履修させることにしていたが，これを改めて，普通科では5科目を，職業教育を主とする学科では4科目以上をすべての生徒に履修させることとした。(6)従前の高等学校社会科の各科目の単位数は，それぞれ3〜5単位となっていたが，これを改めて，科目ごとに標準としての単位数を示し，学校における教育課程の編成に弾力性をもたせた。(7)各科目の内容は特定の学年において履修させることを前提として作成したが，学校における運営については，弾力性をもたせるようにした」[7]ことが示された。

　桑原敏典は，本改訂について，「問題解決学習では基礎学力が低下する」「体系的な社会科学的認識を形成する必要があるのではないか」といった声を反映して，「社会科の教育内容は子どもの直面する問題を中心に構成されるのではなく，地理，歴史，政治，経済などの社会諸科学の体系性や系統性を重視し，それらの基礎・基本となる知識を学年段階に即して無理なく習得できるように配置する構成となった」[8]と評価した。

【キーワードリンク】

・愛国心
・基礎学力低下論
・教育内容の自主編成
・分化と統合

【註】

1) 水原克敏・髙田文子・遠藤宏美・八木美保子『新訂　学習指導要領は国民形成の設計書』東北大学出版会，p.128，2018
2) 扇谷尚・元木健・水越敏行編『現代教育課程論』有斐閣，p.34，1981
3) 前掲書1），p.128
4) 文部省『小学校社会指導書』教育出版，p.1，1962
5) 同上，p.1
6) 文部省『中学校社会指導書』実教出版，p.1，1959
7) 文部省『高等学校学習指導要領解説　社会編』好学社，pp.1-2，1961
8) 桑原敏典「3章　社会科の性格」原田智仁編『社会科教育のフロンティア』保育出版社，p.29，2010

（両角遼平）

1968・69・70年（昭和43・44・45）年版【第４次改訂】

【教科構造図】

高等学校（3・2・1）
- 倫理・社会（2）
- 政治・経済（2）
- 日本史（3）
- 世界史（3）
- 地理A（3）・B（3）
- 1970年告示・1973年実施

中学校（3・2・1）
- 社会科
  - 公民的分野（140）……175
  - 地理的分野（140）……140
  - 歴史的分野（175）……140
- 道徳（35）
- 1969年告示・1972年実施

小学校（6・5・4・3・2・1）
- 社会科……140／105／70／68
- 道徳（35）／（34）
- 1968年告示・1971年実施

【改訂の趣旨】

「所得倍増計画と高度経済成長路線とを具体化する教育計画を遂行する時代」を背景として，学習指導要領の改訂がなされた[1]。

本改訂では，「人間として調和のとれた発達」や，「国家および社会の有為な形成者として必要な資質の育成」が目指された[2]。

ここでのポイントは，「『教育の現代化』と『高校教育の多様化』」であった[3]。

【主な改訂のポイント】

小学校版の要点は，「目標の明確化，内容の精選と社会科における基礎的能力の育成をはじめ，歴史に関する学習の改善等」であった[4]。例えば，目標は，「社会生活についての正しい理解を深め，民主的な国家，社会の成員として必要な公民的資質の基礎を養う」という「総括的目標」のもとに４つの「具体的目標」が示された。これにより，「公民的資質の基礎を育成していくのが社会科の主たる使命であることを，新学習指導要領で明確にした」とされた[5]。また，「具体的目標」の１つに「社会生活を正しく理解するための基礎的な資料を活用する能力や社会事象を観察したりその意味について考える能力をのばし，正しい社会的判断力の基礎を養う」という能力に関する目標が設定され，「基礎的能力の育成」が強調された[6]。

中学校版の要点は，「目標の明確化」と「内容の改善」であった[7]。より詳しくは，「中学校教育の目標を達成するため，教科の目標ならびにその基本的性格を明確にすると

ともに，社会生活についての理解と認識を養うことによって，民主的，平和的な国家・社会の形成者として必要な資質の基礎をつちかうようにした。なお，地理，歴史，公民の各分野については，それぞれに固有の性格をじゅうぶん発揮させるとともに，教科としての有機的な関連とまとまりをもつようにした」とされた[8]。例えば，これまでの政治・経済・社会的分野は公民的分野に改められた。そして，3つの分野については，「第1，第2学年を通じて地理的分野と歴史的分野を並行して学習させ，第3学年において歴史的分野および公民的分野を学習させることが原則」と構造が明確にされた[9]。

高等学校版の要点は，「小・中・高等学校の社会科教育の一貫性を図るとともに，経済・社会・文化などの進展に即応して，高等学校の社会科の基本的性格とねらいをいっそう明確にするとともに，基本的事項の精選集約を図」り，「各科目の内容については，社会事象などに対する広く深い理解と公正な判断力を涵養し，民主的な国家および社会の進展に寄与しようとする態度をいっそう育成することができるよう配慮」することであった[10]。例えば，「地理A」は「系統地理的学習を中心とし，主題的な探究を加味したもの」，「地理B」は「世界の地域的学習を中心とするもの」へと改められた[11]。

このような第4次改訂を，森分孝治は「『事象・出来事の社会的意味の理解』を形成の原理とする社会科として，理論的にみて最も整備されている」と評価した[12]。

【キーワードリンク】
・公民的資質・市民的資質

・理解
・教育の現代化
・「地理的分野」「歴史的分野」「公民的分野」
・パイ型カリキュラム
・同心円的拡大法
・内容の構造化
・地誌学習／系統地理

【註】
1) 水原克敏・高田文子・遠藤宏美・八木美保子『新訂 学習指導要領は国民形成の設計書』東北大学出版会，p.144，2018
2) 教育課程審議会「高等学校教育課程の改善について（答申）」1969
なお，小・中学校版についても次の答申において改訂のねらいが示された。
・教育課程審議会「小学校の教育課程の改善について（答申）」1967
・教育課程審議会「中学校の教育課程の改善について（答申）」1968
3) 上掲書1)，p.141
4) 文部省「まえがき」『小学校指導書 社会編』大阪書籍，1969
5) 同上書，pp.2-3
6) 同上書，pp.3-4
7) 文部省『中学校指導書 社会編』大阪書籍，pp.3-4，1970
8) 同上書，まえがき
9) 同上書，p.4
10) 文部省「まえがき」『高等学校学習指導要領解説 社会編』大阪書籍，1972
11) 同上書，pp.12-13
12) 森分孝治『社会科授業構成の理論と方法』明治図書，p.41，1978　**（渡邊大貴）**

1977・78年（昭和52・53）年版【第5次改訂】

【教科構造図】

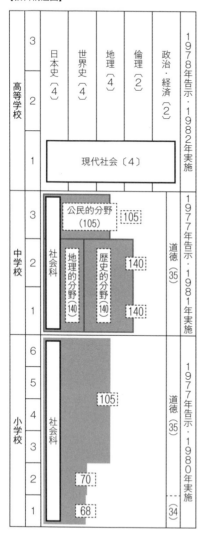

【改訂の趣旨】

　高校への進学率は90％を超える一方で，「『現代化』路線の結果，学校荒廃などの問題状況が顕在化した」という時代背景のもとで学習指導要領の改訂がなされた[1]。

　本改訂では，「(1)人間性豊かな児童生徒を育てること」「(2)ゆとりのあるしかも充実した学校生活がおくれるようにすること」「(3)国民として必要とされる基礎的・基本的な内容を重視するとともに児童生徒の個性や能力に応じた教育が行われるようにすること」の3点がめざされた[2]。

【主な改訂のポイント】

　小学校版では，「人間性豊かな児童の育成を目指して，これまでの社会科の基本的な性格を受け継ぎながら目標，内容などの改善を行い，社会科の一層の充実」が図られた[3]。例えば，目標は「社会生活についての基礎的理解を図り，我が国の国土と歴史に対する理解と愛情を育て，民主的，平和的な国家・社会の形成者として必要な公民的資質の基礎を養う」という一文に集約され，公民的資質を養うことが小・中・高等学校の一貫した目標として示された[4]。また，時間数の大幅な削減に伴い，内容が精選された。

　中学校版では，「我が国の国土・歴史に対する理解と認識を一層高め，社会と人間との関係についての見方や考え方の基礎を培うとともに，国際社会における日本人としての必要な資質を養うことを基本的方針として，目標，内容の改善」が図られた[5]。考慮事項は

次の３点であった。「第１は，小学校，中学校及び高等学校の社会科を一貫的にとらえ，そこにおける中学校社会科の位置と役割を明確にしたこと」，「第２は，社会生活の意義を広い視野から考える能力や，国家・社会の一員としての自覚をもちその発展に寄与する態度などの基礎を培うことに留意し，その観点から内容を一層精選したこと」，「第３は，人間尊重の立場を基本とし，環境や資源の重要性についての正しい認識を育てること，国際理解を深めることなどについても，中学校段階の特質を配慮し」たことである[6]。例えば，第１・２学年で地理的分野と歴史的分野を並行して学習し，これらを生かして第３学年で公民的分野を学習する構成とされた。

高等学校版では「社会と人間に関する基本的問題についての理解と認識を深め，社会生活の意義を広い視野から考える能力を養うとともに，民主的，平和的な国家・社会の発展に努める態度を一層育成することに重点を置いて，目標及び内容の改善」が図られた[7]。考慮事項は次の３点であった。第１は「小学校，中学校及び高等学校の社会科を一貫的にとらえ，そこにおける高等学校社会科の位置と役割を明確にした」こと，第２は「社会と人間に関する基本的問題についての理解と認識を深め，社会生活の意義を広い視野から考える能力を養うとともに，民主的，平和的な国家・社会の発展に努める態度を一層育成することに重点を置いて，内容の精選を行った」こと，第３は「人間尊重の立場を基本とし，環境や資源の重要性についての正しい認識を育てること，国際理解を深めることなどについても，高等学校段階の特質を配慮して

改善した」ことである[8]。例えば，「現代社会」が必修科目として新設された。

このような第５次改訂について，伊東亮三は，ここまで分化社会科へと変質していく傾向にあった改訂において，高等学校では総合社会科としての「現代社会」が新設されたことを評価した[9]。

【キーワードリンク】

・公民的資質・市民的資質

・教育の人間化

・パイ型カリキュラム

・国際理解学習

・環境教育

【註】

1）水原克敏『学習指導要領は国民形成の設計書』東北大学出版会，p.161，2010

2）教育課程審議会「小学校，中学校及び高等学校の教育課程の基準について（答申）」1976

3）文部省「まえがき」『小学校指導書　社会編』大阪書籍，1978

4）同上書，pp.5-7

5）文部省「まえがき」『中学校指導書　社会編』大阪書籍，1978

6）同上書，p.1

7）文部省「まえがき」『高等学校学習指導要領解説　社会編』一橋出版，1979

8）同上書，pp.3-4

9）伊東亮三「社会科の成立と現状」永井滋郎・平田嘉三・宮脇陽三編『社会科教育学』ミネルヴァ書房，pp.34-35，1979

（渡邊大貴）

1989（平成元）年版【第6次改訂】

【教科構造図】

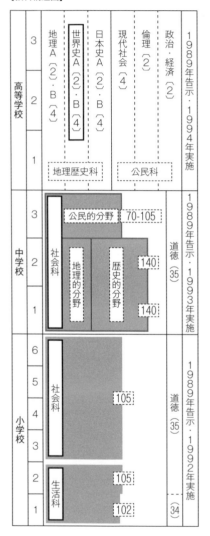

【改訂の趣旨】

　本改訂に至るまで、「産業構造の変化や価値観の変化など社会の急激な変化」[1]が取りざたされた。「個性重視や国際化や情報化への対応」[2]が求められ、「(1)豊かな心をもち、たくましく生きる人間の育成を図ること」「(2)自ら学ぶ意欲と社会の変化に主体的に対応できる能力の育成を重視すること」「(3)国民として必要とされる基礎的・基本的な内容を重視し、個性を生かす教育の充実を図ること」「(4)国際理解を深め、我が国の文化と伝統を尊重する態度の育成を重視すること」が改訂のねらいとされた[3]。加えて、「君が代・日の丸を国歌・国旗とみなし、従来の『望ましい』から「指導するものとする」に変更し、義務づけ」られた[4]。

【主な改訂のポイント】

　小学校の改訂のポイントとして、第1・2学年に生活科が新設され、社会科は「生活科との関連や国際化、産業構造の変化などの社会の変化を考慮して内容の改善を図る」[5]ことがあげられた。以降の学年では地域学習が重視され、例えば、第3学年では、地域の人々と自分とのかかわりや地域の人々の協力の様子などを取り上げるとともに、博物館や郷土資料館等の活用を図るなどの具体的な活動や体験が一層充実する」ことが求められた。内容の改善については、例えば、「産業構造の変化などの社会の変化に対応するという観点から、運輸、通信などの第三次産業の内容の充実を図る」[6]ことが挙げられた。

中学校の改訂のポイントは，「国際化，情報化などの社会の変化を考慮して内容の改善を図るとともに，生徒の特性等に応じ主体的な学習が展開できるよう配慮する」[7]ことであった。内容の改善については，例えば，地理的分野では，「国際化などの社会の変化に対応して，広い視野に立った日本の国土の認識が一層深められるよう配慮して，内容の改善を図る」[8]とされた。主体的な学習の展開のため，「各分野に教育的配慮のもとに適切な課題を設けて行う学習を導入する」[9]「第3学年における選択教科としての『社会』においては，生徒の特性等に応じ，各学校において選択教科にふさわしい発展的，応用的な学習活動等を工夫するものとし，例えば，分野間あるいは他教科に関連した内容等に関する自由研究的な学習，見学・調査活動，作業的な学習など，多様な学習活動が展開できるようにする」と示された[10]。

高等学校の改訂のポイントは，「生徒の発達段階や科目の専門性を考慮し，また国際社会に生きる日本人として必要な資質を養うことを重視する観点等から，中学校の社会科における学習との関連を考慮して内容の発展充実を図るため，社会科を再編成して地歴科及び公民科の二つの教科を設ける」[11]ことであった。地歴科では，「専門性や系統性を重視するとともに，適切な選択履修が可能となるよう，『日本史A』，『日本史B』，『世界史A』，『世界史B』，『地理A』及び『地理B』の科目」[12]が設置され，公民科では，第5次改訂時の「高等学校社会科の科目である『現代社会』，『倫理』及び『政治・経済』をもって構成する」[13]とされた。なお，国際化への対応のため，世界史は必修となった[14]。

地歴科・公民科新設については，「『社会科の再編成である』という肯定論だけではなく，『社会科の解体である』という反対論との間で大きな議論となった」[15]と評価される。

【キーワードリンク】

・地歴科・社会科地理
・歴史科・社会科歴史
・公民科・社会科社会
・愛国心
・生活科
・社会科解体論

【註】

1）宮崎猛・吉田和義編『社会科教育の創造 新訂版』教育出版，p.11，2019
2）同上
3）教育課程審議会「教育課程の基準の改善について（答申）」pp.64-65，1987
4）前掲書1），p.11
5）前掲3），p.71
6）同上
7）同上
8）同上
9）同上，p.72
10）同上
11）同上，p.71
12）同上，p.72
13）同上
14）同上，pp.65-67
15）前掲書1），p.11

（小野創太）

1998（平成10）年版【第７次改訂】

【教科構造図】

学校	学年	教科・科目	時数	告示・実施
高等学校	3・2・1	地理歴史科〔世界史A(2)・B(4)／日本史A(2)・B(4)／地理A(2)・B(4)〕　公民科〔現代社会(2)／倫理(2)／政治・経済(2)〕	総合的な学習の時間(105・210)	1999年告示・2003年実施
中学校	3	社会科　公民的分野(85)　〔85〕	道徳(35)　(70・130)	1998年告示・2002年実施
	2	社会科　地理的分野〔105〕／歴史的分野〔105〕　105	(70・105)	
	1	社会科　地理的分野(105)／歴史的分野(105)　105	(70・100)	
小学校	6	社会科　〔100〕	道徳(35)　110	1998年告示・2002年実施
	5	社会科　〔90〕		
	4	社会科　〔85〕	105	
	3	社会科　〔70〕		
	2	生活科　〔105〕	(34)	
	1	生活科　〔102〕		

【改訂の趣旨】

本改訂では、「学校週５日制を完全実施し、ゆとりの中で特色ある教育を打ち出す、『ゆとり教育』が推進された。その結果、授業時数を週当たり２単位削減し、小・中学校の教育内容を３割程度減らすことになった」[1]。改訂のねらいは、「(1)豊かな人間性や社会性、国際社会に生きる日本人としての自覚を育成すること」「(2)自ら学び、自ら考える力を育成すること」「(3)ゆとりのある教育活動を展開する中で、基礎・基本の確実な定着を図り、個性を生かす教育を充実すること」「(4)各学校が創意工夫を生かし特色のある教育、特色ある学校づくりを進めること」と示された[2]。「自ら学び、自ら考える力」などを「生きる力」とし、その育成のための「極めて重要な役割を担うもの」として、「総合的な学習の時間」が創設された[3]。

【主な改訂のポイント】

小学校の改訂のポイントは、「各学校が地域の実態を生かすとともに、児童が地域社会や我が国の産業、国土、歴史などに対する理解と愛情を一層深め、興味・関心をもって楽しく学習に取り組めるようにすることを重視」[4]することであった。このことから、内容の移行統合、精選が計られた。例えば、内容の移行統合としては、「地域の公共施設の利用や人々の諸活動に関する内容と市町村の様子に関する内容、地域の生産活動と消費生活に関する内容、第３学年の地域の移り変わりと第４学年の地域の先人の開発などの努力

に関する内容を，それぞれ集約，統合する」[5]とした。精選としては，「第6学年の我が国の政治の働きや国際理解に関する内容については，学習が具体的な事例を基に行われるよう，取り扱う範囲が明確にされた。

中学校の改訂のポイントは，「知識偏重の学習にならないよう留意し，広い視野に立って我が国の国土や歴史，社会生活を成り立たせている政治や経済などに関する理解を深めるとともに，生徒の特性等に応じて主体的な学習が展開できるようにすることを重視」[6]することであった。例えば歴史的分野では，「事項を精選して重点化を図り，例えば，古代，中世，近世，近現代のように時代区分を大きくとって内容を再構成し，我が国の歴史の大きな流れを世界の歴史を背景に理解するようにするとともに，歴史についての学び方や調べ方を身に付け，多面的な見方ができるようにする」[7]とされた。

高等学校の改訂のポイントは，「中学校社会科との関連や科目の専門性を考慮し，世界や日本の歴史的，地理的認識を深めるとともに，現代社会についての理解や人間としての在り方生き方についての自覚を深めることを重視」[8]することだった。地理歴史科は「現行の基本的な科目構成を維持しつつ，各科目の特質を生かして内容を厳選するとともに，各科目で主題学習による内容を工夫し，また科目内で内容を選択して学習する仕組みを一層拡充して重点を置いて学習できるよう工夫する」[9]とした。公民科は「現行の三つの科目の特質を一層明確にするよう内容の改善を図るとともに，内容を厳選する。特に，課題を設定し追求する学習を重視し，各科目でそ

れぞれの特質に応じた諸課題を選択的に取り上げて考察し，社会的事象に対する客観的で公正な見方や考え方を深めることができるようにするとともに，現代社会の諸課題と人間としての在り方生き方について考える力を一層養うことができるようにする」[10]とした。

第6次改訂より「新しい学力観」が示され，第7次改訂では「生きる力」の提唱や「総合的な学習の時間」の新設も相まって，より方法的な学力が求められた。その結果，「指導」を教え込みと混同して排除したことによる「知識・理解」の軽視が指摘された[11]。

【キーワードリンク】

・総合的な学習（探究）の時間
・観点別評価

【註】
1) 宮崎猛・吉田和義編『社会科教育の創造新訂版』教育出版，p.12，2019
2) 教育課程審議会「幼稚園，小学校，高等学校，盲学校，聾学校及び養護学校の教育課程の基準の改善について（答申）」1998
3) 同上
4) 同上
5) 同上
6) 同上
7) 同上
8) 同上
9) 同上
10) 同上
11) 豊嶌啓司「4章　社会科の学力と評価」原田智仁編『社会科教育のフロンティア』保育出版社，p.33-34，2010

（小野創太）

2008年（平成20）年版【第8次改訂】

【教科構造図】

高等学校

学年	地理歴史科			公民科			
3・2・1	地理A（2）・B（4）	世界史A（2）・B（4）	日本史A（2）・B（4）	現代社会（2）	倫理（2）	政治・経済（2）	総合的な学習の時間（3〜6）

2009年告示・2013年実施

中学校

学年	社会科			道徳
3			公民的分野（100）　140	70
2		地理的分野（120）　105	歴史的分野（130）　105	35
1				50

2008年告示・2012年実施

小学校

学年	教科	時数	道徳
6	社会科	105	70
5	社会科	100	70
4	社会科	90	35
3	社会科	70	35
2	生活科	105	34
1	生活科	102	34

2008年告示・2011年実施

【改訂の趣旨】

　第8次改訂では，現代社会の特質を「知識基盤社会」[1]とし，さらに「グローバル化は，アイディアなど知識そのものや人材をめぐる国際競争を加速させる一方で，異なる文化や文明との共存や国際協力の必要性を増大させている」という認識が示された[2]。

　それを受けて「生きる力」は前改訂から引き続き示され，この改訂で新たに「基礎的・基本的な知識・技能」「思考力・判断力・表現力」「言語活動の充実」が示された[3]。

【主な改訂のポイント】

　小学校版では「地域社会や我が国の国土，歴史などに対する理解と愛情を深めることを通して，社会的な見方や考え方を養い，そこで身に付けた知識，概念や技能などを活用し，よりよい社会の形成に参画する資質や能力の基礎を培うことを重視」した[4]。各学年の目標については「児童が社会生活や我が国の国土に対する理解と自然災害の防止の重要性についての関心を深めることができるようにすること」，「基礎的・基本的な知識・技能を活用し，学習問題を追究・解決することができるようにするために，各学年の段階に応じて，観察，調査したり，地図や地球儀，統計，年表などの各種の基礎的資料を効果的に活用したり，社会的事象の意味や働きなどについて考え，表現したりする力を育てること」を一層重視し，これまでのように理解・態度・能力の3つの側面から構成し，それらを統一的に育成することが目指された[5]。

中学校版では，地理的分野で「前回の改訂で設けられた世界と日本の地域構成について引き続き学び，世界と日本の地域構成の基本的な枠組みに関する基礎的な知識や，球面上の位置関係などをとらえる技能を確実に身に付けさせる」こと[6]，歴史的分野で「我が国の歴史の大きな流れの理解を一層重視し…（中略）…各事項の学習を通してより大きな歴史の流れを理解するように学習内容の構造化を図るとともに，各項目において理解させるべき学習の焦点した」こと[7]，公民的分野では，「現代社会の理解を一層深めることを重視して，人間は本来社会的存在であることを踏まえ，社会生活における物事の決定の仕方やきまりの意義について考え，現代社会をとらえるための見方や考え方の基礎として，対立と合意，効率と公正などについて理解する学習」を重視すること[8]が示された。

高等学校版の地理歴史科では，「習得した知識，概念や技能を活用して課題を探究する学習を充実して，日本や世界の各時代及び各地域における風土，生活様式や文化，人々の生き方や考え方などを学び，それを通じて過去や異文化に対する理解，国際社会に主体的に生きる資質を培うとともに，言語に関する能力を育成する」ことが目指された[9]。公民科では，「各科目の専門的な知識，概念や理論及び倫理的な諸価値や先哲の考え方などについて理解させるとともに，習得した知識や概念，技能などを用いて，各科目でまとめとしてそれぞれの特質に応じた諸課題について探究させることを通して…（中略）…，社会的事象についての見方や考え方を成長させる」ことが示された[10]。また，「社会参画，伝統や文化，宗教に関する学習などの重視や，グローバル化や規制緩和の進展，司法の役割の増大等に対応して，法や金融，消費者に関する学習の充実，…（中略）…，さらに人間としての在り方生き方についての自覚を一層深める」[11]ため内容も見直された。

なお，2014年1月に中学校の社会編，地理歴史編・公民編が一部改訂され「領土に関する教育の充実」も明記された[12]。

【キーワードリンク】

・PISA と言語力

・（世界史）未履修問題

・教育基本法の改正

・領土問題

【註】

1）文部科学省「小学校学習指導要領解説 社会編」p.1，2008

2）同上，p.2

3）同上，p.3

4）同上，p.5

5）同上，p.6

6）文部科学省「中学校学習指導要領解説 社会編」p.8，2008

7）8）同上，p.8

9）文部科学省「高等学校学習指導要領解説 地理歴史編」p.4，2008

10）文部科学省「高等学校学習指導要領解説 公民編」p.3，2008

11）同上，p.3

12）文部科学省「『中学校学習指導要領解説』及び『高等学校学習指導要領解説』の一部改訂について（通知）」2014年1月28日

（河原洸亮）

2017年（平成29）年版【第9次改訂】

【教科構造図】

高等学校（2018年告示・2022年実施）

学年	地理探究（3）	世界史探究（3）	日本史探究（3）	倫理（2）	政治・経済（2）	総合的な探究の時間（3〜6）
3	地理探究（3）	世界史探究（3）	日本史探究（3）	倫理（2）	政治・経済（2）	
2	地理総合（2）	歴史総合（2）		公共（2）		
1						

地理歴史科 ／ 公民科

中学校（2017年告示・2021年実施）

学年	社会科	総合的な学習の時間（70）	特別の教科 道徳（35）
3	公民的分野（100）／140	70	35
2	地理的分野 115／105　歴史的分野 135／105	50	
1			

小学校（2017年告示・2020年実施）

学年	社会科／生活科	総合的な学習の時間（70）	特別の教科 道徳
6	社会科 105	70	35
5	社会科 100		
4	社会科 90		
3	社会科 70		
2	生活科 105		34
1	生活科 102		

【改訂の趣旨】

第9次改訂は、「生産年齢人口の減少，グローバル化の進展や絶え間ない技術革新等により，社会構造や雇用環境は大きく，また急速に変化しており，予測が困難な時代」[1]で求められる資質・能力を育むために，各学校で教育課程を軸に学校教育の改善・充実を図る「カリキュラム・マネジメント」の実現を目指すこと」，さらに「『主体的・対話的で深い学び』の実現に向けた授業改善（アクティブ・ラーニングの視点に立った授業改善）を推進すること」が示された[2]。また「何ができるようになるか」「何を学ぶか」「どのように学ぶか」の関係性が示され，全教科の目標・内容が「知識及び技能」「思考力，判断力，表現力等」「学びに向かう力，人間性等」の3つで整理された[3]。

【主な改訂のポイント】

社会系教科では「社会との関わりを意識して課題を追究したり解決したりする活動を充実し，知識や思考力等を基盤として社会の在り方や人間としての生き方について選択・判断する力，自国の動向とグローバルな動向を横断的・相互的に捉えて現代的な諸課題を歴史的に考察する力，持続可能な社会づくりの観点から地球規模の諸課題や地域課題を解決しようとする態度など，国家及び社会の形成者として必要な資質・能力を育んでいくこと」が改善の基本方針とされた[4]。これらは「公民としての資質・能力の育成」を目指すものであり，「社会的な見方・考え方」を働

かせた学びを通して，3つの柱で整理された資質・能力を育成することが示された[5]。

　小学校版では，「社会的事象の見方・考え方」として，「位置や空間的な広がり，時期や時間の経過，事象や人々の相互関係に着目して社会的事象を捉え，比較・分類したり総合したり，地域の人々や国民の生活と関連付けたりすること」と整理した[6]。また，内容が①地理的環境と人々の生活，②歴史と人々の生活，③現代社会の仕組みや働きと人々の生活，に整理された[7]。

　中学校版では各分野で見方・考え方が提起された。地理的分野では「社会的事象を位置や空間的な広がりに着目して捉え，地域の環境条件や地域間の結び付きなどの地域という枠組みの中で，人間の営みと関連付け」ること，歴史的分野では「社会的事象を時期，推移などに着目して捉え，類似や差異などを明確にしたり事象同士を因果関係などで関連付けたり」すること，公民的分野では「社会的事象を政治，法，経済などに関わる多様な視点（概念や理論など）に着目して捉え，よりよい社会の構築に向けて　課題解決のための選択・判断に資する概念や理論などと関連付けて」働かせるものとされた[8]。

　地理歴史科では「社会で求められる資質・能力を全ての生徒に育む」観点から，空間軸と時間軸をそれぞれ学習の基軸とする「地理総合」と「歴史総合」を必修科目として新設され，また「生徒一人一人を生涯にわたって探究を深める未来の創り手として」育む観点から「地理探究」「日本史探究」「世界史探究」が選択科目で新設された[9]。

　さらに公民科では，「公共」が必修科目と
して新設され，「人間と社会の在り方についての見方・考え方」が提起された。「社会的事象等を，倫理，政治，法，経済などに関わる多様な視点（概念や理論など）に着目して捉え，よりよい社会の構築や人間としての在り方生き方についての自覚を深めることに向けて，課題解決のための選択・判断に資する概念や理論などと関連付けて」働かせ，その際は幸福，正義，公正などの視点に留意することも示された[10]。

【キーワードリンク】

- アクティブ・ラーニング
- 「地理総合」「地理探究」
- 「歴史総合」「日本史探究」「世界史探究」
- 「公共」「政治・経済」「倫理」
- 「特別な教科　道徳」
- 学力の3要素
- 「主体的・対話的で深い学び」
- 「考察」「構想」「説明」「議論」
- カリキュラム・マネジメント
- 見方・考え方

【註】

1）文部科学省「小学校学習指導要領解説 社会編」p．1，2017
2）3）同上，p.3
4）同上，p.5
5）6）7）同上，pp.9-10
8）文部科学省「中学校学習指導要領解説 社会編」pp.7-8，2017
9）文部科学省「高等学校学習指導要領解説 地理歴史編」p.35，2018
10）文部科学省「高等学校学習指導要領解説 公民編」p．7，2018　　（河原洸亮）

あとがき

2000年4月，明治図書出版より森分孝治，片上宗二編『社会科重要用語300の基礎知識』（以下『300の基礎知識』と略記）が出版された。学部学生や大学院生などの社会科教育学の初学者や実践者そして研究者などに愛用されて10刷を数えた。それから今日まで類書は他社からも出版されているが，明治図書出版からは本書『社会科重要用語事典』の出版がそれ以来のことである。約20年ぶりと言うことになる。本書は，『300の基礎知識』の改訂版ではなく，全く新たに編まれたものであるが，『300の基礎知識』が絶版となった今では，その後継ということはできるかもしれない。

ある領域の重要用語は，正に「不易流行」である。社会科教育を考える上で，いつの時代，どのような環境にあろうとも押さえなければならないこともある。他方で，社会の変化に伴い新たなニーズが生まれて，社会科教育の在り方を考える上で，重要な用語も変わっている。20年という歳月は，社会科を取り巻く環境の変化にとっては決して短いものではない。

『300の基礎知識』に採録された項目と，本書で採録されたものを比較すると，そこには20年間の社会科教育学研究及び社会科教育実践の変化・発展の一旦が表れていると言えよう。

本書で採録された項目で『300の基礎知識』には見られないもの（表現が多少異なっていても類似している若しくは密接な関係を持つものは両書に共通の項目と見なす）は，約100項目である。本書で採録した項目は全部で200項目なので，新たに選定した項目は全体の半数ほどにもなる。

本書で新たに採録した項目の一部をピックアップしてみよう。「主権者教育」「政治的中立性」「ボイテルスバッハコンセンサス」などの項目には，選挙権年齢の引き下げという社会の状況もあって，社会科の根幹である主権者育成の重要性が改めてクローズアップされたことや，それに伴って学校教育で政治的事象はどのように扱われるべきかという問題に改めて直面したこと

などが反映されていると言えよう。「インクルーシブ」「フェミニズム」「外国にルーツを持つ子ども」などの項目には，社会や学校における多様性の認識と尊重という民主的社会にとって重要な価値観に対する社会の動きが反映されていると言えよう。「持続可能な社会と ESD」「防災教育」「法関連教育」などの項目には，社会が直面する世界的な課題や新しい社会を生き抜くためにこれまで以上に必要となる価値観，知識，技能などが反映されていると言えよう。そして「教師教育者」「レッスンスタディ」「ALACT」などの項目には，近年顕著になっている社会科の教師教育に対する問題関心が反映されていると言えよう。これらを一瞥しただけでも，ここ20年間の社会科教育学並びに社会科教育実践が取り組んでいる課題やその成果が見えてこよう。

　本書で最新の現状認識や課題意識を反映したこのような項目を選択し採録できたのは，項目選択における若手研究者の鋭い問題意識と最先端の研究の助けを頂いたからである。事典において採録項目の選定はもっと重要なタスクであり，その成否で事典の価値は決まるとも言えよう。本書での項目選定には，広島大学人間社会科学研究科の草原和博教授をリーダーとする永田忠道准教授，川口広美准教授，金　鍾成准教授，渡邉　巧准教授のグループが多大な援助をしてくださった。彼ら彼女らこそ影の編者である。ここに深い感謝の気持ちを表し，記して残したい。

2022年2月

編著者　棚橋健治

木村博一

索 引

【執筆者一覧】（所属は執筆時）

【編著者】

棚橋　健治　　広島大学

木村　博一　　広島大学

【特別寄稿者】

大津　尚志　　武庫川女子大学

権　　五鉉　　韓国　慶尚國立大學校

酒井喜八郎　　南九州大学

沈　　暁敏　　中国　華東師範大学

坪田　益美　　東北学院大学

吉田　　剛　　宮城教育大学

【著者】

伊藤　直之　　鳴門教育大学

井上　奈穂　　鳴門教育大学

井上　昌善　　愛媛大学

宇都宮明子　　島根大学

大坂　　遊　　徳山大学

岡田　了祐　　お茶の水女子大学

角田　将士　　立命館大学

釜本　健司　　新潟大学

唐木　清志　　筑波大学

川口　広美　　広島大学

金　　鍾成　　広島大学

草原　和博　　広島大学

後藤賢次郎　　山梨大学

空　　健太　　国立教育政策研究所

田口　紘子　　日本体育大学

竹中　伸夫　　熊本大学

田中　　仲　　岐阜大学

田本　正一　　山口大学

土肥大次郎　　長崎大学

永田　忠道　　広島大学

新谷　和幸　　長崎大学

橋本　康弘　　福井大学

福井　　駿　　鹿児島大学

福田　喜彦　　兵庫教育大学

藤瀬　泰司　　熊本大学

藤本　将人　　宮崎大学

南浦　涼介　　東京学芸大学

宮本　英征　　玉川大学

村井　大介　　静岡大学

山田　秀和　　岡山大学

渡邉　　巧　　広島大学

渡部　竜也　　東京学芸大学

河原　洸亮　　広島大学大学院　教育学研究科　博士課程後期

小野　創太　　広島大学大学院　人間社会科学研究科　博士課程後期

大野木俊文　　広島大学大学院　教育学研究科　博士課程後期

渡邊　大貴　　広島大学大学院　人間社会科学研究科　博士課程後期

両角　遼平　　広島大学大学院　教育学研究科　博士課程後期

【編著者紹介】

棚橋　健治（たなはし　けんじ）
広島大学大学院人間社会科学研究科（教育学系）教授。広島大学副学長・図書館長。博士（教育学）。
【主な著書】
『アメリカ社会科学習評価研究の史的展開』（風間書房，2002），『社会科の授業診断―よい授業に潜む危うさ研究―』（明治図書，2007）

木村　博一（きむら　ひろかず）
広島大学大学院人間社会科学研究科（教育学系）教授。広島大学附属三原幼稚園・小学校・中学校長（併任）。博士（教育学）。
【主な著書および編著書】
『日本社会科の成立理念とカリキュラム構造』（風間書房，2006），『「わかる」社会科授業をどう創るか―個性のある授業デザイン―』（明治図書，2019），『板書＆写真でよくわかる365日の全授業　小学校社会　3年〜6年』（明治図書，2021）

社会科重要用語事典

| 2022年3月初版第1刷刊 | ©編著者 | 棚　橋　健　治 |
| 2024年1月初版第3刷刊 | | 木　村　博　一 |

発行者　藤　原　光　政
発行所　明治図書出版株式会社
http://www.meijitosho.co.jp
（企画）及川　誠（校正）杉浦佐和子
〒114-0023　東京都北区滝野川7-46-1
振替00160-5-151318　電話03(5907)6703
ご注文窓口　電話03(5907)6668

＊検印省略　　組版所　中　央　美　版

Printed in Japan　　　ISBN978-4-18-346430-9
もれなくクーポンがもらえる！読者アンケートはこちらから